JN068521

スポーツ
ビジネス
概論 4

黒田次郎
石塚大輔
萩原悟一　編

CONTENTS

第二部　近年のスポーツビジネス

第三部　スポーツビジネスの発展

第四部　トップスポーツビジネス

第六部　スポーツビジネスの発展を考える

第一部　スポーツビジネスの起源と基礎知識

第 1 章　スポーツビジネスの歴史

1. 古代のスポーツビジネス

　古代文明が興る以前の日本では、スポーツは概ね共同体の神事として営まれていた。それが、貴族を中心とする古代王朝社会が出現すると、スポーツは神事の段階を脱してスポーツそのものとして楽しまれるようになり、貴族を担い手とする優雅な趣味の世界が築かれていった。

　この時代の貴族は、すでに「するスポーツ」と「みるスポーツ」を区別して楽しんでいたが、そこには今日のスポーツビジネスの先駆けと見られるものが存在した。

　人間の身体一つで実施するものを除いて、スポーツをするためには関連の用具が必要となる。しかし、貴族は生産行為を生業とする身分層ではなかったため、自らその用具を作り出すことはできない。ゆえに、貴族のスポーツは、用具の製造を請け負う職人の存在なくしては成立しなかったといわねばならない。院政時代に貴族の「するスポーツ」として流行した蹴鞠を例に出してみると、鞠の製造を専門とする「鞠括」という職人は、古代末期には存在していたといわれる。

図 1-1　鞠の製造作業の様子
（『七十一番職人歌合』より）

貴族が楽しんだ「みるスポーツ」の代表格は、宮廷の年中行事として行われた節会スポーツである。そこでは、多種目におよぶスポーツ競技が実施され、とくに弓を射る形態の競技が目立って行われていた。

　そこに勝敗が争われる以上、より高度なパフォーマンスを目指す競技者やその支援者たちが、良質の弓矢を求めたことは容易に想像がつく。その要望に応えたのが、用具製造業者である職人だった。弓矢のうち、弓の製造を請け負った職人は「弓作」と呼ばれたが、彼らの存在は遅くとも12世紀には確認することができる。また、弓作よりも多忙だったのは、矢を製造する「矢細工」だった。弓と比べて消耗が早い矢は、大量生産の必要性が生じたためである。

　スポーツを語源に遡って広く「遊び」と捉えれば、平安貴族が好んだスポーツに盤上遊戯がある。とくに貴族は「賭け雙六」に熱中したが、賭場には思い通りの賽の目を出す熟練のギャンブラーがいたという。彼らも、黎明期のスポーツビジネス業界を支えていた。

2．中世のスポーツビジネス

　中世になると、時の権力者の座に就いた武士がスポーツ文化の中心的担い手となる。この時代は、古代以来の節会スポーツが徐々に衰退し、寺社祭礼の奉納芸としてのスポーツが各地で盛んになっていった。

　鎌倉の武士は、西の貴族文化に対抗するために戦闘手段である各種の武術のルールやマナーを整え、教養スポーツとしてこれに励んだ。彼らが嗜んだ武術の中には、合戦での組打ちを想定した相撲も含まれていた。

　やがて、観客から見物料を徴収して芸能をみせる勧進興行が盛んになると、相撲も芸能の一分野として取り込まれていく。勧進相撲は、実戦での殺傷能力よりも観客に「みせる」ための技量が要求されたため、徐々に相撲人の専業化が進んでいった。これを、日本におけるプロスポーツ選手の先駆けと見なすこともできよう。

　こうした勧進相撲興行を取り仕切っていたのが、半僧半俗の民間宗教者である「勧進聖」だった。そもそも勧進とは、寺社の建立や修復のための募金活動を意味する。勧進聖は自分が請け負った寺社の資金調達を、さら

に専業の相撲人に下請けさせ、相撲興行に集う大勢の観客から徴収する見物料をもって、一挙に目標額を手にするように企てたのである。中世の勧進聖は、実に巧みなスポーツビジネス戦略を編み出していた。

ところで、中世は鎌倉新仏教が台頭し、急速に教線を延ばした時代である。その中にあって、浄土真宗の中興の祖とされる蓮如 (1415〜99) は、信者の寄り合い (講) を各地の村落で組織している。この講とは、元来は信仰に端を発する仏教的な集団を指していたものの、中世末期には何かしらの共通目的をもった集団へとその意味合いを拡大させていった。

ポルトガル宣教師らによって編まれた『日葡辞書』は、中世末期頃の日本事情を知るうえで貴重な史料である。そこには、蹴鞠の習得を目的とする「鞠講」という集団の存在が記録されている。当時の日本には、現代のスポーツ教室ないしスポーツクラブに類するものがあったことを想起させるものである。だとすれば、その鞠講でスポーツ指導にあたっていた側が、もれなく無償で指導を引き受けていたとは考え難く、そこにビジネスが成立していた可能性は十分にあり得る。

3. 近世のスポーツビジネス

近世の為政者は依然として武士だった。しかし、戦国乱世が過ぎ太平の世が築かれると、武士は実質的には行政を請け負う公務員となり、殺法としての武術は安全に技を競い合う競技化の道を歩んでいく。とくに、17世紀末頃を境に都市の庶民が武士を上回る経済力を手に入れると、スポーツ文化の中心的な担い手は庶民層へと移っていった。

この時代のスポーツビジネスとして顕著なものは、中世以来の勧進相撲である。都市の人口を背景に、江戸・京都・大坂で興行が打たれた勧進相撲では、大観衆を収容できる客席が設けられ飲食物も販売されるなど、スポーツ観戦に適した空間が整っていた。印刷技術の発達により人気力士のカラー印刷のブロマイド (錦絵) が多数出回り、グッズ販売ビジネスも活発化する。江戸の力士が地方農村に出向いて相撲を披露する巡業が行われるなど、都市型のスポーツビジネスの波は地方にまでおよんでいた。

近世後期になって、都市に在住する多くの中下層の一般庶民もスポーツ

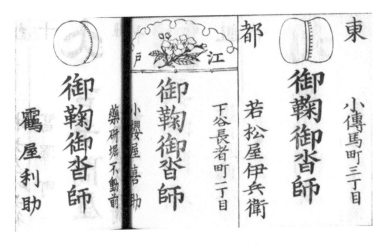

図 1-2　蹴鞠用具販売店の広告

(『江戸買物独案内 下巻』より)

を楽しむ時代が訪れると、スポーツ人口は拡大し、蹴鞠や弓矢などをはじめスポーツ用具の製造販売業が活性化していった。庶民の手習い事として、スポーツの手ほどきをするビジネスも生まれる。

　近世は庶民の旅が大流行した時代である。全国的に最も人気があったのは、伊勢神宮への参拝を目的とする2〜3ヵ月におよぶ旅だった。当時は旅程の大半を徒歩で移動したため、庶民は在地〜伊勢間の往復路の道中で、名所見物、名物の食べ歩き、土産物の購入、温泉入湯など、非日常の異文化世界を存分に堪能した。旅人の道中の歩行距離は男性で1日平均35km前後、女性も負けじと30km弱の距離を連日のように歩き、その健脚ぶりがうかがえる。関連して、街道筋の農家による草鞋の製造販売ビジネスや、旅館による荷物運搬ビジネスが発達したことは興味深い。

　庶民の旅を支えていたのが、「御師」と呼ばれた宗教者の存在だった。彼らは神社仏閣に所属する営業マンで、定期的に全国各地を巡って所属先の寺社にまつわるご利益を宣伝し、旅費を工面する方法も説くなど、庶民を旅の世界へと誘っていく。実際に庶民が旅に出る際には、御師は今日のツアーコンダクターに似た役割を担うこともあった。もちろん、旅人は御

師に対して十分な報酬を現金で支払っている。

　今日でいう「スポーツ」と同義ではないにしろ、近世社会にはすでに近代を先取りしたようなスポーツビジネスが各所で芽生えていたのである。

４．近代のスポーツビジネス

　徳川幕府から明治政府への政権交代劇をきっかけに、日本は文明開化の時代を迎える。スポーツについても例外ではなく、日本人は在来のスポーツよりも西洋由来の近代スポーツに惹かれ、これを積極的に摂取するようになった。国内各地をむすぶ鉄道網が広がるに連れて、日本中の選手が一堂に会して競い合う各種目の「全国大会」の開催要件も整っていく。

　1872(明治5)年の「学制」発布以降、近代スポーツ摂取の旗振り役となったのが学校である。そこでは、正課ないし課外体育の教材として外国産のスポーツに期待が寄せられるようになった。

　20世紀が開幕すると、それまで西洋から摂取してきたスポーツが定着するとともに、さらに拡大の傾向をみせる。この頃には、日本のスポーツ界も国際的な視野を持ちはじめ、1912(明治45)年のストックホルムオリンピックに日本選手団を初めて派遣した。大正期になると、このニューウェーブに着目し、スポーツ用品の製造販売ビジネスにチャンスを見出す者が続々と登場する。本格的なスポーツ用品ビジネスの誕生である。

　日本初のスポーツ用品製造販売業者は、1882(明治15)年創業の美満津商店だといわれている。同社の大正初期のカタログ『美満津商店懐中用定價表』に載せられた商品を一覧にしたものが表1-1である。商品のラインナップから、大正初期のスポーツ用品業界においてバラエティに富んだ商品が流通していたことが見て取れる。「戸外運動器械」に分類された内容からは、当時日本に入ってきていたスポーツ種目を知ることができるが、この時点で、今日の人気スポーツの多くが出揃っていることがわかる。今ではアリーナ種目として人気のバドミントンやバスケットボールも、当時の日本ではアウトドア(戸外)でプレーされていたようである。

　しかしながら、大正期にはスポーツ用品のすべてを国産品で賄うことはできず、多くは外国産に頼らざるを得なかった。日本のスポーツ用品が国

表 1-1 大正初期に流通していたスポーツ用品

戸外運動器械	室内運動遊技具	家庭内運動具	軟鉄鍛練用器具	体操場用器具		活力計器
				屋内の部	戸外の部	
野球用具	ローラースケート用具	エキスパンダー	体操用鈴	胸部をはじめ各部運動器	梁木	体量計
テニス用具	卓球用具	拳球用具	軟鉄鍛練用付属品	室内ブランコ	梁木用付属運動具	身長計
バドミントン用具	ビリヤード用具	子供用ブランコ	製剣用具	吊環	鉄棒	救急医療箱
テザーボール用具	室内競技用具		銃練用具	吊棒	柵	普通活力計器
プッシュボール用具			柔道用具	運動棒	塀木	
フットボール用具				平行棒	木馬運動丙木	
バスケットボール用具				飛越台	回転塔	
クリケット用具				畚釣	運動会用模型	
ラクロス用具				緑竿	体操器械の模型	
ホッケー用具				梯棒		
クロッケー用具				鉄垂鈴		
ポロ用具				鉄竿		
ゴルフ用具						
ボーリング用具						
氷球用具						
水泳用具						
弓矢および付属品						
スキー用具						
トボガン用具						
スケート用具						

(美満津商店懐中用定価表をもとに作成)

産化の時代を迎えたのは、昭和初期のことだったといわれている。

やがて、昭和10年代中頃になると、スポーツ用品ビジネスは受難の時代を迎える。戦争の激化は物価の高騰と資材不足を招き、スポーツ用品の製造に不可欠な革製品やゴム製品も統制を受けたからである。こうして戦時体制に組み込まれることで、日本のスポーツビジネス業界は大打撃を被るが、その事情が解消されるのは戦争の終結を待たねばならなかった。

5．現代のスポーツビジネス

戦後の荒廃から立ち上がり、社会全体としての豊かさを手に入れた日本人は、余暇の消費手段としてスポーツに一層の関心を向けるようになった。とくに、テレビがお茶の間に普及してからは、一般人のエンターテインメントとして大相撲、プロレス、プロ野球などのプロスポーツビジネスが発展する。大鵬、力道山、長嶋、王といった国民的スターが火付け役となり、スポーツ情報の商品化も進行した。

ボールの製造加工技術の発展も目覚ましかった。1950年代には国内の
メーカーが最先端の製法で正確な球体を作り出すボールを開発し、球技界
に革命をもたらした。国産ボールの改良によって恩恵を受けたのがバスケ
ットボール界である。使い込むと楕円に変形してしまう従来の国産ボール
とは違って、新製法の正円のボールはドリブルした時にバウンドの方向が
予測可能になり、日本人のドリブル技術はレベルアップしていった。

　1964(昭和39)年の東京オリンピックは、日本の戦後復興や、日本が自
由と平和を愛好する国家として生まれ変わったことを世界中にアピールす
る大会となった。五輪をきっかけに日本人のスポーツ人気が高騰すると、
学校運動部活動をはじめ若年層のスポーツ熱もいよいよヒートアップして
いった。スキーやゴルフが大衆化し、レジャーブームが到来したのもこの
頃である。1970年代になると、フィットネスブームを背景に会員制のス
ポーツクラブが乱立する。

図1-3　タチカラ社のシムレスボールの広告

1980 年代、スポーツイベントビジネスが国際的に急成長を見せる。それは、オリンピックの管理運営の歴史と大きく関係していた。ミュンヘンオリンピック (1972) で勃発したイスラエル選手団襲撃事件、モントリオールオリンピック (1976) の大赤字、さらにはモスクワオリンピック (1980) での西側諸国の相次ぐボイコットなど、度重なる問題からオリンピックは存亡の危機に瀕していた。

　ここで立ち上がったのが、1980(昭和 55) 年に IOC 会長の座に就いたサマランチである。サマランチは、オリンピックの商業化を強力に推進する。オリンピックの商品価値を高めてスポンサーから財源を得るため、それまで閉ざされていたプロ選手の参加を容認し、文字通り世界最高峰の大会をプロデュースしていった。完全民営化が図られた 1984(昭和 59) 年のロサンゼルスオリンピックでは、聖火リレーを商品化するアイデアも話題となり、結果として莫大な黒字を計上した。ビジネス路線の採用は賛否を生んだが、これがオリンピックを蘇生し、価値あるコンテンツへと押し上げたことは事実である。

　やがて、2020(令和 2) 年の東京オリンピック・パラリンピックの招致をきっかけに、国は経済活性化の糸口をスポーツビジネスに見出すようになった。アメリカの大学をモデルケースとして、日本の大学スポーツに眠るビジネスチャンスを手繰り寄せようとする流れもある。

　2016（平成 28）年開幕のプロバスケットボールリーグ (B リーグ) は、スマートフォンの普及に目を付けた巧みなマーケティング戦略によって潜在的なバスケットボールファンを掘り起こし、確固たる人気を獲得した。2019（令和元）年には、アジア初のラグビーのワールドカップが日本で行われた。日本代表は「ONE TEAM」を合言葉に世界の強豪と互角に渡り合い、空前のラグビーブームを巻き起こす。バスケットボールやラグビーの成功事例は、マーケティングの方法次第で、スポーツの認知度や人気は大きく変えられることを示している。

　五輪開催を控え、上り調子だった日本のスポーツ界を震撼させたのが、世界中を混乱の渦に巻き込んだ新型コロナウィルスという見えない敵だった。東京オリンピック・パラリンピックは 2021(令和 3) 年に延期となり、

プロスポーツは軒並み興行中止や開幕延期、さらには高校生のひのき舞台である甲子園やインターハイも中止に追い込まれ、スポーツは不滅のコンテンツではないことを知らしめた。スポーツは世の中の平穏を前提に成り立っているのである。

　一方で、「リモート〇〇」「オンライン〇〇」など、新たな生活スタイルが提示されていくなかで躍進のチャンスを見出したのがeスポーツ（エレクトロニックスポーツ）である。すでに大規模な市場を持つeスポーツが、「STAY HOME」を足掛かりに本格的に「スポーツ」の仲間入りを果たすのかもしれない。

　人々の価値観が大きく変わるいま、日本のスポーツビジネス業界は、大きな曲がり角に立たされているといえよう。

（谷釜尋徳）

【参考資料】

1)　美満津商店編『美満津商店懐中用定價表』美満津商店、1915

2)　玉沢敬三編『東京運動具製造販売業組合史』東京運動具製造販売業組合、1936

3)　東京教育大学体育史研究室編『図説世界体育史』新思想社、1964

4)　岸野雄三、小田切毅一『レクリエーションの文化史』不昧堂出版、1972

5)　守屋毅『近世芸能興行史の研究』弘文堂、1985

6)　寒川恒夫編『図説スポーツ史』朝倉書店、1991

7)　安藤優一郎『娯楽都市江戸の誘惑』PHP研究所、2009

8)　土屋喜敬『相撲』法政大学出版局、2017

9)　東京都江戸東京博物館『江戸のスポーツと東京オリンピック』東京都江戸東京博物館、2019

10)　坂上康博ほか編著『スポーツの世界史』一色出版、2019

11)　谷釜尋徳『オリンピック・パラリンピックを哲学する』晃洋書房、2019

12)　谷釜尋徳『歩く江戸の旅人たち』晃洋書房、2020

第 2 章　スポーツ施設産業とスポーツ用品市場

1. スポーツ市場とスポーツ施設・用品産業

(1) スポーツ産業の動向

　昨今でこそ巷でよく耳にするスポーツ産業であるが、そのきっかけとしては「スポーツ産業研究会」の存在が大きい。本研究会は1989（平成元）年に通商産業省（現経済産業省）が文部省（現文部科学省）の協力を得て発足させた。「スポーツ産業研究会」は翌1990（平成2）年に「スポーツビジョン21」を刊行し、その中で1989年当時のスポーツ市場規模を6兆3,184億円とした。また、本書の刊行と合わせ、社団法人スポーツ産業団体連合会（現公益社団法人スポーツ健康産業団体連合会）の支援のもと、日本スポーツ産業学会を発足させた。まさに産官学の連携の賜物といえよう。1995（平成7）年にはスポーツ産業論の入門書的な著書も刊行され、版を重ねている。

　以降、表中にもあるように、スポーツ市場規模は早稲田大学スポーツビジネス研究所が2002年当時の国内スポーツ総生産として発表した試算である約7兆円が示される。その後直近のものとして、株式会社日本政策投資銀行が2012年時点の試算である約5.5兆円が提示され、この試算の推移から、我が国のスポーツ産業は縮小傾向にある（スポーツ庁・経済産業省，2016）、と捉えられている。

　2011年の「スポーツ基本法」、同法に基づく「スポーツ基本計画（2012

表2-1　わが国のスポーツ市場規模の推移と拡大〈試算〉

(兆円)

2002年 約7兆円	2012年 約5.5兆円	市場の構成要素	スポーツ産業の活性化の主な施策 主な政策分野	主な増加の要因	2020年 10.9兆円	2025年 15.2兆円
約3.3	約2.1	スポーツ施設業	①スタジアム・アリーナ	➡スタジアムを核とした街づくり	3.0	3.8
—	—	—	②アマチュアスポーツ	➡大学スポーツ等	0.1	0.3
約1.8	約1.7	興行・放送等	③プロスポーツ	➡興行収益拡大（観戦者数増加等）	0.7	1.1
			④周辺産業	➡スポーツツーリズム等	3.7	4.9
—	—	—	⑤IoT活用	➡施設・サービスのIT化進展とIoT導入	0.5	1.1
約1.9	約1.7	小売	⑥スポーツ用品	➡スポーツ実施率向上策、健康経営促進等	2.9	3.9

2002年：早稲田大学スポーツビジネス研究所の試算（スポーツ白書2006に掲載）
2012年：㈱日本政策投資銀行「2020年を契機としたスポーツ産業の発展可能性および企業によるスポーツ支援」に基づく値
スポーツ庁・経済産業省（2016）スポーツ未来開拓会議中間報告〜スポーツ産業ビジョンの策定に向けて〜、と上記試算・値より作成

年)」、スポーツ庁と経済産業省が共同で設置した「スポーツ未来開拓会議(2016)」、政府の「日本再興戦略 2016」(以降ステップアップしていく)、2017 年策定の第 2 期「スポーツ基本計画」といった一連の方向性により、「スポーツの成長産業化」が取り上げられることとなる。

　2012 年時点の約 5.5 兆円を現状とした場合、スポーツ庁・経済産業省(2016) は、2020 年で 10.9 兆円 (現状の約 2 倍)、2025 年では 15.2 兆円 (現状の約 3 倍) のスポーツ市場規模への拡大を目指すとされている。そのためには、具体的な政策をすすめる必要があり、それらが表中の中央部分に示される。これまでのスポーツ市場の構成要素は、大きく「スポーツ施設業」「興行・放送等」「小売」の 3 区分で示されてきたが、②アマチュアスポーツ、⑤IoT 活用、といった新たな分野も加わった。前述したように減少傾向にあるわが国のスポーツ産業を拡大していくためには、新分野の開拓も含め、既存の分野 (①スタジアム・アリーナ、③プロスポーツ、④周辺産業、⑥スポーツ用品) の着実な底上げが必要となってくる。

　本稿の以降では、①スタジアム・アリーナ、と関連するスポーツ施設関係、⑥スポーツ用品、の現状等を取り上げる。

2. スポーツ施設の捉え方とマネジメント

(1) スポーツ施設の分類と施設整備の歩み

　わが国の体育・スポーツ施設の設置数や施設の開放状況は、文部科学省による経年的な「体育・スポーツ施設現況調査」により把握されてきた。それらによると、設置数で一番多いのが学校体育・スポーツ施設であり、2008 (平成 20) 年の調査時には 13 万 6,276 カ所で全体の 61.2% を占めている。ここに大学・高専体育施設を加えると全体の 65% を占めることになり、国内のスポーツ施設のおよそ 2/3 は学校関係の施設であるとも言える。次いで多いのが公共スポーツ施設であり、5 万 3,732 カ所 (24.1%)、さらに民間スポーツ施設の 1 万 7,323 カ所 (7.8%) と続く。

　ただ、いずれの施設もピーク時の設置数からは減少しており、その減少数は学校体育・スポーツ施設で 2 万 272 カ所、公共スポーツ施設で 1 万 1,796 カ所、民間スポーツ施設では 9,825 カ所となっている。このよう

にピーク時からは設置数を多く減らしてはいるものの、前回調査の 2002 （平成 14）年時との比較において、唯一民間スポーツ施設だけは 509 カ所増加している。

公共スポーツ施設の整備のあり方を検討した組織として（旧）保健体育審議会をあげることができる。1972（昭和 47）年の答申に続き、1989（平成元）年には「21 世紀に向けたスポーツの振興方策について」を答申し、そこでは各都道府県、各市区町村や各地域において一般的に整備することが望ましいスポーツ施設の機能、種類や標準的な規格・規模といった整備指針（一部は表 2-2 の左側を参照）を提示している。

初回答申との比較では、日常生活圏をゾーニングし、地域住民の日常的なスポーツ活動のための身近な施設として地域施設という施設の区分を新たに設けたことが特筆される。地域施設を広範囲にした市区町村域施設、さらに市区町村域施設よりも広い範囲である都道府県域施設という 3 つの施設区分で構成される。また、運動局面のみならず運動のプロセス（往路→更衣→運動（局面）→更衣→談話→帰路といった流れを指す）をも合わせて施設整備を捉えるとの考えに基づき、整備指針中に具備すべき主な付帯施設・設備も具体的に明示されている。

このようなスポーツ施設の整備指針に基づき各地域で万遍なく施設整備がなされることが求められるが、実態としては地域格差が生じているのが現状である。特定の県を対象とした公共スポーツ施設の整備状況を整備指針と照らし合わせ分析した結果（永田、2009）、特に市区部に比べると町村部において未整備状態が多いといった格差がみられた。また整備指針に準じたスポーツ施設を保有する市区町村はかなり少なく、制度と現実との間にはずれが生じていることも指摘されている。

(2) 施設マネジメントの新潮流

公共スポーツ施設の整備における制度と現実とのずれに対しては、行政側の正確な現状認識とそれを踏まえた改善方策が必要となる。

2011（平成 23）年に国によりスポーツ基本法が制定され、翌年にはその法律に基づき、スポーツに関する施策の総合的かつ計画的な推進を図る

為にスポーツ基本計画が定められた。この流れと同じくして地方公共団体においては地方スポーツ推進計画の策定が進められてきている。この地方スポーツ推進計画は都道府県レベルではほぼ策定されているが、市町村レベルで策定されているところ（これも地域格差がある）は決して多いとは言えない。本来であればこの地方スポーツ推進計画中に施設整備の現状や今後の整備のあり方について記述すべきであろうが、計画策定自体が現時点では進んでいないことから他の方法も考えてしかるべきである。

　例えば、地方スポーツ推進計画がない代わりにほとんどの市町村に存在するのが総合計画であり、第○次総合計画という記載がなされることが多い。また、これもほとんどの市町村で確認できるが、「まち・ひと・しごと創生法」に基づく「市町村まち・ひと・しごと創生総合戦略」が定められ実行されている。地方スポーツ推進計画が策定されていない自治体においては、これらの計画や戦略中にスポーツ施設の整備に関する各種方策が盛り込まれていると望ましい。

　一方で公共スポーツ施設の新設や付帯施設・付属設備の整備が難しい場合、不足施設の代替としてこれまで学校体育施設の開放が活用されてきた。ただ、施設の種類や学校段階によっては開放率が高くないこと、また施設開放の頻度や時間帯にも熟考を要するなど学校体育施設の開放事業は容易ではない。しかしながら、地域によってはこの施設開放事業を特定の総合型地域スポーツクラブに運営委託する事例もあり、クラブが地域社会で存続していくための貴重な事業となっている。

①指定管理者制度

　1947（昭和22）年施行の地方自治法において、公の施設（主なものとして、スポーツ施設、図書館、市民会館、福祉施設、保育所、児童館、老人養護施設等）の運営委託は地方自治体が出資した法人、公共団体や公共的団体（農協・生協・自治会等）に限られる「管理委託制度」であった。この制度のもとでは、施設の利用料金の決定と収受は自治体であり、管理運営のみ法人等が担うということである。

　この地方自治法は2003（平成15）年に一部改正・施行され、そこで「指

定管理者制度」が導入された。本制度において、公の施設の管理は従来のように特定の法人等に限ることなく、民間事業者にまで拡大することができるようになったことが大きな違いである。制度導入の目的は、公の施設の管理主体を民間事業者等へ開放することにより、住民サービスの向上と行政コストの削減を目指し、それを地域振興へとつなげることである。新制度のもとでは、指定管理者が施設の使用許可等の事務も行うことができること、また条例の範囲で料金を自由に設定でき、使用料は指定管理者の収入となることにより、これまで参入できなかった民間事業者にとってビジネスチャンスともなっている。近年の傾向としては、複数の団体が共同事業体を構成し応募するという手法も多く見られる。

　制度発足から約17年が経ち数回の選定委員会が実施されてきているが、その中で事業が破綻し指定が取り消しとなった事例も報告されている。このような指定者と被指定者の両者にとって良くない現象を無くすためにも、指定管理者側としては、対象となる物件の立地等、対象自治体の姿勢、顧客（施設利用者）の実態、審査体制、自社の能力や経営体力等をしっかりと見極めることが重要である。自治体側としては、最適な事業者の選定

表 2-2　スポーツ施設の整備の指針と施設規模別にみた期待される運営者や機能との相関

施設の機能	主な施設の種類	施設の区分	施設の規模	期待される運営者	必要な機能
地域住民の日常的なスポーツ活動のための身近な施設	多目的運動広場	地域施設	コミュニティレベル施設	総合型地域スポーツクラブ（NPO取得）	継続的スクール
	多目的コート				クラブ会員サービス
	地域体育館				施設運営
	柔剣道場			住民組織	施設メンテナンス
	プール			施設管理会社	地域交流
市区町村全域に機能する施設	総合運動場	市区町村域施設	中規模自治体中核施設	フィットネスクラブ	施設運営
	総合体育館			施設管理会社	教室・プログラム
	柔剣道場			地元大学	施設メンテナンス
	プール			NPO等住民組織	地域交流
都道府県全域にわたる事業を実施するための施設	総合的な競技施設	都道府県域施設	大規模施設（観戦型施設等）	プロスポーツチーム	ホームゲーム開催
	総合的なトレーニング施設			都道府県体育協会	大会誘致・計画
	研究・研修施設			施設管理会社	教室・プログラム
	情報センター			イベント企画会社	施設運営
					競技団体調整

出所：保健体育審議会（1989）を簡略化　　　　　出所：大竹（2015）を簡略化

方法・手順や評価基準・項目、モニタリング等の施設経営評価の方法、修繕計画に基づく施設改修コスト、収支差の帰属問題等の利益処分といった課題を改善していく必要性がある。

　表2-2は、保体審答申でのスポーツ施設の整備の指針の一部（表の左側）と、施設の規模ごとに期待される運営者（指定管理者）と必要な機能とを重ね合わせたものである。大竹（2015）が指摘するように、コミュニティレベル施設では、総合型地域スポーツクラブが運営者として関わる事例も散見され、脆弱な組織経営からの脱皮と住民参加型の仕組みを構築するもの、と今後に期待を寄せる。

②ネーミングライツ

　ネーミングライツ（命名権）とは公共のスポーツ施設の名称にスポンサー企業の社名やブランド・商品名を付与する新しい広告概念であり、スポーツ施設の建設及び運用資金調達のために用いられる手法である。1980年代から米国で使用され、そこでの契約期間は20〜30年と長期間であるのに対し、その後普及した日本では3〜5年の短期間契約であることが多いのが特徴となっている。実際日本では1期数年で契約を終えることもあり短期契約の長所も活かされるが、一方で契約更新を繰り返し10年以上に亘りスポンサーとなっている企業もみられる。

　千葉市の千葉マリンスタジアムは2011（平成23）年からQVCジャパンがスポンサー企業となり「QVCマリンフィールド」という名称となった。日本では珍しく約10年という長期の契約であったが、6年目での中途契約解除となった。企業認知度の向上等、会社としての一定の成果が挙げられたことが契約解除申し入れの理由である。想定外のことで、千葉市、千葉ロッテマリーンズそしてスポンサーであるQVCジャパンの3者で協議が必要となったという稀な事例もある。

　他にも命名の権利を買った企業の業績不振や破産による撤退、不祥事による契約解除の事例もある中、そのような様々なリスクを想定して変動式の金額設定で契約を結ぶケースも実存する。「フクダ電子アリーナ」では、ジェフ千葉の成績や契約企業の実績、蘇我地区の再開発の進行状況に応じ

て、契約金額が最大で8,000万円変動する可能性を詳細に規定し、最悪の場合契約解除もできるとした。

　ネーミングライツの効果については、定量・定性的分析により測定できると望ましく、地域内のどの物的資源においてネーミングライツを活用していくかというビジネスマインドが必要である。スポーツ施設以外でも公園や、近年では歩道橋にまでこの仕組みが普及している。

３．スポーツ用品市場

(1) 全体の動向

　スポーツ用品の国内出荷市場規模の推移について、2018年上位10位を表2-3に示した。2018年の合計は1兆5,364億円であり、4年前の合計値1兆3,511億5千万と比べると、13.7%の増加となった（表中では、2014年の値に対しての2018年の数値を示してあり、この場合113.7と表記してある）。先のスポーツ庁・経済産業省（2016）「スポーツ未来開拓会議」においては、2020年のスポーツ用品（小売）の目標値を2.9兆円としており、その達成可能性は低い（データの試算方法が全く同じでは

表2-3　スポーツ用品（2018年上位10位）国内出荷市場規模の推移

	2014年	2018/2014	2018年	構成比(%)
スポーツシューズ	224,780	**140.8**	316,510①	20.6
ゴルフ	251,030	104.6	262,640②	17.1
アウトドア	179,660	**139.7**	250,910③	16.3
アスレチックウエア	177,760	**115.0**	204,460④	13.3
釣り	123,850	**112.4**	139,180⑤	9.1
野球・ソフトボール	73,650	94.7	69,770⑥	4.5
サッカー・フットサル	66,640	88.6	59,070⑦	3.8
テニス	54,230	96.1	52,140⑧	3.4
サイクルスポーツ	37,180	**112.7**	41,900⑨	2.7
スキー・スノーボード	52,010	76.9	40,010⑩	2.6
合計	1,351,150	**113.7**	1,536,400	

㈱矢野経済研究所：「2017年版スポーツ産業白書(2017)」「プレスリリース(2020)」より作成

ないので、単純な比較はできないが）。

　全体としては、やや増加と判断するが、スポーツ用品を構成する個々の
カテゴリーを見ると、その増減傾向が明らかとなる。大幅に増加させてい
るのは、「スポーツシューズ」と「アウトドア」で約4割増を達成してい
る。全体平均並みの12〜15%の増加は、「アスレチックウエア」「サイ
クルスポーツ」「釣り」が該当する。一方、「スキー・スノーボード」は
23.1%、「サッカー・フットサル」は11.4%の減少と、カテゴリーにより
明暗がわかれている。

①減少傾向のカテゴリー

　「スキー・スノーボード」の不振は、活動場面では積雪が欠かせないも
のの昨今の温暖化や降雪の遅れ等により十分な営業日数を保てないスキー
場が増加（廃業するスキー場も存在する）していることとも比例関係にあ
るといえよう。1割強減の「サッカー・フットサル」や5%前後減の「野球・
ソフトボール」「テニス」は競技スポーツ志向者も多く、少子化、スポー
ツ少年団・運動部活動の種目の制限や運動部活動離れ・離脱等の影響を受
けているものと推察できる。そのような中で、ラグビーのワールドカップ
が2019年に日本で開催され、日本代表の活躍もあり、多くの国民の関心
を高めたのは記憶に新しい。このような大会を契機とした、その後の綿密
な仕掛けが継続して行われると、スポーツ用品・用具はもとより、他の周
辺産業（例えばスポーツツーリズムへ盛り込む等）にも好影響を及ぼすも
のと考える。

②増加傾向のカテゴリー

　表2-3の2018年上位4位までの構成比を足すと67.3%となり全体の
約2/3、5位の「釣り」まで入れると76.4%となり全体の約3/4を占め、
スポーツ用品界では優良なカテゴリーであることがわかる。増加を示す「サ
イクルスポーツ」も含めて考えると、2019年から世界中で猛威を振るう
「COVID-19（新型コロナウィルス感染症）」のさなかにあっても、比較的
三密を避けやすい運動群等ではないかともいえる。

「スポーツシューズ」はさらに、①ランニングシューズ、②ウォーキングシューズ、③多目的シューズ、④キッズシューズ、⑤スポーツサンダル、「アウトドア」はさらに、①登山需要、②ライトアウトドア需要、③ライフスタイル需要、「アスレチックウエア」はさらに、①トレーニングウエア、②ライフスタイルウエア、③陸上競技・ランニングウエア、へとそれぞれ区分けされるので、今後も各区分の需給関係を掴む必要があろう。

株式会社矢野経済研究所（2017）は、健康経営を「企業や自治体が従業員や市民の健康維持・増進によって医療費の負担の高騰に歯止めを掛け、同時に事業の生産性を高める組織運営のこと」と定義し、ビジネスチャンスと捉えている。スポーツには様々な志向があってよいが、多くの国民が自分の事としてスポーツに関わるには、気軽に取り組める機会が保証されていくといいのだろう。

（永田秀隆）

【参考文献】

1) （株）日本政策投資銀行地域企画部『2020年を契機とした国内スポーツ産業の発展可能性および企業によるスポーツ支援～スポーツを通じた国内経済・地域活性化～』、2015
2) （株）矢野経済研究所『2017年版スポーツ産業白書』、2017
3) （株）矢野経済研究所プレスリリース：https://www.yano.co.jp/press-release/show/press_id/2424（2020年9月22日参照）
4) 間野義之『公共スポーツ施設のマネジメント』体育施設出版、2007
5) 文部科学省『わが国の体育・スポーツ施設』、2010
6) 永田秀隆、公共スポーツ施設の設置・整備状況に関する地域比較―保健体育審議会答申の整備指針に基づくM県下の市区町村域施設の分析―、体育経営管理論集、1、13-18、2009
7) 永田秀隆、A県市町村の地域特性とスポーツ関係方策との関係性についての検討、日本体育学会第68回大会発表原稿、2017
8) 日本政策投資銀行地域企画部・日本経済研究所・早稲田大学スポーツビジネス研究所『スマート・ベニューハンドブック：スタジアム・アリーナ構想を実現するプロセスとポイント』ダイヤモンド社、2020
9) 大竹弘和、スポーツ施設産業（スポーツ産業論第6版 pp.29-40）、杏林書院、2015
10) 笹川スポーツ財団『スポーツ白書2020～2030年のスポーツのすがた～』、2020
11) スポーツ庁・経済産業省『スポーツ未来開拓会議中間報告～スポーツ産業ビジョンの策定に向けて～』、2016
12) 柳沢和雄、清水紀宏、中西純司編著『よくわかるスポーツマネジメント』ミネルヴァ書房、2017

第3章　プロスポーツのマーケティング

1. 本章の前提

　本章は、野球、サッカー、バスケットボールのように、ホーム＆アウェー型によるリーグ戦を主とするプロスポーツを念頭においている。テニス、ゴルフなどのツアー型や、プロレスや公営ギャンブルのようなイベント型を主とするものには一部適応しない点があることを予め認識いただきたい。

　また、本章が取り扱うプロスポーツには次に示す2つの重要な事実がある。1つ目は、中長期的観点ではチームの年俸総額とリーグ戦順位との間に強い相関関係が認められることである。これは、ライバルチームよりも平均的に多くの年俸をつぎ込める状態を作らねばならないことを意味している。2つ目は、現在のクラブ・球団経営では、黒字化が求められていることである。先に述べたとおり、リーグ戦の成績と年俸総額は強く関連しているため、利益を確保するために選手年俸を削減することはチームが敗北する確率を高めることとなる。特に昇降格制度を採用しているJリーグでは、よりシビアな問題となる。

　この相対的高年俸と、クラブ・球団の黒字という状態を同時に作り出すためには費用を上回る売上を作らねばならない。そして、その売上の源泉はファン、スポンサー、メディアであり、地域社会からの広い支援に基づくものである。

　マーケティングとは、こうしたクラブ・球団を取り巻く利害関係者（選手、指導者、スタッフ、社員など内部関係者も含む）にとっての価値の創造・伝達・交換に関わる重要な機能である。こうした前提は、本書の前シリーズである『スポーツビジネス概論2』の3章に詳しく書かれているため、そちらをご確認いただきたい。

2. 我が国におけるプロスポーツマーケティングの隆盛

　2019年度はJリーグ、NPB（日本プロ野球機構）ともに過去最高の観戦者数を記録した。その数はそれぞれ1,140万1649人（J1平均20,751人）、2,653万6,962人（平均30,929人）に及ぶ。世界的に見ると、1試合平均ではJリーグが9位（図3-1）、NPBは本家MLBの平均28,317

人を上回っていることが理解できる。

　この裏側には、地上波テレビ放送権収入の低下と、それを補う形で必要とされたプロスポーツ組織のマーケティング力の成長がある。例えば、1990年代、巨人戦のテレビ視聴率は平均で20%を超え、1試合1億円とされる放映権収入がセ・リーグ球団にはもたらされていた（朝日新聞、2004年7月19日）。これが年々低下し、2000年には18.5%、2003年には14.3%、2006年には9.6%、2010年には8.4%となった（フォーブス、2020年4月6日；時事通信；東洋経済オンライン、2017年5月2日）。これに伴い、その放送機会も2001年には全試合だったものが、2005年には129試合、2010年には32試合、2015年には7試合にまで減少した（東洋経済オンライン、2017年5月2日）。

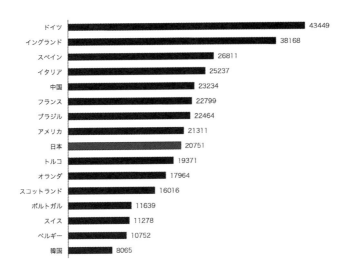

図3-1　サッカー主要リーグの平均観客数
※コロナ禍の影響を避けるため、欧州リーグは2018–19シーズンを利用それ以外は2019年シーズンを用いた

（出所：worldfootball.comから筆者作成）

31

一方で、巨人戦の放映権収入が期待できなかったパ・リーグでは、1989年に大阪から移転した福岡ダイエーホークスを筆頭に、1991年に幕張と神戸にそれぞれ移転した千葉ロッテマリーンズとオリックスブルーウェーブ（現オリックスバファローズ）がいち早く地域に密着した球団経営を推し進めた。その中で注力したのが、ゲームデーエクスペリエンスと呼ばれる試合会場でしか味わえない特別な体験の質を高めることで、ファンに発生する心理的、時間的、経済的なコストを上回る価値を創造しようとする取り組みであり、いわゆる「ボールパーク化」と呼ばれるものである。この流れは、2004年に勃発した「プロ野球再編問題」を契機に加速し、2009年に竣工した広島東洋カープの本拠地・MAZDA Zoom-Zoom スタジアム広島によって日本に定着した。

また、こうしたスタジアムでの経験価値向上に基づく観客数増加策を支えた裏側にはJリーグIDやNPB球団の公式ファンクラブにみられる顧客関係管理（Customer Relationship Management：CRM）システムの

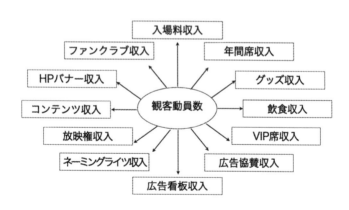

図3-2　プロスポーツビジネスの収入の源泉たる観客動員
(出所：小寺, 2009:p81)

導入と効果的な運用がある。来場ポイントをフックとして、クラブや球団はファンの心理・行動両面における特性を把握・分析できるようになり、より効果的なマーケティング策を立案できるようになるだけでなく、ファンのスマートフォンにダイレクトにメッセージを送れるようになった。また、SNS の活用も近年活発化しており、ファンとの意思疎通や、ファン同士のコミュニケーションを促進することを通じてチームや選手に対する興味や思い入れを高めることにも成功している。

　このように、試合会場の魅力向上策と ICT の効果的な運用とを組み合わせることによって来場者を増加させる方法が近年みる我が国のプロスポーツにおける中心的なビジネスモデルであった。こうした概念を示すのが、図 3-2 である。

3. コロナ禍がもたらした新たなマーケティングの形
(1) 球場観戦を土台としたビジネスからの変化

　新型コロナウイルスのパンデミックは、観客動員に裏打ちされたビジネスモデルの変更をプロスポーツ界に突きつけている。欧米では、収入の基盤が放映権料とスポンサー料であるため、上記のビジネスモデルを磨き上げてきた日本よりもその傷は小さくなる。とはいえ、FC バルセロナやレアルマドリード、マンチェスター・ユナイテッドといった最も裕福なクラブではマッチデー収入が平均で 144m€（約 177 億円）にのぼることから、大きな痛手となることは間違いない (Deloitte、2020)。また、日本でも J リーグのように、スポンサー収入が売上の大半を占めるケースもあるが、2019 年の当期純損失が J1 で 1 億 1500 万円、J2 で 4600 万円、J3 で 1500 万円という状況をみると、それぞれ 9 億 2600 万円、1 億 9900 万円、3500 万円の入場料収入の大半を失うことの影響は致命的なものとなるだろう (J リーグ、2020)。

　そのため、各国のリーグとクラブでは、コロナ禍以前に契約を結んだ放映権とスポンサーの両収入を守るために、ぎりぎりの状態で公式戦を開催している。その際たるものがアメリカプロバスケットボールの NBA である。NBA では、プレーオフ進出の可能性が消滅した 8 チームを除く 22 チー

ムをフロリダ州オーランドのディズニーワールド内に約 150 億円をかけて設置した隔離施設「キャンパス（通称バブル）」に集合させる形でレギュラーシーズンを再開した（杉浦、2020）。試合はすべて無観客で実施され、選手・監督・チームスタッフをはじめ、試合運営スタッフやメディア関係者はすべて入場前に PCR 検査が施される。この他にも、メディア関係者の入場制限や GPS を用いたソーシャルディスタンス計測センサーなどによる感染予防策が徹底された。この措置は、プレーオフが終わる 10 月まで継続されることになっている。

　もちろん、こうした動きはワクチンが開発されるまでの一時的なものかもしれないし、そうなってほしいと願うばかりである。しかし、コロナ以前の状態に社会が戻ったとしても、消費者の行動変容にあわせ、新たな収入源を開発しなくてはいけないことに変わりはない。

(2) ウェブを活用した新たなビジネス

　その 1 つの方向が、ウェブサービスの積極的な活用である。物理的な接触を伴わないウェブでのコミュニケーションは、感染症予防の観点のみならず、移動時間の節約といった観点からも合理的であり、今後のスタンダードの 1 つになるだろう。現時点では、クラウドファンディングやギフティング（投げ銭）がウェブを通じた新たな資金調達の中心的な手段として活用されている。前者はウェブを通じて不特定多数の消費者（クラウド）から寄付を集める（ファンディング）ものである。鹿島アントラーズでは、今回のコロナ禍で発生した損失の補填を兼ねて、サポーターの支援を可視化することを目的に募金活動を実施した。ホームタウンである鹿嶋市を引受先とするふるさと納税型の仕組みを活用したこともあり、実施サイトである READY FOR の歴代 3 位となる 1 億 3090 万円を集めることに成功した（サッカーキング、2020 年 8 月 25 日）。後者は動画の視聴者が、出演者のパフォーマンスに対して金銭やデジタルギフトを送って支援するものである。B リーグの横浜ビー・コルセアーズでは、20 年 3 月に月100 万ポイント（100 万円相当）を超える支援を集めた。また、B リーグの三遠ネオフェニックスに所属する川嶋勇人選手はギフティング支援者へ

の返信を積極的に行うことで、3月1日から20日にかけて約1万8000ポイントだったギフティング額を3月21日から4月10日には約15万3000ポイントと約9倍に伸ばし、さらに4月11日から30日には約30万ポイントとさらに約2倍ふやすことに成功した（日経クロストレンド、2020年6月12日）。支援額に応じて支援者は被支援者とオンライン上でコミュニケーションできるなどの見返りが用意されることが多く、そうしたコミュニケーションを丁寧に行うことが成功の秘訣であるという。

(3) ウェブを活用したリアルビジネスの新規展開

　新たなビジネスは全てがウェブ上で行われるものとは限らない。例えば、福岡ソフトバンクホークスでは、2020年4月よりウーバーイーツを活用したスタジアムグルメの宅配サービスを開始した（図3-3）。担当者である

2020/04/22(水)　グルメ

日本初！Uber Eatsで球場グルメデリバリー開始

ツイート　　いいね！ 0　　LINEで送る

4月23日(木) より年間を通して、フードデリバリーサービスUber Eatsにて、PayPayドーム内で販売するグルメのデリバリーを開始します！軽食やドリンクの他、『高橋礼麺』など人気の選手メニューも、ご家庭やお好きな場所でお楽しみいただけます。また、2020シーズン開幕より販売予定の新商品『周東選手のSHUTOカルボナーラ』『上林選手のバヤシライス』をUber Eats先行販売！
対象メニューは続々追加予定です。野球シーズンに関係なく、お好きな時にお好きな場所で球場グルメを食べつくそう！

図3-3　Uber Eats を活用したスタジアムグルメの販売
(出所：福岡ソフトバンクホークス公式サイトより転載)

大山隆太氏によれば、無観客試合の間でもテレビ中継を見ながらスタジアム観戦の気分をファンに届けるために実施したものであり、導入後からの平均売上額は1日10万円にのぼるという（大山、2020）。ビジネス的観点からみれば、球団のみならず PayPay ドームにテナントとして入店している飲食店の稼働率向上と、非試合日でも売上を計上できるという点で非常にユニークな取り組みであるといえる。

4. まとめ：コロナ禍で変わる点・変わらぬ点

　試合会場での経験価値向上と、ICT を活用した顧客管理を中心に発展を続けてきた我が国のプロスポーツは、コロナ禍によってマーケティングの訴求点を変化せざるを得なくなっている。これは世界のプロスポーツにもあてはまる問題でもある。スタジアムの入場制限が仮に今後も続くとすれば、プロスポーツ組織は観客数以外の別の魅力を内外に広く伝達し、共感を引き出さねばならない。その一つの指標が球団・クラブへの愛着や親近感といった質の部分であり、それらはブランド・アタッチメントと呼ばれる (Schmitt, 2012)。ブランド・アタッチメントとは、自己とブランドとの感情的つながりを意味し (Park et al., 2010)、ブランドを自分らしいと感じたり、あたかも家族や友人のように親しみを覚えることを指す (杉谷, 2016)。この値が高い消費者ほど、反復購買だけでなく、他者へのブランド推奨、価格プレミアム、ブランド・コミュニティメンバーへの参加を促進すると共に、競合ブランドへのブランド・スイッチングを抑制すると指摘されている (Park et al., 2008)。したがって、ファンのブランドアタッチメントの度合いを高めると同時に、そうしたファンを増やし、可視化する事が求められる。現在では、SNS の発展によりインターネットコミュニティを通じたブランド・アタッチメントの強化が活発となり、フォロワー数も重要な指標として活用されているが、そうした枝葉に注目するのではなく、今一度自らの歴史と哲学を振り返り、広く共感を引き出せるストーリーを確立させ、広く社会と共有する方策をプロスポーツ組織は取らなければならないだろう。

　また、選手とファンとの相互作用によって生まれる熱狂がこのビジネス

策の徹底により、来場者の安全と安心を確立することが重要となる。その
ため、場内混雑の緩和やタッチレスの推進は重要な施策になるだろう。実
際、福岡ソフトバンクホークスでは、試合中のスタジアム内各店舗の混雑
状況を確認できるウェブサービスを7月21日から開始した (PR TIMES,
2020年7月20日)。「空き」「やや混み」「混み」の3段階で表示される
状況を来場者はスマホやタブレットを使って把握でき、ソーシャルディス
タンスの確保に役立てている。また、プロバレーボールのヴォレアス北海
道では、全座席の電子チケット化、サーモグラフィー付き事前顔登録シス
テムによる入場管理、据え置き型噴霧装置を用いた全身への消毒剤自動噴
霧、場内完全キャッシュレス化により試合会場のタッチレス化と入場時の
時間短縮を同時に成し遂げる試合運営方式を確立した (図3-4)。

図 3-4：ヴォレアス北海道におけるタッチレス化の取り組み
左：サーモグラフィー付き事前顔登録システムによる入場管理
右：据え置き型噴霧装置を用いた全身への消毒剤自動噴霧
(出所：ヴォレアス北海道より写真提供)

このように、プロスポーツ組織は自らのブランド・アイデンティティに基づき、その歩みと今後の方向性を明確に示すことが重要となる。また、ファンが安全かつ快適に観戦を楽しめる環境づくりにも同時に取り組み続けねばならない。この点は、コロナ禍前後でも変わることのないマーケティングによる価値創造の基本であるといえよう。　　　　　　　　　　（福田拓哉）

【参考文献】

1) 朝日新聞、2004 年 7 月 19 日、『「12 球団で赤字 150 億円」 日本型球団経営、限界に』、http://www.asahi.com/special/baseballteam/TKY200407190231.html

2) 時事通信、「最新プロ野球経営事情 減り続ける放映権料」、https://www.jiji.com/jc/v?p=baseball_keiei0003

3) フォーブス、2020 年 4 月 6 日、『5G 時代に突入。「1 試合＝ 1 億円」スポーツ放映権の歴史を振り返る』、https://forbesjapan.com/articles/detail/33477/2/1/1

4) 東洋経済オンライン、2017 年 5 月 2 日、『ファン減少続く日本野球の「超不安」な未来 急激な「地盤沈下」は、もはや隠し切れない』、https://toyokeizai.net/articles/-/169711

5) Ｊリーグ、「Ｊリーグ個別経営情報開示資料 2019」、https://www.jleague.jp/corporate/assets/pdf/club-h31kaiji_1_20200731.pdf.2020

6) Deloitte 、「Football Money League 2020」.2020

7) 小寺昇二、「実践スポーツマネジメント–劇的に収益力を高めるターンアラウンドモデル」、日本経済新聞出版 .2009

8) 杉浦大介、「NBA 再開の舞台裏レポート── 150 億円の隔離空間「バブル」ではいったい何が」、yahoo ！個人、2020 年 8 月 21 日、https://news.yahoo.co.jp/byline/sugiuradaisuke/20200821-00193674/.2020

9) サッカーキング、2020 年 8 月 25 日、「プロサッカークラブが未来のために支援を募った想いとは？」、https://www.soccer-king.jp/news/japan/jl/1111329.html

10) 日経クロストレンド、2020 年 6 月 12 日、『試合なきスポーツ界で「投げ銭」急浮上 デジタルで熱意を見える化』、https://xtrend.nikkei.com/atcl/contents/18/00321/00005/

11) 大山隆太、「公式戦開幕延期期間でも売上を生み出したホークスの飲食ビジネス」、2020 年 8 月 5 日、九州産業大学スポーツマーケティング研究室オンラインセミナー資料 .2020

12) Schmitt, B. The consumer psychology of brands, Journal of Consumer Psychology, 22(1):7-17.2012

13) Park, C. W., MacInnis, D. J., Priester, J., Eisingerich, A. B., & Iacobucci, D. Brand attachment and brand attitude strength: Conceptual andempirical differentiation of two critical brand equity drivers. Journalof Marketing, 74(6), 1–17. 2010

14) 杉谷陽子 . 悪い口コミに負けないブランドをどう作るか？: 消費者の感情および商品の使用経験の役割について , 消費者行動研究 , 22(1–2);1–26. 2016

15) PR TIMES, 2020 年 7 月 20 日、「福岡 PayPay ドームへ、混雑状況をリアルタイムに伝える「混雑ランプ」を提供」、https://prtimes.jp/main/html/rd/p/000000044.000023072.html

第4章　サービス業としてのスポーツビジネス

はじめに

　本章では、スポーツビジネスを「サービス」ないし「サービス業」という視点から捉え、その基礎的知識やサービスの視点から見たスポーツビジネスの特徴を理解・習得することを目指す。

1. 業種横断的なスポーツビジネス

　もし読者の皆さんが「スポーツビジネスは、業種分類でいうと何という業種に属しますか？」と問われたら、どう答えるだろうか。例えば、ユニフォームやスパイクといったスポーツ用品を連想して、「製造業」と答える人もいる人もいるかもしれないし、あるいはフィットネスクラブやスポーツジムを連想して「サービス業」という人もいるかもしれない。さらには、スポーツ飲料やサプリメントなどを連想して「食料品製造業」という人もいるかもしれない。実は、どれも“正解”ではあるが、“正確”ではない。スポーツビジネスは実にさまざまな業種に関わるビジネスなのである。

　表4-1は、「業種」という際にもっとも一般的な分類である証券取引所（証券コード協議会）が定めた業種分類（中分類）である。10の大分類の下に、さらに表4-1に示す33の業種が定められている。一国の経済は、「1次産業」といわれる農林水産業や鉱業（表4-1の1〜2番）、「2次産業」といわれる建設業や製造業（表4-1の3〜19番）、「3次産業」といわれるサービス業など（表4-1の20〜33番）で成り立っている。

　先の例からもわかるように、スポーツビジネスは、これらの33業種に業種横断的にさまざまな関わりをもっている。例えば、プロスポーツチームであれば33番の「サービス業」に属するビジネスであるし、スポーツアパレルメーカーであれば5番の「繊維製品製造業」であり、スタジアムや体育館といった競技場をつくる事業者であれば4番の「建設業」である。

　なぜ、このように多くの業種に横断的に関わっているのだろうか。その主な理由は、①スポーツビジネスが多くのステイクホルダー（利害関係者）に関わるビジネスであることと、②スポーツ自体に、プロダクト（製品）としての業種横断的な特徴を有しているためである。本章では、特に後者

表 4-1　証券取引所の業種分類（中分類：33 業種）とサービス業

	業　種　名	社会における主な役割
1	水産・農林業	自然界から、食品・住宅・衣類などの材料を採取する
2	鉱業	地中から、工業の原料や燃料（エネルギー）を掘り出す
3	建設業	人間の居場所（住宅）、仕事の場所（工場・事務所）、道路を作る
4	製造業………食料品製造業	食品材料を加工・調理して、いろいろな加工食品をつくる
5	……繊維製品製造業	天然繊維や合成繊維を原料として衣類を作る
6	……パルプ・紙製造業	木材や故紙を原料に、新聞紙、印刷紙、段ボール、ティッシュペーパーなどを作る
7	……化学工業	石油をはじめ、さまざまな原料から、プラスチック、合成繊維、ペンキ、化粧品などを作る
8	……医薬品製造業	さまざまな原料から、化学技術などを用いて、病気治療・健康維持のための薬を作る
9	……石油・石炭製品製造業	石油を製油所で分解し、ガソリン、灯油、軽油、重油など用途の違う油を作る
10	……ゴム製品製造業	天然ゴム、合成ゴムから自動車タイヤ、産業資材、衛生材料などを作る
11	……ガラス・土石製品製造業	鉱物を原料として、ガラス、陶磁器、セメントなどを作る
12	……鉄鋼製造業	鉄鉱石、スクラップ、石炭、石灰石を原料および燃料として鉄を作る
13	……非鉄金属	鉄以外の金属、すなわちアルミ、銅、亜鉛、チタン、およびそれらの加工品を作る
14	……金属製品製造業	各種金属を加工して金属製品を作る
15	……機械製造業	電機、輸送機、精密機械以外の一般的な機械を作る（例：生産用機械）
16	……電気機器製造業	電気で作動する機械を作る（例：家電）
17	……輸送用機器製造業	自動車などの輸送用の機械を作る
18	……精密機器製造業	特に精巧な構造の機械を作る（例：パソコン）
19	……その他 製品製造業	他に分類されない工業製品をつくる
20	電気・ガス業	社会の日常活動を支えるエネルギーを広範囲に供給する
21	陸運業	鉄道、バス、トラック、タクシーなどにより陸上輸送を行う
22	海運業	船舶により、海上輸送を行う
23	空運業	航空機により、旅客と貨物の輸送を行う
24	倉庫・運輸関連業	各種輸送（陸運・海運・空運）の「つなぎ目」を円滑にする業務を行う
25	情報・通信業	知識や情報を「伝達」する仕事と、知識や情報を「創造」する仕事
26	卸売業	物を一括して大量に、製造業者や小売業者に販売する仕事
27	小売業	物を小分けにして、消費者に販売する
28	銀行・信用金庫	社会から資金を「預金として」集め、貸出や投資（資産運用）を行う仕事
29	証券業	有価証券の発行と流通を取り扱う仕事
30	保険業	生命保険・損害保険・年金保険などを取り扱う
31	その他金融業	金融機関等から調達した資金で、主に小口貸出を行う
32	不動産業	不動産の売買、仲介、賃貸を業とする
33	サービス業	主として「人による貢献」を提供する専門的サービス

（出所）筆者作成

について掘り下げる。

２．スポーツというプロダクトの有形性と無形性
　スポーツに限らず、一般的に製品（プロダクト）は、「顧客のニーズや
欲求を満たすために市場に投入されるもの（コトラー、2001）」であり、
製品には物理的に見たり・触ったりすることのできる有形のプロダクトと、
見たり・触ったりすることのできない無形のプロダクトに分類することが
できる。例えば、スポーツメーカーが製造・販売するユニフォームやスパ
イクは購入前に製品の内容や品質を見たり・触ったりすることのできる有
形のプロダクトであるのに対し、プロスポーツチームが販売する試合（チ
ケット）という商品は、購入前に具体的なその中身（商品の内容や質）を
知ることはできない、無形のプロダクトといえる。後者のような無形のプ
ロダクトは、「サービスプロダクト」と呼ばれる。そして、スポーツビジ
ネスが提供する「スポーツ」というプロダクトは、サービス（すなわち、
無形の）プロダクトという側面が大きいプロダクトである。

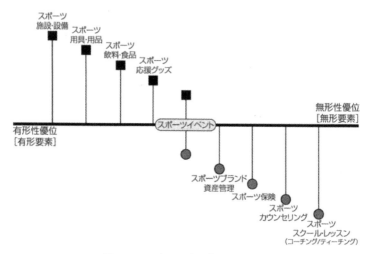

図 4-1　スポーツプロダクト連続体
（出所）Shostack,G.L.(1977) と Smith,A.T.C（2008）を基に中西（2017）が作成

ショスタック（Shostack,G.L.）は、このようなプロダクトの特徴を明確にするために「スポーツプロダクト連続体」という概念を提唱し、スポーツプロダクトがもつ有形性と無形性、あるいはその両方を併せ持つという特徴を整理している（図 4-1 を参照）。

　そこで次に、上述したスポーツプロダクトがもつ、サービス（すなわち無形のプロダクト）という側面に着目して、スポーツビジネスの特徴について考えてみよう。特に、スポーツビジネスの中でも、とりわけ大きな影響力をもつ「プロスポーツ」を例にとって、サービスとしてのスポーツビジネスの特徴を論じることにする。

3．スポーツビジネスの特徴――サービスプロダクトの視点から
（1）サービスプロダクトとしてのスポーツ

　スポーツビジネスの特徴を解明する際の切り口としてまず着目すべきなのは、諸活動を通じて生産されるプロダクトがどのようなものであるかという点である（Chelladurai,1994; Mullin and Sutton, 2007）。これらは、スポーツマネジメントという研究領域の中でも、とりわけ「スポーツマーケティング（詳しくは、前章を参照）」と呼ばれる分野の研究者や商学や経営学を親学問とする研究者によって主張されてきたものである。

　スポーツビジネスの場合、その商品（プロダクト）は実に多様な形態をとる。例えば、試合（大会や興行などのイベント）、スポーツ中継（テレビ・ラジオ・インターネット）、報道（新聞・雑誌など）、評論（本・雑誌）、ネットコンテンツ、応援グッズやキャラクターグッズ、競技場の内外における広告や宣伝などが挙げられる。これらの多様なプロダクト形態の中でも、これらの素となる一次的なプロダクトは「試合（ゲームや大会）」であり、試合を主催し運営すること、つまり試合の興行がスポーツビジネスの商品であるといえる（広瀬、2009）。

　この試合というプロダクトは、Cowell（1980）や Mullin et al.（2007）、松岡（2010）らが主張するように、サービスプロダクトとしての基本的な 4 つの特異性をもっている。すなわち、
（1）不可視性（非可視性）

（2）異質性（非均一性）

（3）不可分性（分割不可能性，同期性）

（4）消滅性（非貯蔵性）

の4つである[1]。

　まずは、（1）の「不可視性（非可視性）」であるが、スポーツは他のサービス業と同様にプロダクトの形が無く、顧客に見えないという特徴を有する。したがって、どのように入念なプロモーションを行ったとしても、消費者である参加者や観戦者が、そのプログラムや試合の内容と質を事前に正確に認識・予測することは困難である。そのような特徴を有するがゆえに、予測の困難さによって生じる試合展開のドラマ性やエンターテインメント性といった特殊なベネフィット（便益）をもつことが指摘されている（Shunk, 2009）。

　それが（2）の「異質性（生産される財・サービスの非均一性）」という特徴と関連している。その一方で、異質性という特徴をもつがゆえに、経営者が提供されるコアプロダクトの質に対して直接的に介入してマネジメントすることができないという負の特徴も指摘されている。

　次に、（3）の「不可分性（分割不可能性，生産と消費の同期生）」であるが、スポーツプロダクトは製品そのものを分割して売ることができないという特徴をもっている（小林、1979）。例えば、観客の数や支払った金額に応じて、試合内容を変更したり、スポーツイベントのプログラムを（大幅には）変更できないという商品上の性質を有している。

　したがって、生産者であるプロスポーツ選手と消費者である観戦者やファンが同時に存在し、関わり合うことによってその生産と消費が成立するため、生産物を貯蔵・保管することができず、（4）に示されるようなプロダクトの「消滅性（非貯蔵性）」という特徴をもつ。

（2）プロダクトの共同生産性

　次にスポーツビジネスないしスポーツプロダクトの特徴として挙げられるのが、試合の「共同生産性」という特徴である（小林，1979，広瀬，2009・2014；橘川・奈良，2009）。スポーツの試合は，競技場内では勝

敗をめぐって競い合っている2者の「共同生産」によって商品である試合の価値が決定し、顧客に提供される。換言すれば「試合の上は敵であるが、ビジネスの上では味方」といえる。ここで重要なことは、2者の実力が均衡する（接戦の展開となる）ことによって、プロダクトである試合自体の価値も高まるという点である。反対に、格差の拡大はプロダクト自体の価値の低下をもたらす。例えば、試合開始直後から圧倒的な実力差のある試合よりも接戦の方が面白いことや、終盤まで優勝争いが拮抗したシーズン方が面白いという事実を考えれば、このことは明白であろう。試合というプロダクトの価値を生産する2者の間に格差が生じることは、敗者（格差の下位者）はもちろん、たとえ勝者（格差の上位者）となった場合においてもビジネスの上では不利益を被る。

　したがって、戦力差の背後にある経済格差や収入格差を是正する必要性が生じるのであり、ドラフト制度による新人選手獲得機会の平等性の担保や、アメリカ4大スポーツを中心に日本のJリーグなどでも行われている「収入分配制度（revenue sharing）」や「サラリーキャップ制度（salary cap）」は、このような格差を是正するための具体的なリーグ施策であるといえる。これは、他の産業にはほとんど見られないスポーツビジネスの特徴であり、スポーツ組織の間に「競争」と「協調」を必要とするリーグ構造があることが指摘されている（Chalip 2006, Wakefield 2007, Smith and Stewart, 2010）。

4．サービスによって拡がるスポーツビジネス

　上述した特徴からも明らかなように、スポーツビジネスは多くのステイクホルダーと関わりをもつと同時に、他産業や他業種に横断的な関わりをもつ、親和性の高いビジネスである。

　図4-2は、みるスポーツ産業（主にプロスポーツ）の拡がりによって、他の産業との間に新たなビジネスが拡大していることを示した図である。例えば、図中央のみるスポーツ産業と不動産業・建設業の間では、スタジアムを中心とした「スマートベニュー事業」[2]などのスタジアムを中心とした都市開発事業などが進展している。

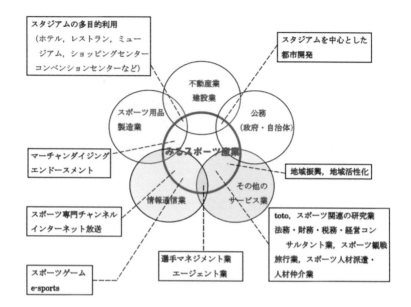

図4-2　スポーツビジネスの拡がり
（出所）江戸川大学スポーツビジネス研究所（2008）30頁に一部加筆

　同様に、スポーツの国際化にともなう選手移籍の流動化や選手の肖像権を利用したスポンサービジネスの拡大などの影響から、「選手マネジメント業」や「エージェント業」などのサービスビジネスも展開されている。

　このように、スポーツビジネスは、他産業・他業種のビジネスを結びつけるプラットフォームとしての磁力や親和性をもつ。これは、従来より体育学等において「スポーツの力（power of sports）」という概念として提唱されてきたものでもある。　　　　　　　　　　　　　　　　（奈良堂史）

注
1）これら4つの特徴の「名称」については、主張する研究者によって、さまざまな用語が使用されている。本章では同義の用語について、（カッコ）内に併記した。
2）スマートベニュー事業とは、日本政策投資銀行の定義によると「周辺のエリアマネジメントを含む、複合的な機能を組み合わせた、サステナブルな交流施設」のことを指す。日本政策投資銀行ホームページ＜ www.dbj.jp/pdf/investigate/etc/pdf/book1308_01.pdf ＞参照（2019年9月30日アクセス）。

【参考文献】

1) Chalip, L. Toward a distinctive sports management discipline. Journal of Sport Management, 20: pp.1-21.2006.

2) Chelladurai,P. Sports Management: Defining the Field. European Journalof Sports Management, 1: pp.7-21.1994.

3) Cowell, D.W.The Marketing of Service. Managerial Finance, 5(3): pp.223-231.1980.

4) Shostack,G.L. Breaking Free from Product Marketing, Journal of Marketing, 41(2):pp.73-80.1977.

5) Shunk,T. Sports Marketing: A Strategic Perspective（4th ed.）. Prentice Hall : Upper saddle River, NJ, USA.2009.

6) Smith, A. T .C Introduction to Sport Marketing. Butterworth-Heinemann.2008.

7) Smith, C. T., & Stewart, B. The special features of sport. SportsManagement Review, 13: pp.1-13.2010.

8) Mullin, B.J., Hardy, S., & Sutton, W,A. Sports Marketing（3rd ed.）. Human Kinetics, Champaign, IL, USA.2007.

9) Wakefield Team sports marketing. Butterworth-Heinemann: Boston, MA, USA.2007.

10) 橘川武郎・奈良堂史『ファンから観たプロ野球の歴史』日本経済評論社、2009

11) コトラー、P.『コトラーのマーケティング・マネジメント―プレミアム版』ピアソン・エデュケーション、2001

12) 小林好宏「プロ野球の経済分析」『経済セミナー』292 号（1979 年 5 月号）46-54 頁、1979

13) 中西純司、有形プロダクトと無形プロダクト、(仲澤眞、吉田政幸編著『よくわかるスポーツマーケティング』pp46-47)、ミネルヴァ書房、2017

14) 奈良堂史、第 4 章スポーツビジネスの特異性――経営学（サービスマネジメント）の視点から、(大野貴司編著『現代スポーツのマネジメント論―経営学としてのスポーツマネジメント序説―』75-91 頁)、三恵社、2020

15) ハリウッド大学院大学監修、寺本義也、中西晶編著『サービス経営学入門』同文館、2017

16) 広瀬一郎編著『スポーツ・マネジメント 理論と実際』東洋経済新報社、2009

17) 広瀬一郎『スポーツ・マネジメント入門（第 2 版）』東洋経済新報社、2014

18) 松岡宏高「スポーツマネジメント概念の再検討」、『スポーツマネジメント研究』第 2 巻第 1 号、33-45 頁、2010

「スポーツイベントを成功に導くためのこれからのホスピタリティとは何か」

　2020東京オリンピック・パラリンピックが新型コロナウィルスの世界的な感染の影響で延期となり、日本のおもてなしが世界に通用するか否かの検証がお預けとなった。スポーツ界では様々な施策の検証と新しいコンテンツ開発の起爆剤として期待し準備をしていたはずだが、まだその機会を失ったわけではない。

　スポーツイベント会場におけるスポーツホスピタリティは2019年日本での開催となったラグビーワールドカップで行なわれた英国STH社とJTBのスポーツホスピタリティ専門会社で提供されたものが世界的にも主流とされている。多額の協賛金を払っているスポンサーや富裕層をターゲットにしたものではあるが、それに支えられて一定の成果を導き出すのは現状において有効な施策といえる。海外のサッカーや大リーグなども同様に提供するサービスのスタイルは異なるにせよ戦略的には大きな違いはない。

　国内においても近年はホスピタリティの意識が高かまって来てはいるが、欧米に比べると、やや出遅れている感がある。Bリーグがプロ化し、Vリーグも2年後にプロ化する予定をしていることや、オリンピックの影響で国内競技の観戦対象競技の選択が広がっていくため、競技そのものの魅力とは別に観客争奪戦の激化は国内スポーツの活性化に繋がるものと思われる。ここで大きな影響力を持つのがホスピタリティだ。前述したとおりこれまでのホスピタリティの対象は戦略的にも富裕層を中心に展開されているものが大半だが、来場者のリピート率を高めるには一般来場者への展開が必然となってくる。もちろん観戦料の違いによる、一定の差別化は必要と思われるが、一般来場者向けのコンテンツをどう展開していくかが重要となるはずである。観客は高い競技パフォーマンスを求めてくるのは当たり前だが、それ以外に求める楽しみを考える時代になってきた。エンターティメントの世界に視野を広げれば目指すはディズニーランドやユニバーサルスタジオジャパンなど、一日中そこに居たくなるような会場の提供が必要と考えられる。なぜならば週末の余暇の楽しみをどこで過ごすかが選択になるからだ。では競技会場における一日中楽しめるものとはどのようなものか。一番の違いはキャストといわれるスタッフである。TDLやUSJには警備員の格好をした警備員はいない。入場ゲートには笑顔で迎えてくれるキャストが手を振って出迎えてくれる。一方でスポーツ競技の大会においては、警備員がゴロゴロして、強面の担任の先生やアルバイト学生などのスタッフが難しそうな顔つきで観客を向えている。どちらを選択するかといえば当然だがTDLやUSJを大半の人が選択するはずである。スポーツ界は今後視野を広げ、世界の中でのエンターティメント性を高めることをしていかなければ、この競争に勝っていけないはずである。スポーツ界におけるホスピタリティの在り方は、エンターティメントとして、特別な空間の提供は勿論、時間やコミュニティの拡張など幅広く考えて行かなければいけない時代に入ったといえる。

　『2020＋1』の東京オリンピックが新たなスポーツ観戦スタイルのスタートとなることを期待している。

株式会社セレスポ　常務取締役　鎌田義次

第二部　近年のスポーツビジネス

第5章　教育とスポーツビジネス

1. 学校教育とスポーツ

　日本の学校教育に部活動が取り入れられたのは、明治維新前後に軍事訓練としての「体操」が、欧米から移入されたのがそもそもの始まりとされている。

　その後、明治前半期には、高等教育機関で運動部活動が誕生し、大正、昭和初期には中等教育機関にまで普及していった。

　戦後、学校教育の現場で課外活動が推奨されたのは、1945年の文部省通達「新日本建設の教育方針」により、「明朗な運動競技を奨励し純正なスポーツを復活し、および運動競技による国際親善を図る」ことが求められた為である。これを受け、多くの生徒がスポーツを行えるよう、運動部活動の整備が求められ、教育課程の一環として運動部活動が取り込まれてきたのである。

　その後、東京オリンピック（1964年）の開催やそれに続く運動競技の大衆化路線は学校教育現場での運動部活動の拡大を大きく推進してきた。しかし、近年では教員の部活動への関わりが大きな負担であるとの問題も多く出ており、課題解決に向けた取り組みが多数、行われている。
2000年代前半には、膨れ上がる運動部活動を学校と教員だけでは困難であるとして、指導者を外部より招聘する、いわゆる外部指導者活用の取り組みが模索されるようになった。

　こうした取り組みは2000年以降、文部科学省が「運動部活動地域連携実践事業」（2002年）、「運動部活動等活性化推進事業」（2007年）、「地域スポーツ人材の活用実践支援事業」（2008年）等を実施し、外部指導者の充実や総合型地域スポーツクラブとの連携・融合という方向に進みつつあった。

　また、2018年にはスポーツ庁により「部活動指導員配置促進事業」という15億円を投じる新規事業が計画され推進されている。その目的は「適切な練習時間や休養日の設定など部活動の適正化を進めている教育委員会を対象に、部活動指導員の配置に係る経費の一部を補助することで、中学校における部活動指導員体制の充実を推進し、部活動を担当する教員の支援を行うとともに、部活動の質的な向上を図る」ことという。

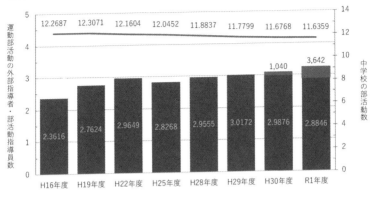

（万人）　　　　　　　　　　　　　　　　　　　　　　　　　　　（万部）

運動部活動の外部指導者・部活動指導員数

中学校の部活動数

	H16年度	H19年度	H22年度	H25年度	H28年度	H29年度	H30年度	R1年度
上段	12.2687	12.3071	12.1604	12.0452	11.8837	11.7799	11.6768	11.6359
							1,040	3,642
下段	2.3616	2.7624	2.9649	2.8268	2.9555	3.0172	2.9876	2.8846

図 5-1 日本の中学校における運動部数と外部指導者・部活動指導員数の推移
（出典：（公財）日本中学校体育連盟調査結果より著者作成）

　ところが、実際に運動部活動が外部指導者の活用により地域との連携・融合が進んでいるかというと、そうではない。

　スポーツ庁が公表している「平成28年度全国体力・運動能力、運動習慣等調査」によれば、全国の中学校で運動部活動に外部指導者を活用した割合は全体で約74%にも達しているが、運動部の数に占める外部指導者の割合は中学校で約25%、高等学校で約11%にすぎないのである。また（公財）日本中学校体育連盟の調査によれば、令和元年度の中学校における外部指導者及び部活動指導員を活用した部活動の割合は28%と微増しているものの、大きな変化は見られない。

　このような状況の中、東京都杉並区にある杉並区立和田中学校が2012年より取り組んだ「部活イノベーション」という事例がある。この「部活イノベーション」は、運動部活動の休日の指導を民間企業に委託する活動である。

　「部活イノベーション」のモデルとなったのが、和田中学校の保護者や住民でつくる「地域本部」が、外部の進学塾と契約し、学校施設を開放して行っている「夜スペシャル」という有料授業の一環である。「部活イノベー

ション」は国語や数学、英語の授業を実施する代わりにスポーツを有料で
指導するというものである。

　学校部活動の外部委託化には、いくつかの状況の変化や要因が考えられ
る。

　まず、顧問教員の負担の軽減である。

　中学や高校で部活動として平日や土曜・日曜の週末にスポーツを行おう
と思えば、当然ながら指導する教員が立ち会う必要がある。顧問が休日出
勤するのは、時間的にも負担となるが、指導を外部に委託すれば顧問教員
の負担を軽減できる。平日の放課後や土曜、日曜などに、顧問教員の負担
にならずに、尚且つ子供たちに部活動を行わせる方策として、有料ながら
外部に委託するという方法が模索されたのである。この取り組みが後に新
しい部活動の在り方を示したこととなる。

2. 学校部活動の外部委託

　民間企業が関わる部活動に対する教員の負担軽減を目的とした「部活動
支援事業」の先鞭となったスポーツデータバンク社の取り組みは 2010 年
に杉並区立和田中学をはじめ、杉並区内で複数の学校で取り入れ、さらに
大阪市や埼玉県、京都府などの私立中学校などを含め国内で約 35 箇所、
高等学校や大学への派遣も含めれば合計で約 100 部活動にもなっている。
部活動の種目は、サッカー、バドミントン、バスケットボール、卓球、陸
上など多岐に渡っているが、スポーツデータバンク社のグループ企業でス
ポーツの指導スキルを有する指導者の登録されているスポーツデータバン
クコーチングサービス社が学校側の詳細なニーズ等をヒアリングして人材
のマッチングを行う。

　更には学校内で指導する際の留意事項などを含めた研修や安全管理にも
責任を負う。そのため学校、教員の負担が大きく減る。
また、専門の指導者が平日や休日の指導を行うことで、技術レベルの向上
も期待されている。

　2014 年に（公財）日本スポーツ協会（当時：（公財）日本体育協会）
が公表した「学校運動部活動指導者の実態に関する調査報告書」によれば、

モデル	実施地域	実施校数	部活動	開始年
中学校				
自治体予算（教育委員会等）	杉並区	10校（区立）	20部活動	2010年
	大阪市	8校（市立）	10部活動	2015年
	岩手県	1校（市立）	1部活動	2016年
	流山市	2校（市立）	8部活動	2019年
	うるま市	9校（市立）	27部活動	2017年
	糸満市	1校（市立）	3部活動	2018年
学校予算	京都府	1校（私立）	3部活動	2013年
保護者会予算	埼玉県	1校（私立）	1部活動	2012年
高校				
自治体予算	東京都	1校（都立）	10部活動	2016年
学校予算	世田谷区	1校（私立）	8部活動	2017年
	西宮市	1校（私立）	3部活動	2019年
保護者会予算	埼玉県	1校（県立）	1部活動	2020年
大学				
学校予算	東京都	1校（私立）	1部活動	2019年

図 5-2 スポーツデータバンクの民間委託モデル実績

（令和 2 年 9 月現在）

中学校の運動部活動の顧問教員のなかで、担当する部活動の経験がある者は、全体で約半数の 54% で、学校の体育以外では経験がないと答えた指導者が 46% にも達していたのである。

更にスポーツ庁が 2017 年度に発表した「平成 29 年度運動部活動等に関する実態調査」によれば、運動部顧問（主担当）の競技種目に関する自身の競技経験について、「全くない」の割合が、中学校で 40.7%、高校で 32.5% となっている。部活動に関する課題や悩みでは、「校務と部活動の両立に限界を感じる」「自身の心身の疲労・休息不足」について、中学校、高校ともに約 4 割を超える教員が「課題がある」と感じている。調査に

よれば、競技経験のある教員も含め、中学校では7割以上が担当種目に対する資格を持っておらず、部活動指導に関わる情報や知識は自身の経験含め、参考書やインターネットから収集を中心に行なっている状況である。未経験の競技では、正しいコーチングや指導ができないケースが多いだろう。

2017年には、スポーツ庁が「民間活力による運動部活動支援体制の構築のための実践研究」を行っている。これは運動部活動の指導者を定着させるための課題を民間活力による新たな運動部活動の仕組みを構築するための課題を探し出し、その解決策について実践研究を行うことを目的としている。2018年には後継事業として「運動部活動改革プラン」を開始、ニーズの多様化、地域との協働・融合、医療期間との連携、競技大会への参加・運営の在り方、企業等の連携など部活動における各課題に関する調査・実践研究事業を行ない、2019年以降も継続した取り組みが行われている。同社では2017年に沖縄県うるま市、2018年に沖縄県糸満市、2020年に東京都日野市と連携し同事業を推進してきた。沖縄県うるま市ではその後、独自に同事業を継続し、現在も市内9校27部活動に外部よりスポーツ指導者を招聘し、子供の運動の機会の充実と部活動の加入率向上、更には教員に負担軽減などの成果が出始めており、部活動への民間企業を含む外部組織等の活用と地域への移行は、今後更に加速化する傾向にあると考える。

現代のスポーツ技術やコーチングは、海外のスポーツ科学や人間工学なども取り入れ、大きく発展してきている。スポーツそのものもさることながら、これらの新しいコーチングを学んでいなければ、正しい指導は行えない。学校では、学年ごとに体力も技術も異なるため、練習メニューも異なっているが、それらは年齢や学年による分類程度で、各個人の体力や技術に合わせたメニューを行わせることはほとんどない。海外では同じ年齢で同じスポーツを行っても、全員が同じメニューで練習することなどない。子供たちの体力や技術に合わせ、個別の練習メニューを行わせるのが一般的である。

これらの専門的な指導を専門のコーチに任せ、正しい指導を行うことが、

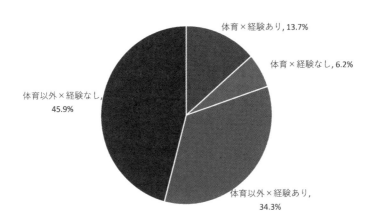

中学校

体育×経験あり, 13.7%

体育×経験なし, 6.2%

体育以外×経験なし,
45.9%

体育以外×経験あり,
34.3%

図 5-3 学校運動部活動指導者の過去経験の有無
(出典：(公財) 日本スポーツ協会「学校運動部活動指導者の実態に関する調査報告書より著者作成)

結果的に子供たちのスポーツ技術の向上と教育に結びつくのである。その
意味では、運動部活動の外部委託化を進め、民間企業を活用してプロのス
ポーツコーチが、部活動や課外活動の指導の一端を担うというのは、まっ
たく新しいスポーツ市場の開拓だともいえるのである。

3. 学校体育施設の有効活用

　スポーツ庁では、学校体育施設を地域のスポーツの場として有効活用す
るため、2020 年 3 月に「学校体育施設の有効活用に関する手引き」を策
定し、2020 年度には 実証事業として「スポーツスペース・ボーダーレス
プロジェクト (学校体育施設の有効活用推進事業)」を開始している。我
が国では、スポーツ施設の老朽化や財政難、人口減少などにより従来のス
ポーツ環境が維持できなくなる自治体も出てきている。しかし、地域住民
のスポーツ環境整備は運動の機会をなくさない為に、持続的に確保される
環境づくりが必要とされている。その中で国内のスポーツ施設の約 6 割
を占める学校体育施設を地域スポーツの場として有効活用することがその

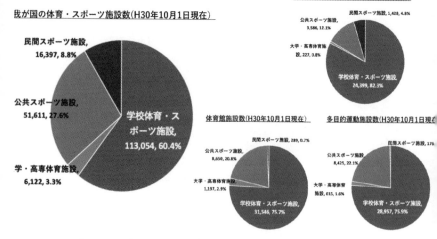

図 5-4 我が国の体育・スポーツ施設における学校体育施設の状況
(平成 30 年体育・スポーツ施設現況調査より著者作成)

環境になり得ると考えられている。体育館施設では全体の 75.7%、多目的運動場では、75.9%、水泳プール施設に関しては 82.3% となっている。

　学校体育施設は従来より学校体育施設開放事業が進んでおり、体育館では約 9 割、区外施設では約 8 割と高い水準で開放されている。しかし、水泳プール施設では約 2 割にとどまっている。小学校のプールでは、既に民間事業者への施設開放などが進んでおり、水泳の授業を民間が担う取り組みも始まっている。

　学校体育施設開放事業では開放の対象は事前に登録された団体限定で個人での利用が可能な体育館などは全体の 3 割程度となっている。このような現状には学校体育施設の設置者である市町村単位での管理や費用などの課題が挙げられている。このような課題を解決するにはいくつかの参考となる事例がある。一つは学校プールの整備を PFI の導入を行った東京都調布市の事例だ。1999 年 4 月に市内小規模校 2 校を統合し、新設校として開校した。新校舎は義務教育施設としては初めて PFI を導入し、現在は学校施設の維持管理業務は民間事業者へ委託されている。そしてもう一

つは学校水泳プールを地域スポーツの場として有効活用している神奈川県横浜市の事例である。横浜市の「プール及び野外活動施設等の見直しに係る方針について」（2015年10月30日）に基づく施設集約化の取り組みとして、小学校の移転新築の際に隣接する屋外公園プールを廃止。代替えとして移転新築後の子安小学校のプールを6〜9月の学校が利用しない日に有料で市民が利用するモデルである。プールの管理、受付、利用料の徴収等は民間事業者へ委託していることで学校側は負担が減少している。こうした取り組みは公共スポーツ施設の管理を外部に委託する「指定管理者制度」などを学校施設に導入する先行モデルだと考える。今後は、学校部活動の地域への移行の検討や合同部活動の在り方、地域住民の健康維持、増進を目的とした学校体育施設の開放する為には官民連携等の工夫により新しい仕組み作りが重要だろう。

4. グローバル化するジュニアスポーツビジネス

　スポーツデータバンク社の活動のひとつに、日本独自の「部活動」を、海外に輸出しようという試みが行われている。ASEANでは現在、子供たちの肥満率の上昇などの健康に関する課題があり、日常的な運動不足や食生活の変化などが原因と考えられる。日本に比べて学校の授業における体育の活動日が少なく、学校施設や用具、専門的な指導者などが不足しており、環境が整っていない現状である。そこで、「日本型の部活動」を輸出することで健康課題の解決を図るのが目的である。日本の部活動のように放課後にスポーツ指導ができる人材をマッチングし、様々な運動プログラムを提供する。

　同社では、2020年2月に台湾・高雄市教育局と連携し、日本のスポーツ指導コンテンツを、同市小学生を対象に提供する取り組みを行なっている。スポーツ指導コンテンツは沖縄を拠点に活動しているFC琉球(Jリーグ所属)や陸上競技選手が行なっている陸上教室と連携しており、スポーツ指導とあわせて県内の地域産品や地域観光、文化の紹介等を行うなど、スポーツと他産業を融合させたスポーツ・文化教育コンテンツの輸出事業も始まっている。こうした活動はスポーツをフックとして様々な産業の課

題解決を行うことができ、海外進出を図る日本国内の企業が市場リサーチとして活用することや、自治体がインバウンドを見込む地域観光 PR にも役立つと考える。

日本型部活動がグローバルに推進されることで、スポーツビジネスは新たなフェーズを迎えることになるだろう。もちろん、そのためには、学校の部活動でほとんど進んでいない ICT 化も急速に進めていく必要がある。経済全体がグローバル化する中で、教育やスポーツ関連のビジネスもまた、大胆なグローバル化の波に乗り出そうとしているのである。

（石塚大輔）

【参考資料】
1) スポーツ庁.「平成 28 年度全国体力・運動能力、運動習慣調査」. 2017 年 5 月.
2) スポーツ庁.「平成 29 年度運動部活動等に関する実態調査」. 2018 年 3 月.
3) スポーツ庁.「体育・スポーツ施設現況調査」. 2020 年 4 月.
4) スポーツ庁.「学校体育施設の有効活用に関する手引き」. 2020 年 3 月.
5) 経済産業省関東経済産業局.「広域関東圏におけるスポーツビジネスを核とした新しい地域活性化のあり方に係る調査」. 2009.
6) 公益財団法人日本体育協会（現：日本スポーツ協会）.「学校運動部活動指導者の実態に関する調査報告書」. 2014.
7) 経済産業省.「特定サービス産業動態統計調査」. 2013.
8) 文部科学省.「体罰の実態把握について」. 2014.
9) 佐野昌幸, 黒田次郎, 遠藤利文.「図表で見るスポーツビジネス」. 叢文社. 2014.
10) 中澤篤史.「学校運動部活動と戦後教育学 / 体育学：なぜスポーツは学校教育へ結びつけられるのか」.
　　http://hermes-ir.lib.hit-u.ac.jp/rs/bitstream/10086/26994/1/kyoiku0002301350.pdf.

第6章　企業とスポーツビジネス

1. 企業スポーツの歴史

　まず、これまで企業とスポーツがどのよう関わってきたかについて概観する。従来、わが国の雇用制度は、親方請負制が支配的だったが、第1次大戦を経たあたりから産業の近代化とともに企業直庸制が主流となり、急速に熟練労働者の企業内容生徒着化対策の必要性が生じた。さらに、戦前から戦後の高度経済成長期にかけて、企業の大規模化による従業員数の増加や労働組合の組織化と労働運動の激化、産業構造の第2次、第3次産業へのシフト、労働力不足の深刻化、労務関係諸立法による産業民主主義性の発展などにより、労務管理の重要性がますます高まり、大企業を中心に、近代的な人事労務管理制度の導入が進んでいった（澤井，2011；白井，1992）。こうした企業において、企業に所属する従業員自身がスポーツを楽しむことを目的として、企業スポーツは誕生した（荻野，2007）。娯楽や余暇活動が乏しい時期にあって、日頃同じ職場で働く仲間の活躍に声援を送り、自社のチームの勝利に歓喜することが娯楽であると同時に、従業員の士気や職場の一体感を高めるなど、労務施策としての効果が期待され始めた。1977年の民間企業を対象とした労働省（当時）の調査によれば、従業員数5,000人以上の企業で何らかの体育施設を有する企業の割合は95.7%に達し、従業員数1,000人以上の企業で体育クラブ活動（同好会を含む）に援助施策を行なっていた企業は90%を超えていた（労働省大臣官房政策調査部，1977）ほど、多くの企業がスポーツによる諸効果に期待していたことがうかがえる。

　1920年ごろになると、企業内外で勝敗を競う各種大会に参加させるようになった。企業スポーツはより勝利を求められるようになり、高校や大学の運動部で活躍した選手を積極的に採用し、社業と競技の両立を求めず、現役期間は競技を優先、あるいは競技に専念させることが多くなった。これにより、多くの優れたアスリートが企業スポーツのなかで活躍・成長の場を確保され、わが国の競技力向上の基盤として大きく寄与したことは企業スポーツの功績である。

　1964年に開催された東京オリンピックの以降、日本のスポーツに対する関心は国内で高まった。中でも企業がスポーツチームに所属する社員が

選手として多くオリンピックに出場することで、企業スポーツを中心としてアマチュアスポーツ団体が発展していった。

　企業は、経済の高度成長期に乗じて社内外における自社のスポーツ活動促進が社員への福利厚生の一環と捉え拡大させるとともに、自社アスリートがオリンピックなどの社外の各種大会で活躍することによって、企業のメディアへの露出が増え、社内外への認知度や知名度を高めてきた。すなわち、これまでは、社内の一体感や労務施策の一環として実施されてきたが、対外的には強豪チームを有することで「企業のイメージアップ」を図るなど企業の広告宣伝効果も期待されるようになった。これらは、工場を有する企業において顕著であり、地域住民へのイメージアップや求心力となる存在としても重要な役割を果たしていた。

　しかしながら、1990年代になると企業スポーツは大きな転換期を迎え、企業が保有するスポーツチームが廃部、あるいは休部することとなる。全国レベルの強豪チームを保有、維持するためには選手として優秀な人材獲得ばかりでなく、監督・コーチ・トレーナー・マネージャー等々チーム運営に欠かせない人材（チームスタッフ）の獲得も不可欠である。さらには彼らが日々強化トレーニングを行う施設・設備などの環境整備も必要であり、企業としては多額の費用投下を担う必要があった。企業スポーツは、経済状況と密接に関係しながら発展しているため、1990年代では、工場現場や事務作業のコンピュータ化、省力化、マニュアル化および、バブル経済の崩壊による企業の業績悪化や従業員のリストラに伴い、企業においてコストセンターとなっていたスポーツチームの経費削減が起こったのである。さらに、所属する選手が競技のみに集中し従業員仲間でなくなることによって企業としての一体感が薄れ、企業スポーツとして当初期待されていた労務施策としての効果が低下してしまったことや、Jリーグなどのプロリーグが発足したことにより、企業に所属する選手が出場する各種競技大会のメディアへの露出が低下し広告宣伝効果が減少した。それに伴い、境ブレイザーズのように、企業チームからクラブチームへと変容したり（高橋・浦上，2004）、企業自身がスポーツチームを保有するよりも、スポーツイベントやスポーツチームをスポンサードする方が低コストで広告効果

を得られるため、休部や廃部をすることで、ますます企業スポーツは衰退していった（株式会社日本政策投資銀行地域企画部, 2015）。

2. プロスポーツ・アマチュアスポーツのボーダーレス化

　企業スポーツを始めとするアマチュアスポーツでは、プロ野球とは違いドラフト制度などがないため、当然のように優秀な学生選手の新卒の採用競争が企業チーム間で起こり、かつては"文武両道"と言われた学生選手もスポーツの技能の評価のみにより入学金免除や特待生扱いなどで入学し、学業よりもスポーツの能力や成績で進級、企業のチームからスカウトされ入社するケースが常態化していると言える。"アマチュアイズム"が叫ばれていた当時は、企業に社員選手としてスカウトされ入社した学生は、企業チームで数年活動した後に選手を引退、社業に戻るケースがほとんどであった。企業スポーツ活動のために入社し社員の代表として、また企業の広告塔として仕事の大半をスポーツに費やす社員選手たちにとって、現役中は社員として給料をもらいながら企業から与えられた環境の中で好きなスポーツに没頭し、引退後は一社員、サラリーマンとして仕事に復帰できるというセカンドキャリアを保障されることが、本人のライフワークの中で大きなメリットでもあった。それは、個人年金で転職しながらキャリアアップするという欧米のサラリーマンに対し、企業年金や終身雇用制度が確立していた日本では、企業で働く人々の福祉の主たる担い手が政府（国）より企業であったのと同様に、アマチュアスポーツ界の担い手が企業（実業団）であり、そこに誕生したのが"企業スポーツ・社員選手"であるという歴史的・社会的背景があったのである。

　企業スポーツチームの社員選手は、アマチュアイズムを持ちつつ企業の中でスポーツに専念・専業できる環境や特権を与えられ、時には日本代表チームの一員として招聘されワールドカップ（W杯）やオリンピックなどの国際大会にも活躍していた。しかしながら、アマチュアの祭典と称されていたオリンピックも1984年ロサンゼルス大会以降から商業化路線が拡大し、プロ選手の参入となるが、そのきっかけを作ったのがサッカーと言われている。

世界で最も早くプロ化した競技と言われるサッカー界においては、すでに世界大会としてブランドが確立していたW杯とプロの人気選手を取り込み興行収益につなげたいオリンピック側との駆け引きがあり、結果U－23（23歳以下）選手に限るという形でオリンピックでのプロ選手の参加を容認した経緯がある。

　日本では、サッカーのプロ化が他のアマチュアスポーツ界に大きな影響を与えたと言える。サッカーは1968年メキシコ五輪以降の低迷を機に、隣国の韓国のプロ化に追随してプロ化を決意したといわれ、当時日本サッカー協会は、企業チームを単にプロチームに進化させることではなく欧米のような「地域に根差した"地域プロ球団"」を実現することによって、現存の人気スポーツである"企業プロ型"のプロ野球との差別化を図り、「プロ＝地域」をJリーグのコンセプトとして開幕した。数シーズンの低迷はあったものの、プロチームが地域とともに発展するスポーツマネジメントが成功をおさめ、現在に至っている。

　オリンピックや日本のサッカーだけでなく、世界中の競技種目やスポーツイベントで賞金制が確立されプロ化が進行していく中、チームだけでなく選手にとってもスポーツのエンターテインメントとしての地位の確立がポイントになってくる。ＴＶ放映・視聴率・スポンサー等によるスポーツイベントを考えていくと選手はもうアマチュアではいられない。

　現在、国際大会やオリンピックなど海外で活躍している日本の選手たちはアマチュアだろうか・・・。彼らの中には、企業からのスポンサー収入で活動している選手や、企業と嘱託選手契約をしている選手もいる。いずれも競技大会への出場や上位入賞によってメディアや宣伝効果が上がり、その活躍によって企業の宣伝、イメージアップの一役を担っている選手である。水泳・卓球・柔道など個人種目ではこうした形をとっている選手が存在しているが、彼らはアマチュア選出ではなくプロ選手と言える。

　一方、団体スポーツにおいては、すでにプロ化をしている団体を除き選手自身がプロ宣言をして企業チーム（一般的にアマチュアチーム）と個別契約を結ぶケースがあり、社員選手とプロ選手とが混在しているチームもある。

また企業と嘱託契約社員として活動する選手もいる。彼らは準社員の身分で一部の従業員福利厚生（健康保険、厚生年金保険、雇用保険、労災保険等の社会保険に加入）の適用や、通勤手当支給、社宅利用など社員に準じた身分や処遇を受け、スポーツ活動のみで給料をもらっているのである。

　このように日本のスポーツ界は、完全にプロ化した団体を除き、それ以外のスポーツ団体及び団体に所属するチーム及び選手がアマチュアとして活動していても、団体の主催する大会に賞金がついていたり、またそのチームに登録している選手はプロもアマも混在していたり、どこまでをプロというのか、何を基準にアマチュアというのか、そのボーダーは崩壊してきているといえる。

3. 企業スポーツのマネジメント

　プロ・アマのボーダーが曖昧になる中、企業スポーツを取り巻く環境では様々なことが起こっている。松岡（2010）は、複合領域としてのスポーツ産業に含まれる全てのビジネスのマネジメントをスポーツマネジメントとは呼ばず、スポーツ活動そのもの、つまり、「するスポーツと見るスポーツの生産と提供にかかわるビジネスのマネジメント」をスポーツマネジメントと定義している。すなわち、「するスポーツ」「見るスポーツ」をより充実させるための当該スポーツに関する専門知識だけでなく、経済動向・経営・人材育成など総合的見地からもスポーツビジネス・スポーツマーケティング・スポーツマネジメントといったスポーツ経営学全般を習得し、関わりを持っていくことがスポーツ発展への重要なファクターとなる。

　今まで日本スポーツ界を支え、多くの日本代表やオリンピック選手を輩出してきた企業スポーツ団体・チームに対する貢献は評価に値する。しかし、企業が抱えるチーム・選手は、社会環境変化や企業の雇用とも密接に関係しており、景気低迷やM＆Aなどを理由に企業のリストラ対象や経費削減対象とされ休部・廃部といった低迷の途をたどった現実もある。

　しかし近年では、新しく企業スポーツに参入する企業はなく、企業スポーツからプロスポーツや地域スポーツへなどへの移行制度が主張され、また実際に試みられている（澤井，2011）。例えば、企業がプロチームの親会

社となったり、既存のプロチームのスポンサーとなったりすることである。つまり、企業スポーツが隆盛していた当時に重要視されていた労務管理の側面と、プロスポーツやスポーツイベントへの介入を含めたメディア価値や社会貢献の側面を利活用していくといった具合である。

　これらを実現していくために重要なコストについてだが、企業チームの運営は、企業母体からのバックアップ（投資・予算）により運営基盤を確立している。当然ながら資金力の違いがチーム力を左右するといっても過言ではないだろう。企業チームの中でもホームゲームなどを自主運営し収支計上しているチームはあるが、そのほとんどは興行自体もイベント会社に委託するケースもあり、チームを"経営する"という概念は無く、活動経費は企業が算出する福利厚生費または宣伝広告費から、選手・スタッフの費用は人件費からと、企業の予算の中から配分され運用している。企業としてスポーツ活動に投資するということはそれなりの意義がある。

　上述の費用対効果の中で、まず社内に対しては、社員の会社への帰属意識高揚が期待でき、試合観戦を通じて社員が会社を応援することで社員の一体感醸成につながる効果を期待し、社外に対しては、活動拠点をベースとした社会貢献の一環として様々な地域活動への参画や地域の子供たちへの「スポーツ教室開催」や試合を通じての「他企業交流」が、企業ＣＩ（Corporate Identity）活動の普及につながり、さらには、優勝や自チームの選手が日本代表に選出されオリンピックなどの国際大会で活躍することが、企業の知名度アップとなり宣伝効果をも期待できるからである。これが一般的に企業における「企業スポーツの活動理念」と言える。企業スポーツは、本活動理念に掲げた社内外におけるチーム存在の意義や戦績、チームが活動するに値するべく費用対効果を企業側経営者たちの総合的な判断によって存続しているのであり、単にチームの勝ち負けや強い弱いではなく、企業スポーツ活動が企業の社会的責任・企業イメージにどのような影響があるか否かを重視しているともいえる。

　しかし、企業チームをいきなり"プロ化"や"地域化"をしようとしても、企業としては企業スポーツの活動理念にマッチしないであろう。企業チームを保有する企業はグローバルな企業が多数あるため、日頃チームが活動

している拠点には効果があるものの、一地域に限定されたチームイメージやチーム名に地域名を付与することには、企業としてのブランド訴求に関してはメリットがないからである。

　またスポーツ施設や環境整備に関しては、自社のスタジアム、体育館やグラウンドを保有するチームにとって問題はないが、それ以外のチームでは活動地域での練習会場確保においては、地域スポーツの向上に賛同し応援してくれる自治体もあれば、「スポーツは地域の公共財」と言いつつも社会体育行事を優先するために施設利用日は限定され、また施設利用料が団体（企業）使用の場合通常より割高な料金を徴収するスポーツ施設があるなど、ほとんどのチームは地域自治体との"公共性の担保"という点において施設確保に難航しているのが実態である。

表6-1　日本のスポーツにおける企業スポーツの変化のイメージ

●戦後の経済発展、国民生活の向上に伴い、国民のスポーツに対するコンセンサスが変化
　　⇒教育・健康づくりの手段から商業主義、イベント化、プロフェッショナル化へ
●企業におけるスポーツも、従来の従業員への福利厚生目的から、企業イメージ向上のためのトップスポーツ軍団作りが主流
　　⇒従業員（職場）スポーツとトップスポーツの差別化による、新しいスポーツへの取り組みが行われている

	1945年～	1955年～	1965年～	1975年～	1985年～	1995年～	2005年～
スポーツの変遷 オリンピック アジア大会 国体	・ヘルシンキ五輪（52）　※第一回アジア大会（51）～　※第一回国民体育大会（46）～	・メルボルン五輪（56）	・ローマ五輪（60）　・東京五輪（64）　・メキシコ五輪（68）	・ミュンヘン五輪（72）　・モントリオール五輪（76）	・ロス五輪（84）　※モスクワ五輪（80）　・ソウル五輪（88）	・アトランタ五輪（96）　・バルセロナ五輪（92）　・シドニー五輪（00）	・北京五輪08）　・アテネ五輪（04）　・ロンドン五輪（12）
社会的思想	戦前の国家主体から民主教育手段　学校体育・職場スポーツ		スポーツの大衆化（プロ・アマ）　ステートアマ（個人）・団体）		商業主義への転換（世界）　スポンサード・広告宣伝	スポーツビジネス・マーケティング　スポーツ企画・経営・費用対効果	
国民のコンセンサス（意識変化）	戦後復興　⇒国体・アジア大会への関心　⇒学生スポーツが主流		東京五輪の成功　⇒ イベント化・レジャー化　※施設の拡充・充実　※世界への挑戦・関心		プロ・アマのボーダレス化　※外国籍選手の合流　※契約選手の台頭　※冠大会への関心	・プロ化　Jリーグ・Xリーグ・Bリーグ　・外国籍選手枠拡大と帰化選手の台頭　・スポンサー大会の定着	
（花形種目）	プロ野球・プロレス・相撲・プロボクシング・六大学野球・体操		バレーボール・柔道・ボーリング・駅伝　マラソン・卓球・ゴルフ・テニス		サッカー・ラグビー・F1　バスケットボール（NBA）	日本人が世界に適用する種目　野球・サッカー・ゴルフ・マラソン・水泳・・・	
（主要メディア）	ラジオ	白黒ＴＶ	カラーテレビ・VTR		BS/CS	インターネット	
企業スポーツ（目的）	戦後復興の旗印	労使関係の構築し	良い会社のイメージ作り（福利厚生とは切り離す思想を持つ）		良いイメージアピール・CI活動（企業イメージ戦略）		お客様第一・ファン作り・地域貢献
（施策）	・文武両道　・休日練習	就業後の夜間練習	・就業時の練習（練習＝仕事）　・勝利至上主義　・企業内専門化　⇒トップスポーツの位置づけ		・組織化、専門運営　・契約選手制度導入（専任型）　・勝利インセンティブ（業績評価）		※左記は継続しつつ　プロとしての処遇・オフシーズンの協力（地域貢献活動・企業ファンづくり）
（キーワード）	福利厚生（職場代表・一体感）　⇒		企業競争・経営施策の一端　⇒		企業イメージ戦略・CI活動　⇒	宣伝効果・地域貢献	

4. 今後の企業スポーツ

　企業がプロチームを所有するにせよ、プロチームやスポーツイベンをスポンサードするにせよ、企業が自社のスポーツマネジメントするための確たる活動理念を持ちつつける必要があろう。この理念に沿っていない取り組みは即座に崩壊し、企業そのものに損害を与えうるものになることを自明である。

　スポーツを観戦するファンにとっては、そのチームが企業チームであろうがプロチームであろうが、また選手がプロであろうがアマであろうが関係はない。ただ、「素晴らしいプレーが見たい、感動を得たい・・・近くで応援できるチームがあったらいい・・・。」と思っているはずである。選手にとっても「満員の観衆の中で自分の最高のプレーを披露してみたい。」と考えているはずで、自分がプロであろうが社員であろうが、選手として活躍し生き残っていくためには"働き場所"(チーム)が必要である。そしてそのチームでの処遇や球団運営が安定していれば、チームの形態にこだわらずにプレーがしたい、働きたいと思うのは当然といえる。従来「スポーツの担い手」として多くの日本代表選手を輩出し、日本のスポーツ発展に寄与してきた企業スポーツも、選手のスポーツに対する専業・専門意識が高まり、企業年金や終身雇用といった雇用環境も変化している中で、社員選手として将来のアドバンテージよりも、選手のプロ化志向が強くなっていく傾向になっているのが現状である。このように企業スポーツの活動理念とは乖離した考えを持つ選手が企業チームに在籍してイニシアチブをとった場合、企業はアマチュアとしてチームを保有、存続するメリットはあるだろうか。

　それは、「企業」と「地域」が共存できるチームを目指すことであろう。
　スポーツを応援するということは、応援対象となる"選手"や"チーム"と"自分(=ファン)"が同じ目標を持った「コミュニティ(共同体)」になることである。大西・原田(2008)によると、消費者はプロチームの地域貢献の情報を得ることによってチームの・アイデンティフィケーションを高めることを明らかにしている。また、山口ほか(2010)は、Gwinner and Bennett モデルを援用し、日本のスポーツイベントのスポ

ンサーシップについて検討した結果、スポーツイベントの観戦者は、イベント会場内においてスポンサーフィットを知覚すれば、スポンサーへの態度は好意的に働き、最終的にスポンサー企業の商品を購入する可能性が高まることを明らかにしている。

　すなわち、企業がスポーツをマネジメントすることによって、「企業コミュニティ」と「地域コミュニティ」が融合することによって新たな企業スポーツ存続モデルが望まれる。

（神力亮太）

【参考文献】
1)　株）日本政策投資銀行地域企画部 .2020 年を契機とした国内スポーツ産業の発展可能性および企業によるスポーツ支援～スポーツを 通じた国内経済・地域活性化～ . 2015
2)　松岡宏高 . スポーツマネジメントの概念の再検討 . スポーツマネ ジメント研究 , 2(1), 33-45. 2010
3)　大西孝之・原田宗彦 . プロスポーツチームが行う地域貢献活動の消費者に与える影響 : 大学生のチーム・アイデンティフィケーションと観 戦意図の変化に着目して . スポーツ科学研究 , 5: 253-268. 2008
4)　荻野勝彦 . 企業スポーツと人事労務管理 . 日本労働研究雑誌 , 564, 69- 79. 2007
5)　労働省大臣官房政策調査部 . 労働者福祉施設制度等調査報告 , p.20 – 21. 1977
6)　澤井和彦 . 日本方企業スポーツの制度と制度移行の課題に関する研究 . スポーツ産業学研究 , 21(2):263-273. 2011
7)　白井泰四郎 . 現代日本の労務管理 第 2 版 , 東洋経済新報社 , p.47, p.53– 59. 1992
8)　高橋豪仁・浦上雅代 . 企業チームからクラブチームへ - 坂井ブレイザー ズの地域を基盤とした事業展開 -, スポーツ産業学研究 , 14(2), 25–37. 2004
9)　山口志郎、野川春夫、北村薫、山口泰雄 . スポーツイベントのスポンサーシップにおけるスポンサーフィットに関する研究 . スポーツマネ ジメント研究 .2(2): 147-161. 2010

第7章　スポーツとヘルスケア

1. スポーツ医学と健康医療

　スポーツ医学の発展をもってわが国の健康医療とスポーツビジネスが拡大したといっても過言ではない。本節では、スポーツ医学の発展についてみていくとともに、近年の健康づくりの政策に運動・スポーツが取り入れられた背景について述べる。

1) スポーツ医学の発展

　古代ギリシャ時代に築かれたスポーツ医学は、「スポーツ、身体活動が人間の健康維持、疾病予防・治療に重要な役割を持つ」という基本的理念のもと、西欧の中で研究が進んだ。そして、1896 年の近代オリンピックの再興は、スポーツ医学研究を更なる発展へと導いた。競技スポーツにおいてパフォーマンスの維持・向上のためには、外傷・障害に対して医学的に関与することが求められ、オリンピックチームの中に医師・看護師を編成し、競技選手を医学的視点から管理した。

　わが国において、第2次世界大戦後、大学で体育が正規の授業科目となり、体育・スポーツに関する研究者が増えたこと、さらに 1964 年に開催された東京オリンピックを契機に、スポーツの医学的視点からの研究が進んだ。そして、近年の工業化や都市化のライフスタイルの変化によって、身体活動の減少、栄養の過剰摂取による肥満、糖尿病や高血圧症などの生活習慣病、精神的ストレスを持った人が増加した。それらの対策として、積極的にスポーツ・運動を取り入れることが重要視され、ますますスポーツ医学の果たす役割が大きくなった。

　スポーツ医学研究が進展する上で、スポーツは、運動・身体活動をも含めた広義の意味で使用されることが多く、スポーツ医学の研究対象は、競技選手だけでなく、アマチュアレベル、健康な人から疾病をもつ者、若年者から高齢者を含めた万人となり、研究領域もスポーツによる外傷や障害の治療・予防から健康の維持増進、疾病発症予防、重症化予防まで幅広い領域にわたっていった。

2) 運動・スポーツを取り入れた健康づくり政策

　国民の体力作り、健康づくり対策は、1980（昭和 53）年の第1次国民

健康づくり対策から始まった。そして、健康の維持増進に運動やスポーツが取り入れられたのは、1988（昭和63）年の第2次国民健康づくり対策（アクティブ80ヘルスプラン）からであった。その後、健康ブームが到来し、フィットネスクラブ数の増加、厚生労働省による健康運動指導士の養成や「運動型健康増進施設」の認定が開始された。2000（平成12）年の第3次国民健康づくり運動である「21世紀における国民健康づくり運動（健康日本21）」では、生活習慣病発症予防のための1次予防と健康寿命延伸に重点を置いた対策が推進された。また、2013（平成25）年に策定された「健康日本21（第2次）」では、子供から高齢者まで全国民がライフステージに応じて、健やかで心豊かに生活できる社会を実現することを目的として、生活習慣の改善、生活習慣病発症・重症化予防、自立した日常生活を営むための取組みが策定され、実施されている。

　2013（平成25）年に閣議決定された「日本再興戦略」では、健康寿命が延伸する社会を実現すべく、健康増進・予防を担う市場・産業の創出・育成をより一層強化することを掲げた。特に、医療機関からの指示を受けて運動・食事指導を行うサービスを担う市場の拡大を目指すことが掲げられた。

　これらを背景として、健康医療に着目したスポーツビジネス業界はより一層盛んになっている。次節では、健康医療とスポーツの連携の一例として、メディカルフィットネスを取り上げる。

2. メディカルフィットネスとは

(1) メディカルフィットネス施設設立の動き

　2002（平成14）年に大幅な診療報酬の改定が行われた。その1つに、「生活習慣病指導管理料」の新設が挙げられる。「生活習慣病指導管理料」とは、生活習慣病を主病とする患者に対して、医療機関が治療計画を策定し、生活習慣に関わる総合的な指導（運動・栄養指導等）、および治療管理を行った場合に算定される。改定以前は、「運動療法指導管理料」という名目で医療保険が算定され、その対象者は、高血圧症を主病とする者のみであったのに対し、「生活習慣病指導管理料」の対象者は、糖尿病や高脂血症

を主病とする者も付け加えられた。すなわち、生活習慣病を主病とする患者に対して、運動を用いた指導・治療管理を行いやすい環境が整備されたと言える。

(2) メディカルフィットネス施設とは

　前述した「生活習慣病指導管理料」の新設や生活習慣病予防・改善対策としての運動療法の推進から、個人の健康状態やニーズに応じて、安全で効果的な運動指導を受けることができる運動施設が注目されている。近年では、医療機関が運営、または、医療機関と連携した運動施設が増加し、「メディカルフィットネス施設」として注目を浴びている。「メディカルフィットネス（Medical Fitness）」とは、「有疾患か健康を問わず、すべての人が健康華齢（Successful Aging）実現に向けて取り組む体力つくり」と定義されている（田中・太田・新庄、2014）。そのため、メディカルフィットネス施設の利用者は、生活習慣病予防、ロコモティブシンドロームや認知症等の介護予防、脳梗塞や心筋梗塞後のリハビリテーション、受傷した競技者のリハビリテーション、さらには競技者パフォーマンスの向上に至るまでと幅広い人を対象としている（田中・太田・新庄、2014；図7-1 参照）。

　日本メディカルフィットネス研究会では、メディカルフィットネスを「医療的要素を取り入れたフィットネス（広義）」、または、「医療機関が運営するフィットネス（狭義）」と定義しており（日本メディカルフィットネス研究会；行實, 2014）、上記のサービスを提供できる施設としては、「運動型健康増進施設」、「指定運動療法施設」、「医療法42条施設（疾病予防

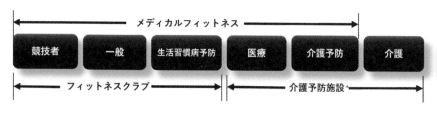

図7-1　メディカルフィットネス施設の対象者範囲
（日本メディカルフィットネス研究会のHPより作成）

表 7-1　メディカルフィットネス施設の概要

	目的	医療に関わる基準	指導スタッフ基準	設備・運営方法の基準	関係官庁
運動型健康増進施設 344施設 （2020年10月）	国民の健康づくりを推進するうえで一定の基準を満たした運動を安全かつ適切に提供する	医療機関との連携内容並びにこれに関わる業務に従事する医師が必要	健康運動指導士およびその他運動指導等の配置	体力測定、運動プログラム提供および応急処置のための設備継続的利用者に対する指導を適切に実施生活指導を行うための設備を備えている	厚生労働省
指定運動療法施設 226施設 （2020年10月）	疾病のための運動療法を提供	医療機関と契約関係を有している附置している場合それを示す書類が必要附置していない場合日医健康スポーツ医等「運動療法」の知見を持つ医師が必要	健康運動指導士または健康運動実践指導者の配置	同上	厚生労働省
医療法42条施設 （疾病予防運動施設）	疾病予防のための有酸素運動を行わせる生活習慣病等の罹患者、予防の必要性に高い者に対して、保健指導、運動指導を行う	医療機関が附置されている	健康運動指導士その他これに準ずる能力を有する者	トレッドミル等有酸素運動を行わせる設備筋力トレーニングその他の補強運動を行わせる設備適切な健診、保健指導、運動指導を実施継続的な施設利用者に対し健康記録カードを作成し、保存管理を行う応急の手当てを行うための設備	厚生労働省

（日本医師会健康スポーツ医学委員会（2014）より一部抜粋、修正）

施設）」が挙げられる（田中・太田・新庄、2014）。

　表 7-1 にまとめたように、「運動型健康増進施設」は、健康増進のための運動を安全かつ適切に実施できる施設で、全国に 344 施設あり（2020年 10 月 29 日現在）、厚生労働省によって認定されている（公益財団法人日本健康スポーツ連盟）。さらに、「運動型健康増進施設」のうち、疾病のための運動療法を提供できる施設として「指定運動療法施設」がある。この施設は、全国に 226 施設あり（2020 年 10 月 29 日現在）、運動療法にかかる費用が、医療費控除対象となる。医療法によって定められる「医療法 42 条施設（疾病予防運動施設）」は、医療法人が附帯業務として疾病予防のために運動療法を実施する施設である。この施設は、医療法人が運営母体であり、200 床以下の病院・診療所であれば、生活習慣病を主病とする通院患者に対して、「生活習慣病指導管理料」が算定できる。

　メディカルフィットネス施設では、入会時にメディカルチェックを受け、その測定結果に基づいた運動プログラムが作成され、各人の身体状況に応じた段階的な運動療法と測定評価を繰り返し行うといった長期的な運動プ

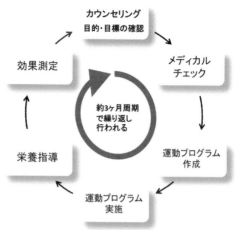

図7-2　メディカルフィットネス施設入会からの流れ
(日本メディカルフィットネス研究会の資料を基に作成)

ログラムが提供される（田中・太田・新庄、2014）。図7-2では、メディ
カルフィットネス施設入会から運動プログラムに至るまでの一般的な流れ
を示した。

　また、メディカルフィットネス施設は、医療機関が運営、または連携し、
医師や健康運動指導士などの専門性の高いスタッフの常駐が義務化されて
いるため、施設利用者は、専門的な指導やアドバイスを受けることができ
る（田中・太田・新庄、2014）。

3.　メディカルフィットネス施設の今後の展望

　近年の健康寿命の延伸や健康づくりへの関心の高まり、さらには生活習
慣病の疾病予防だけでなく、生活習慣病の疾病改善においても運動実施の
効果が数多くの研究から示されていることからも、メディカルフィットネ
スの需要はますます高まっていくことが予想される。また、メディカルフ
ィットネスは「医療的要素を取り入れたフィットネス」と定義され、健康
な人だけでなく、生活習慣病罹患患者や運動実施のリスクのある患者も対象
となり、専門的な指導やアドバイスを受けながら効果的に運動療法を実施

できる施設であることからも、今後もますます利用者が増加すると考えられる。

　一方で、メディカルフィットネス施設を運営する上で様々な課題も多く存在している。

　メディカルフィットネス施設は、医療機関が運営または、連携しており、経営形態も多様であり、経営難に陥る可能性も生じている。田中・太田・新庄（2014）は、疾病治療か疾病の一次予防（健康増進）のための施設であるのか運営目的を明確にして運営すべきことを指摘している。また、メディカルフィットネス施設を運営する上で、コスト削減に取り組むこと、とりわけ支出の割合の大きい人件費については、無駄のない人員配置をしていくことが必要であると述べている（田中・太田・新庄、2014）。

　医療法42条施設で算定される「生活習慣病指導管理料」において、自己負担が高額であるという患者側の問題や、療養計画書は詳細すぎて使用しにくい、また生活習慣病治療・予防の運動・栄養指導に伴う専門スタッフの確保が難しいという医療機関側の問題が残されている。「生活習慣病指導管理料」が施設利用者、医療機関の双方にとって活用しやすいよう更なる制度の整備が必要となるであろう。

　さらに、施設利用者の運動療法への意欲の維持・向上、運動継続促進への具体的な方策が確立していないことも課題となっている。定期的な運動は、生活習慣病予防および改善に寄与するとされているが、運動療法に取り組む意欲を高め、継続して運動実施することは極めて難しいと言われており、メディカルフィットネス施設においても、施設利用者の運動継続、運動意欲向上は重要な課題であると考えられる。メディカルフィットネス施設利用者の運動実施および継続を規定する要因を把握し、運動継続、運動意欲を促進するような指導やアドバイス、運動プログラムを提供することが重要であると考えられる。

　以上のように、メディカルフィットネス施設において、取り組むべき課題は多く残されているが、健康づくり、健康寿命延伸に向けた新たなアプローチ法として、メディカルフィットネス施設が発展していくことが期待される。

（萩原裕子）

【参考文献】

1) 黒田善雄 . スポーツ医学の歴史と展望 . 順天堂医学 ,30(3),295-300. 1984
2) 中嶋寛之 . スポーツ医学とリハビリテーション . リハビリテーション医学 ,31(6), 420-423. 1994
3) 公益財団法人健康・体力づくり事業財団：健康日本 21 とは (概要) : http://www. kenkounippon21.gr.jp/kenkounippon21/about/intro/index_menu1.html(2020 年 10 月 29 日参照)
4) 公益財団法人健康・体力づくり事業財団：健康日本 21（第 2 次）の推進に関する参考資料：https://www.mhlw.go.jp/bunya/kenkou/dl/kenkounippon21_02.pdf （2020 年 10 月 29 日参照）
5) 首相官邸：健康・医療戦略推進本部，健康・医療戦略／医療分野研究開発推進計画：https://www.kantei.go.jp/jp/singi/kenkouiryou/senryaku/r020327suishinplan_kettei. pdf （2020 年 9 月 24 日参照）
6) 井本忠行 , 舟越忠 . 診療報酬の何がどう変わったか―スポーツ医学 , スポーツ医療の観点から , 診療報酬改定とスポーツ医療の今後 . スポーツメディスン， 14(4)， 6-9. 2002
7) 斎藤博之 .42 条施設はどうなるか―「生活習慣病指導管理料」との関係で , 診療報酬改定とスポーツ医療の今後 . スポーツメディスン ,14(4),10-12. 2002
8) 田中喜代次 , 太田玉紀 , 新庄信英監修『メディカルフィットネス Q&A 』社会保険研究所、2014
9) 日本医師会健康スポーツ医学委員会 . 健康スポーツ医学委員会答申 , 認定健康スポーツ医の活躍の場を確保するための具体的方策 . 2014
10) 公益財団法人日本健康スポーツ連盟：厚生労働大臣認定健康増進施設一覧：http:// www.kenspo.or.jp/search/ （2020 年 10 月 29 日参照）

第 8 章　スポーツビジネスにかかわる法的問題

スポーツの商業化、ビジネス化が進むにつれ、スポーツビジネスにかかわる様々な法的問題も急増してきている。スポーツビジネスに関する法律はスポーツビジネスのためだけに制定されたわけではなく、むしろすでに制度として存在する法律を、規模が拡大、複雑化しているスポーツビジネスの現場で適用させているのが現状である。本章ではスポーツビジネスにかかわる様々な法律や法的な問題を簡単に紹介する。

1.　スポーツ用品ビジネスと法律

　シューズやウエアなどのスポーツ関連用品の製造、販売においては、製造、輸出入、卸売、小売などの様々な業種がある。スポーツ関連用品の欠陥によって事故が発生した場合、「製造物責任 (PL) 法」に基づき、製造、加工、輸入、販売等にかかわる製造業者が、生じた損害を賠償する責めを負う。また「消費生活用製品安全法」の制定により、消費生活用製品の安全性の確保や一般消費者の利益の保護が図られ、この法に基づき「一般財団法人製品安全協会」が設立され、スポーツ用品、レジャー用品、フィットネス用品を含む日用品には、協会が定めた基準適合品に対して SG マークが表示されている。SG マークには安全性の保証に加え消費者保護の観点から、SG マーク付き製品の欠陥により人身損害が生じたときは、円滑な賠償措置が講じられる。

　これら以外にも商品の売買等の契約では「民法」「消費者契約法」「特定商取引法」「独占禁止法」等で不公正な取引の禁止や消費者の権利を保障する法律、経済活動や企業について規定した「商法」「会社法」などの法律が密接にかかわりあっている。

　スポーツ用品の製造にあたっては技術やデザインなど知的創作物に関する権利や営業上の標識に関する権利である知的財産権があり、このような知的財産を保護する法律として「特許法」「実用新案法」「意匠法」「商標法」「著作権法」などの法律がある。また、これらの法では十分守りきれない範囲を、不正競争行為から保護している「不正競争防止法」や実務上「民法」の不法行為等も適用されている。

　オリンピックなどのスポーツシーンを映像化したもの、写真の使用など

が「著作権法」に関係してくる。オリンピック憲章第1章7項には競技大会、シンボル、旗、マーク等のオリンピックの資産に関する権利は国際オリンピック委員会 (IOC) に帰属することが明記され、日本オリンピック委員会 (JOC) もマーク・エンブレムやロゴ、日本選手団の映像なども知的財産として保護されている。またプロ野球の球団やJリーグのクラブなどもライセンス (商品化権) ビジネスを展開するためチーム名等関連名称などをそれぞれ商標登録しており、「商標法」により保護されている。

2. スポーツサービス・情報ビジネスと法律

　スポーツサービス産業は、フィットネスクラブやテニスクラブ、スイミングスクール、サッカースクールなど、各種スポーツレッスン及びスポーツスクール等のクラブ事業や、スポーツイベント関連事業等の幅広い分野が対象となり、近年の健康ブームにより拡大、多様化してきている。

　スポーツクラブやスクールでの施設・用具の利用やプログラムの提供、またインストラクター等の人的サービスの提供を受ける中でのトラブルも多い。入会契約上の問題や施設・用具の問題、指導上の問題等を対象に、事業者側に問題が認められれば、事業者側は「民法」による債務不履行や不法行為、安全配慮義務違反等に基づく責任を負わなければならない。「消費者契約法」は、クラブへの入会や施設・用具の利用、人的サービス等の提供に関する契約において消費者を保護する法律である。またゴルフ場の会員権にかかわる問題が多発したことを受け、ゴルフ場等にかかわる会員契約を公正にし、会員の利益を保護することを目的とする「ゴルフ場等に係る会員契約の適正化に関する法律」がある。

　スポーツ情報産業は、新聞や雑誌等の活字メディア、テレビやラジオ等の放送メディア関連が対象となるが、情報網が整備されたことで衛星放送、ケーブルテレビ、地上デジタル放送、インターネットが普及し、放送形態も多様化するとともに巨大産業に発展している。オリンピックやサッカーのワールドカップといった大規模な国際大会だけでなく、多くのスポーツイベントでは、興行権、スポンサー権やテレビの放映権、ラジオの放送権、独占使用権などの権利ビジネスが誕生し、現在では巨大な市場に発展して

いる。

　日本のスポーツ放送では放送電波の通信を行う無線局、放送局、放送免許などを定める「電波法」、放送事業者、放送番組、放送基準などを定めた「放送法」(「有線テレビジョン放送法」「有線ラジオ放送法」「電気通信役務利用放送法」を吸収統合) や「有線電気通信法」、「電気通信事業法」「有線放送電話法」などで放送事業者や通信の送信について定めた法律がある。またオリンピックの放送権はオリンピック憲章で IOC に帰属することやプロ野球、Ｊリーグなどのスポーツ団体側にも独自の規約で放送権について定めている。

3. スポーツ施設・空間ビジネスと法律

　スポーツ施設や空間ビジネスは、プール、体育館、競技場や自然資源を生かしたスキー場やゴルフ場、キャンプ場などのスポーツ施設や空間を提供し、管理・運営するビジネスである。近年のスポーツ施設は、オリンピックやサッカーワールドカップのような世界的な国際大会の誘致を契機に大規模なスタジアムが建設され、また健康ブームや医療・福祉・教育としてスポーツの価値が認められ、多目的な施設や、より専門的な施設が建設されるようになってきた。

　「スポーツ振興法」により、日本のスポーツ施設・設備が整備され、「都市公園法」により野球場や陸上競技場、サッカー場、テニスコート、体育館やプール等の運動施設も公園施設に該当すると定められ、利用に関して様々な規制を受けることになった。スキー場やキャンプ場等も「自然公園法」により規制を受ける。

　スポーツ施設の建設に関しては公共施設及び民間施設を問わず「建築基準法」に基づき建設され、さらに「消防法」により安全基準が定められている。また「総合保養地域整備法(リゾート法)」によりスキー場、ゴルフ場、マリンスポーツ施設などのリゾート開発が行われるようになったが、森林伐採や生態系の破壊などの環境問題や農業、林業、漁業との調整等で開発業者と地域住民との間に訴訟問題が多く生じるようになり、総合保養地域整備法(リゾート法)の見直しが求められている。

近年、スポーツ施設の名称に企業の社名や商品のブランド名を付ける施設命名権(ネーミングライツ)がビジネスとして確立し、急速に広がりをみせている。そのほか「民間資金等の活用に公共施設等の整備等の促進に関する法律(PFI法)」が制定され、公共施設等の建設、維持管理、運営等に民間の資金とノウハウを活用し、民間主導で行うことが可能となった。また「地方自治法」の改正によってスポーツ施設の管理方法も自治体の外郭団体に限定されていた管理委託制度から指定管理者制度に移行し、民間の企業やNPO法人などにも施設の管理運営が代行できるようになった。

4. スポーツエンターテイメントビジネスと法律

　スポーツエンターテイメントビジネスとは、プロスポーツを中心とする興行ビジネスで、スポーツ用品、スポーツサービス・情報、スポーツ施設・空間ビジネスの3領域にまたがるビジネスである。
　日本のプロスポーツはプロ野球やサッカーJリーグ、2016年発足のバスケットボールBリーグなどがある。リーグ、球団、クラブの運営、組織にかかわる法的な問題や球団・クラブと選手間の契約にかかわる法的な問題には、プロ野球では「野球協約」や「統一契約書」、Jリーグでは「Jリーグ規約」や「プロ選手契約書」、Bリーグでは「Bリーグ規約」や「選手統一契約書」などの団体固有の法や、「労働法」、「契約法」、「独占禁止法」などが関係している。プロ野球ではドラフト制度やFA制度、ポスティング制度、トレード、代理人交渉、年俸調停制度(稼動報酬調停制度)などについても多くの問題が指摘されている。一方、Jリーグではプロ野球に比べ選手の権利も幾分改善されているが、契約や移籍制度、移籍金等で問題も起こっている。
　他方、スポーツ選手の氏名や肖像権を商業的に利用する際のパブリシティ権(肖像権)や前述したスポーツイベント開催に関する契約やスポンサー契約、広告宣伝等の契約やテレビ放映権の契約などにも法律が関係している。スポーツ選手のパブリシティ権に関しては、日本のプロ野球ではすべて球団に帰属し、JリーグやBリーグもクラブやリーグが管理し、サッカー日本代表選手の肖像権は日本サッカー協会による管理となっている。

オリンピック選手に関しては、日本オリンピック委員会 (JOC) が導入したマーケティングプログラムとして「がんばれ！ニッポン！」キャンペーンがある。これは選手が所属する各競技団体に肖像権を預け、日本オリンピック委員会が選手の肖像権を一括管理し、日本オリンピック委員会のオフィシャルスポンサーにその権利を与え、スポンサー企業から得た協賛金を各競技団体に選手強化費として還元する制度である。しかし、有力選手が「プロ宣言」し、個人で肖像を使用する商業活動を始めたため、現在 JOC では、肖像権は選手個人が持っているという前提で、特定の選手に限定した「JOC シンボルアスリート」、「JOC ネクストシンボルアスリート」として JOC が管理する選手の肖像として肖像権を預ける形を取っている。

　日本の野球界もプロ野球とアマチュア野球統括団体 (全日本野球協会) が歩み寄り、日本野球協議会を発足させ、「野球日本代表マネジメント委員会 (JBMC)(現「株式会社 NPB エンタープライズ」)」を立ち上げ、プロ・アマチュア各世代及び女子野球における「野球日本代表 (侍ジャパン)」の常設化を行い、国際化に対応する代表強化、マーケティングなどを推進している。

5. スポーツの仲裁

　スポーツビジネスにかかわる様々な法律や法的な問題を紹介してきたが、こういった法的な問題が存在する以上、紛争の発生は避けられない。社会一般の紛争解決のための制度として裁判があるが、しかしスポーツ紛争には一般の裁判制度に馴染まないケースが多々ある。例えば、ドーピング検査に基づく処分やオリンピック代表選考をめぐる競技者とその競技団体との争いなどである。競技者の立場を考えると選手生命や大会開催時期の問題等があり、短期間に決着する必要がある。こういったスポーツ界の紛争に特化した仕組みとして、スポーツ調停 (解決にむけた助言)、スポーツ仲裁 (判断を下す) がある。

　「スポーツ仲裁裁判所 (CAS)」は、1984 年国際オリンピック委員会が設立し、その後、第三者機関 (スポーツ仲裁国際理事会) として 1994 年国

表8-1　日本スポーツ仲裁機構における年度別仲裁判断件数

年度	2003	2004	2005	2006	2007	2008	2009	2010	2011	2012	2013	2014	2015	2016	2017	2018	2019	合計
AP	3	2	1	1	0	1	2	3	3	3	8	4	6	4	2	9	5	57
DP	0	0	0	0	0	2	0	0	0	1	1	0	0	1	1	1	0	7
合計	3	2	1	1	0	3	2	3	3	4	9	4	6	5	3	10	5	64

＊ AP：スポーツ仲裁規則による仲裁
＊ DP：ドーピング紛争に関するスポーツ仲裁規則による仲裁

（日本スポーツ仲裁機構ウェブサイトより作成）

際オリンピック委員会から独立した。仲裁人は世界各国のスポーツの専門家やスポーツに知識のある法律専門家などで構成されている。スポーツ仲裁裁判所では、ドーピングをめぐる裁定、国際競技大会への代表選考・出場資格の認定、契約問題等を仲裁する。スイスのローザンヌに本部があるが、オリンピックなどの主要な国際大会開催中は開催地に臨時仲裁裁判所が設置されている。

　「日本スポーツ仲裁機構 (JSAA)」は、スポーツ仲裁裁判所をモデルに、日本オリンピック委員会、日本体育協会 (現「日本スポーツ協会」)、日本障害者スポーツ協会 (現「日本障がい者スポーツ協会」) が中心となり、国内で発生した競技者と競技団体との紛争を解決するため 2003 年に設立された。主にドーピング紛争、代表選手選考等に関する紛争、競技大会の成績に関する紛争、懲戒処分等に関する紛争に利用されている。

　以下に「スポーツ仲裁裁判所」「日本スポーツ仲裁機構」の実際の仲裁例を紹介する。

(1) 〈スポーツ仲裁裁判所〉での仲裁判断例
　マンチェスター・シティ (サッカーイングランドプレミアリーグ)
欧州サッカー連盟 (UEFA) は、2020 年 2 月イングランド・プレミアリー

グ所属のマンチェスター・シティをクラブ財政の収支に関するファイナンシャル・フェアプレー (FFP) 規則に違反したとして、2年間の UEFA 主催大会出場禁止と罰金 (3000 万ユーロ) 処分を科すと発表。これを不服としたマンチェスター・シティは、スポーツ仲裁裁判所 (CAS) へ提訴。CAS は、大会参加を禁止するのは不適切であるとし UEFA の処分を撤回する裁定を下した。しかし、マンチェスター・シティが UEFA の調査を妨害したと判断され、1000 万ユーロの罰金処分が科された。

(2)〈日本スポーツ仲裁機構〉の仲裁判断例

　増田成幸（男子自転車ロードレース）

　日本自転車競技連盟 (JCF) は、2020 年 5 月新型コロナウイルス感染症の影響で東京オリンピックの延期、男子ロードレースにおける選考対象レースが中止されたことを受け、選考期間を追加するという新たな日本代表選手選考基準を決定した。しかし日本国内でのレースは全日本選手権をはじめ、ほぼすべての大会の中止が決まり、選考レースは海外でのレースが中心であることから、海外に拠点を置く日本選手に比べ、国内チームに所属し国内を拠点としている増田選手はレースへの参加機会に著しい不公平が生じるとして、新選考基準の取り消しを求めて日本スポーツ仲裁機構 (JSAA) に仲裁を申し立てた。JSAA は、新選考基準は「著しく合理性を欠く」とはいえないとし、増田選手の請求を棄却した。ただし、「感染拡大に基づくその後の事情の変化により、結果的にレース参加の機会を事実上失った選手を救済する必要性については十分に理解でき、一旦決定された選考基準が、それ自体は妥当であっても、決定時には予測し得なかった、その後の事態の変化により、選手間に著しい不公平・不平等が生じる場合、一般に、競技団体として選考基準の見直し、不利な状況に陥った選手の救済等の措置を講じることに期待したい。」と付言が添えられた。

（岡本悌二）

【参考文献】

1) 石井清司 . スポーツと権利ビジネス . かんき出版 .1998
2) 伊藤　堯編 . スポーツの法律相談 . 青林書院 .2000
3) エンターテイメント・ロイヤーズ・ネットワーク編 . スポーツ法務の最前線 . 民事法研究会 .2015
4) 小笠原正他編 . スポーツ六法 . 信山社 .2005
5) 小笠原正 . 導入対話によるスポーツ法学 . 不磨書房 .2007
6) グレン M. ウォン . 川井圭司 . スポーツビジネスの法と文化 . 成文堂 .2012
7) 辻口信良 . 平和学としてのスポーツ法入門 . 民事法研究会 .2018
8) 道垣内正人 . スポーツ法への招待 . ミネルヴァ書房 .2011
9) 日本スポーツ法学会監修 . 標準テキストスポーツ法学 . エイデル研究所 .2016
10) 原田宗彦 . スポーツ産業論入門 . 杏林書院 .2003
11) 渡辺　保 . 現代スポーツ産業論 . 同友館 .2004
12) 朝日デジタル：http://www.asahi.com/ (2020 年 8 月 26 日参照)
13) 一般財団法人製品安全協会：hppt://www.sg-mark.org/(2020 年 9 月 9 日参照)
14) 一般財団法人日本スポーツ仲裁機構：hppt://www.jsaa.jp/(2020 年 8 月 31 日参照)
15) サイクルスポーツ https://www.cyclesports.jp/(2020 年 9 月 9 日参照)
16) 消費生活用製品安全法 https://www.meti.go.jp/policy/consumer/seian/shouan/nr_history.html（2020 年 9 月 7 日参照）
17) スポーツ仲裁裁判所：http://www.tas-cas.org/en/index.html(2020 年 9 月 7 日参照)
18) 全日本野球協会 http://baseballjapan.org/jpn/(2020 年 9 月 5 日参照)
19) 日本 PFI・PPP 協会：hppt://www.pfikyokai.or.jp/(2020 年 9 月 7 日参照)
20) フットボールチャンネル https://www.footballchannel.jp/(2020 年 9 月 18 日参照)
21) 野球日本代表侍ジャパンオフィシャルサイト：http://www.japan-baseball.jp/jp/summary/about/(2020 年 9 月 10 日参照)
22) ワールドサッカーキング http://www.soccer-king.jp/media/wsk(2020 年 9 月 9 日参照)

コラム

野球記者をも直撃　コロナ禍

スポーツを巡る仕事は数多い。世界を襲った新型コロナ・ウイルスはほとんどそのすべてに影響を与えた。スポーツ、特にプロ野球を中心に取材、記事を書く新聞記者の立場も例外ではなかった。記者の立場から災害、事件、事故などおよそすべての取材活動は事象から距離を置いて行うのが基本だ。その上で被害を受けた取材対象者の立場を考慮するのは当然である。

だが例えば災害取材で取材者が巻き込まれてしまうなどの場合は別にして基本的に取材者はその事象とは直接、関係を持たずに仕事をするものだ。

スポーツ取材も同様だ。プロ野球の場合、ペナントレースをメインにして、そこに至るまで選手のトレーニング、さらには例えば監督人事などについてもあくまで第三者として取材していく。

30年以上前、新聞社に入社したときに上司であるデスクから「キミたちは空気にならないといけない」と言われた。起こっていることを客観的に報道する上で、自分たちがそこに存在するということを読者、受け手に感じさせてはいけないという意味である。

これを突き詰めるには難しい部分もあった。取材対象者、例えば選手が記者の質問に不快感を示し、それに反応する形でいろいろな話をするときがある。この場合「記者の質問に反応して」という部分をなかったことにするのは難しい。こういうケースはよく起こる。それが次第に「報道陣に対して」という表現を使用することになった。

そういう状況はどんな取材現場でも起こるものだが、基本、記者は客観的に見るものだ。目の前で発生している状況には直接影響されないようにするということは、何度も繰り返すが、基本である。

しかし今回のコロナ禍で取材現場においても、これまでとはまったく違う状況が生まれてしまった。まさに取材する側が、目の前で起こっている状況にのみ込まれることになったのだ。

3月に予定されていた開幕を見送ったプロ野球（NPB）はそれまで特に関係を持っていなかったサッカーのJリーグと連携し「新型コロナウイルス対策連絡会議」を設置した。そこで専門家の意見を聞き、まずは6月19日に開幕にこぎつけたのだが、まさに異例と言える内容だった。

まず無観客試合での開催である。入場料を大きな収入源にするプロ・スポーツで観客を入れないというのは冷静に考えれば、考えられないことだった。しかし綿々と続けてきたプロ野球の歴史を途切れさせる訳にはいかないと、実施。そこから限定的に観客を入れていったことは周知の通りだ。

その裏側で取材を巡る状況は大きく変わっていた。ひと言で言えば大きく制限されてしまったのである。まず試合が開催される球場に入れる記者数が制限された。これまでNPBが発行するパスを持っていさえすればどこの新聞社、テレビ局の記者、関係者も基本、フリーに入場できた。それが1社あたりの人数を制限される事態になった。

取材自体も様変わりした。一般の社会でも当たり前になったモニター画面によるマイクを通じての取材が導入されたのだ。そこでは最低限のコメントは取れるが、メディアの醍醐味である独自取材が大きく制限されることになった。基本的な仕事がコロナ禍にのみ込まれてしまったということだ。

それでも記者は智恵を絞ってネタを取りに動く。直接取材を必要としない企画を立てる。それはどんな状況になっても自分たちの仕事を継続させようとする一般社会やスポーツ現場と違いのないことだった。

日刊スポーツ大阪本社　報道部　編集委員　高原寿夫

第三部　スポーツビジネスの発展

第9章　レジャースポーツ産業

1. レジャーとスポーツ

「レジャー（leisure）」とは、一般的に、人間の活動時間のうち労働や生理的活動、あるいは社会義務的な活動に費やされる場合を除いた、個人が自由に使うことのできる時間（余暇）のことを指す。また、フランスの社会学者である J. デュマズディエが「個人が職場や家庭、社会から課せられた義務から解放されたときに、休息のため、気晴らしのため、あるいは利得とは無関係な知識や能力の養成、自発的な社会的参加、自由な創造力の発揮のために、まったく随意に行う活動の総体」と定義づけているように、余暇を利用して楽しむ主体的な活動を表現する場合にも用いられる。

一方「スポーツ (sport)」は、ラテン語の "deportare" に語源があるとされており、15 〜 16 世紀には「労働や義務の拘束を離れて得る気分転換や内的な喜び、楽しみ」を意味する言葉として存在していた。その後 17 世紀にはいると「野外での自由な活動や狩猟」という限定されたものとなり、19 世紀のイギリスにおける近代スポーツの成立に伴って運動競技を意味する用語として使われるようになった（阿部、1984）。その後、20 世紀に入り世界に広がった大衆化と教育化の動きは、メディアの普及と相まってスポーツを様々な分野へ急速に浸透させ、現代において "sports" は世界共通語として認知されている。現在、スポーツはそれを生業とする者を除き、多くの人々にとってレジャーのひとつとして機能するようになっている。

後期資本主義社会と呼ばれる現在の私たちの生活の中で、レジャー産業は非常に広範におよび、各々がそれぞれの趣味に応じて気ままにレジャーを過ごしている。レジャースポーツについても例外ではなく、その産業分野は近年の「する」「みる」「ささえる」という言葉に象徴されるように多岐にわたる。

2. レジャースポーツ産業の分類

公益財団法人日本生産性本部の『レジャー白書 2019』では、レジャーの関連産業・市場を次の 4 つに大別している。

○　スポーツ部門

○　趣味・創作部門

○　娯楽部門

○　観光・行楽部門

このうち、スポーツ部門については①球技スポーツ用品、②山岳・海洋性スポーツ用品、③その他のスポーツ用品、④スポーツ服等、⑤スポーツ施設・スクール、⑥スポーツ観戦料の6つに分類されている。それぞれの項目の内訳は表9-1で示した。

　一方で、観客の賭け金を主な財源として運営する公営競技（競馬、競輪、ボートレース、オートレース）もプロスポーツとして認知されて久しいが、『レジャー白書』ではパチンコやパチスロ、宝くじと同様に娯楽部門に分類されている。しかし、たとえ賭博行為が観戦者と競技者をつなぐ中心的機能を果たしているとはいえ、観戦者が競技者のパフォーマンスや競走結果に一喜一憂し、ときに競技者への感情移入を果たす様子は観戦型スポーツそのものであり、本稿では公営競技もレジャースポーツ産業として分類し、表9-1に加えている。

　この分類から、レジャースポーツ産業は「モノ」や「場」、「記録・結果」

表9-1　レジャースポーツの関連産業・市場の分類

スポーツ部門	球技スポーツ 用品	1）ゴルフ用品 2）テニス用品 3）卓球・バドミントン用品 4）野球・ソフトボール用品 5）球技ボール用品
	山岳・海洋性 スポーツ用品	1）スキー・スケート・スノーボード用品 2）登山・キャンプ用品 3）釣り具 4）海水中用品
	その他のスポーツ用品	1）スポーツ自転車 2）その他のスポーツ用品
	スポーツ服等	1）トレ競技ウエア 2）スポーツシューズ
	スポーツ施設 スクール	1）ゴルフ場 2）ゴルフ練習場 3）ボウリング場 4）テニスクラブ・スクール 5）スイミングプール 6）アイススケート場 7）フィットネスクラブ 8）スキー場（索道収入）
	スポーツ観戦料	
	公営競技	1）中央競馬 2）地方競馬 3）競輪 4）ボートレース 5）オートレース

財団法人日本生産性本部編『レジャー白書2019』生産性出版、2019年、114-119頁より作成

や「選手パフォーマンス」、あるいは「サービス」など、広い範囲に展開していることがわかる。

3. レジャースポーツ産業の市場動向

『レジャー白書 2019』によれば、2018 年の我が国の余暇市場は 71 兆 9,140 億円となっており、前年比で 0.1% の増加となった。そのうち、公営競技を含まないスポーツ部門の市場規模は 4 兆 1,270 億円となり、余暇市場全体のおよそ 5.7% を占める。1989 年以降、最も大きな市場規模となった 1992 年の 6 兆 530 億円からほぼ毎年で右肩下がりの傾向を示したが、2011 年以降はわずかながら増加傾向に転じ、2015 年に 4 兆円台に回復してからも毎年、前年の規模を上回っている。2018 年は前年比で 1.3% 増やしている。

それぞれの分野について、2001 年と 2007 年、2013 年及び 2018 年の市場規模を図 9-1 で示した。

まず、「球技スポーツ用品」についてみると、前年比 1.8% 増と堅調な

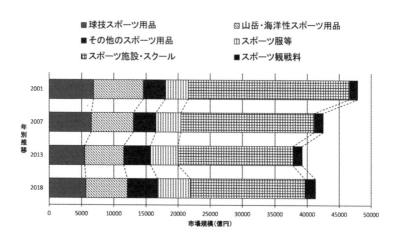

図 9-1　スポーツ部門の市場規模の推移
財団法人日本生産性本部編『レジャー白書 2019』生産性出版、2019 年、114-115 頁より作成

伸びを示している。中でも「卓球・バドミントン用品」が前年比5.6%増加しており、人気の高さがうかがえる。次に、「山岳・海洋性スポーツ用品」をみると、「登山・キャンプ用品」の伸びが顕著である。近年のブームの影響が市場にも明確に現れていると言えよう。また、「その他のスポーツ用品」や「スポーツ服等」をみると、2001年の段階では、公営競技を除くレジャースポーツ産業の市場のうち15%ほどであったのが、2018年にはおよそ23%を占めるようになり、他の分野と比較しても伸び率は著しい。「スポーツ観戦料」を含めたこれら3分野のみが、2001年の市場規模を上回っていることからも、この20年間の成長分野と捉えることができる。

　一方、全体的な市場規模が拡大している中で、苦戦しているのが「スポーツ施設・スクール」である。これは、ゴルフ関連産業と「ボウリング場」、「テニスクラブ・スクール」の縮小による影響が大きい。特にゴルフ関連産業は、ゴルフ場、練習場を合わせると2001年から6,060億円の減少となっている。また、分野は異なるが「ゴルフ用品」も1,110億円減らしている。高級志向が強く、手軽さに欠けることなどを理由に、現代のレジャーとしては人々から敬遠されつつあることを示している。翻って「フィットネスクラブ」は前年比4.1%増の4,800億円となっており、この分野の市場減退を回避した大きな要因となっている。同様に、「スキー場（索道収入）」も2016年以降、増加に転じている。これは、外国人観光客の利用が増加したことを一因と考えることができる。

　これまで触れた5分野の傾向の要因として、少子高齢化社会における課題解決策の一つに個人の健康の保持・増進が国家的施策として推進される中で、運動・スポーツに対する注目が高まり、生涯スポーツの考え方が広く定着したことが挙げられる。それにより、手間とお金をさほどかけずに実践できるサイクリングやランニングの愛好者が増加し、フィットネスクラブの利用も人気を集めるようになった。こうした国民への健康志向の浸透は、自転車やランニングによる通勤や、地域のスポーツクラブでの活動などに代表されるように、新たなライフスタイルを確立し、産業の創出や活性化を呼び込んでいるとみることができる。この分野の成長は、「いつ

でも」「どこでも」「だれとでも」活動できる手ごろな運動・スポーツが、現代のレジャーとして人々の心を掴みつつあることを示唆するものである。

　また、「スポーツ観戦料」も2001年から2018年までに27％ほど増加した。長らく日本のプロスポーツの中心としてあったプロ野球は、多くのチームが大企業の広告塔として大都市に本拠地を置き、経営を親会社に依存するという形で運営がされてきた。しかし、1990年代以降、サッカーの「Jリーグ」が百年構想のもと地域密着型のチーム運営で成果を収めると、バスケットボールなどもそれに追随してプロリーグを発足させ、これまで隠れていた地方のスポーツ観戦者を発掘することに成功した。プロ野球においても、2004年の球界再編を経て、パ・リーグを中心に地域フランチャイズを巧みに利用した球団自立型の経営が注目を浴びている。このような「スポーツ観戦料」の動向は、親会社依存の従来型経営からの脱却と、プロスポーツ経営の新たな可能性を示唆したものである。今後は、文化的な公共の財産としてプロスポーツチームの価値を向上させるため、地域住民や地元ファンに支持される地域密着型のチーム運営がますます主流になっていくであろう。

　最後に公営競技についてみてみると、図9-2に示したように30年前との比較の中では全体的な売り上げの落ち込みが顕著である。1991年以降、最も多くの売り上げを記録したのが1992年の8兆9,320億円であるが、その後はすべてにおいて軒並み減少傾向で、2011年には4兆1,560億円にまで落ち込んだ。ただ、近年は持ち直しの動きが見られ、2018年の売り上げは全体で5兆4,450億円となった。内訳として中央競馬が2兆8,160億円で最も多く、次いでボートレースが1兆3,240億円、競輪が6,500億円、地方競馬が5,860億円、オートレースが690億円と続いている。中央競馬（JRA）の主催する競馬が多くの売上を記録する背景には、早期からのテレビCMの展開と若年層に人気の芸能人をイメージキャラクターとして活用したことに加え、公営競技の中で地方競馬と同じくアニマルレースという特徴を生かしたイメージ戦略が功を奏した結果と考えられる。また、中央競馬の指定する5つのレースの勝ち馬を予想し、100

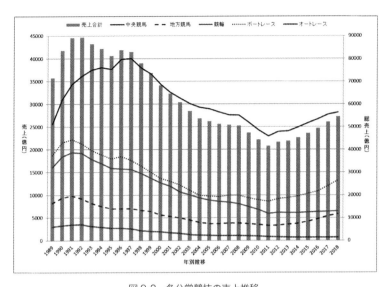

図 9-2　各公営競技の売上推移

財団法人日本生産性本部編『レジャー白書 2019』生産性出版、2019 年、118-119 頁より作成

円で購入できる「5 重勝単式（通称：WIN5）」のインターネット投票券を発売し、キャリーオーバー制を採用して最高で 6 億円の払い戻しを可能にしている。こうした取り組みは、若年層や女性ファンなどの顧客の開拓・定着と、他の高額当選くじへの流出防止に一定の成果を上げていると言えるだろう。

4. 公営競技の顧客獲得戦略

　　－香川県丸亀市の「ボートレースまるがめ」を事例として－

　公営競技を除くレジャースポーツ産業の市場が、2001 年から 2018 年にかけて約 14％ の縮小であることに対し、公営競技は 26％ 近く減らしており、近年の増加傾向を考慮しても 1990 年代と比較すれば厳しい状況にあると言える。その要因としては、レジャー産業の多様化による顧客の流出、偶発性の強いパチンコ・スロットへの若年層の傾倒とそれらにともなう顧客の高齢化などが挙げられる。また、戦後以降、日本経済の成長とと

もに歩んできた公営競技が、バブルの崩壊やリーマン・ショックといった経済打撃をまともに受ける形となっていることも否めない。

　香川県丸亀市の「ボートレースまるがめ」も近年、そうした傾向にあった。丸亀モーターボート競走場は 1952（昭和 27）年に全国 24 あるボートレース場の中で、6 番目の早さで開催を実施したボートレース場である。1978（昭和 53）年には瀬戸内地区で初めて 1 日の売り上げが 10 億円を突破し、これまでに 1,350 億円以上を丸亀市の一般会計へ繰り出すなど、地域行政の自主財源確保という重要な機能を果たしてきた。しかし、1990 年代後半以降の売上は減少傾向となり、2000 年代に入ると従来の営業形態から脱却し、その抜本的改革を迫られるようになった。

　転機は 2009（平成 21）年のナイターレース開催によって訪れる。約 23 億の費用をかけ、全国で 5 番目のナイターレース場としてリニューアルオープンをすると、前年度の約 352 億円から 2 倍近くとなる約 664 億円の売り上げを記録した（図 9-3）。

　ボートレースまるがめがナイターレースの導入に踏み切った背景には、まるがめに先駆けてナイター開催を導入していた 4 場（桐生、蒲郡、住之江、若松）の好調な売り上げがあった。昼間開催が主流のボートレースにあっ

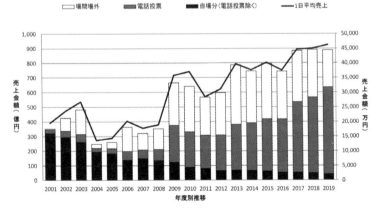

図 9-3　ボートレースまるがめの 2001 年度以降の売上
丸亀市ボートレース事業局『令和元年度統計資料』、2020 年より筆者作成

て、ナイター営業は他のボートレース場との差別化に成功し、図9-3にあるように本場以外で発売される場間場外発売額と電話投票（インターネット投票を含む）発売額を大きく増加させた。昼間の勤務時間帯の顧客確保が困難であるという状況から、顧客のレジャー（余暇）に合わせたレースの開催が売上の増加に有効であることを改めて示した。

さらに、2012年には新スタンドをオープンさせた。旧スタンドは非常に巨大なものであったが、近年は直接、ボートレース場へ足を運ぶ利用者が減少し閑散としていた。新スタンドは、コンパクトで随所に外光の差し込む明るい雰囲気を醸し出し、「マリンシート」や「スカイシート」と呼ばれる二種類の有料指定席や女性専用の「レディースシート」、カップルや若者向けのカフェテリアを設置し、親子連れでも楽しめる「わんぱくランド」や子ども用遊具を備えた「ふれあい広場」を設けた。このように様々な世代の多様なニーズにも対応したスタンドとしてリニューアルすることで、ファンにとって快適な空間を作り出したのであった。

こうしてナイター営業の開始により売り上げを大きく伸ばしたボートレースまるがめは、新スタンドオープン以降も高水準の売り上げを記録し、2013年度には売り上げで日本一を達成した。また、その後も売り上げは概ね右肩上がりとなっており、2018年度は過去最高の912億円を売り上げた1995年度に迫る、890億円もの売り上げをあげた。

近年の売り上げ方法の傾向としては、図9－4からも明らかなように電話投票が主流である。2019年度は、コロナウイルスの感染防止対策による無観客開催も影響し、全体の売り上げの内、電話投票が3分の2以上を占めた。ボートレースまるがめでは、従来、電話投票会員向けポイントサービス「まるがめポイントクラブ」を展開してきたが、更なる電話投票優遇キャンペーンを実施し、ファンサービスの充実を図った。利用者は、購入金額に応じてポイントを獲得し、そのポイントを現金やボートレースグッズ、旅行券、地元の名産品などに交換できるようになっている。このように、顧客のレジャー（余暇）に合ったサービスを提供してきたことが、ボートレースまるがめの売り上げの増加要因として考えることができる。

スポーツは古くからレジャーの一つとして機能し、世界的なスポーツの

普及に加え、経済の発展により産業としても大きく成長してきた。一方で、日本国内に目を向けると、バブルの崩壊や資本主義社会の円熟化が、人々に興味・関心の多様化をもたらし、それによるレジャー産業の充実化は、結果的に従来からあるレジャースポーツからの顧客流出という事態を招いた。こうした経験は、レジャースポーツ産業の在り方を問い直すきっかけとなり、あらためて顧客やファンの視点に立ち戻ることが求められるようになった。近年の国民の健康志向をとらえた新たな産業分野の成長や、地域密着型経営を重視するプロスポーツの経営は、すべて顧客やファンのニーズにあわせた経営戦略が土台となっている。そして、ここで取り上げたボートレースまるがめの復活は、単に公営競技にとどまるのではなく、すべてのレジャースポーツ産業の成功モデルとして認知されるべきであろう。今後、レジャー産業としてのスポーツは、「する」「みる」「ささえる」分野で幅広いニーズに応えていくことが求められるのである。

（近藤　剛）

1）　J. デュマズディエ , 中島巌訳 . 余暇文明へ向かって：東京創元 .1972
2）　阿部生雄 .Sport の概念史 .(体育史講義 pp.120-125). 大修館書店 .1984
3）　多木浩二 . スポーツを考える－身体・資本・ナショナリズム－：筑摩書房 .1995
4）　渡辺保 . 現代スポーツ産業論：同友館 .2004
5）　大野貴司 . スポーツ経営学入門－理論とケース－：三恵社 .2010
6）　原田宗彦 , 小笠原悦子編 . スポーツマネジメント：大修館書店 .2008
7）　広瀬一郎 .「Ｊリーグ」のマネジメント：東洋経済新報社 .2004
8）　大坪正則 . パリーグがプロ野球を変える－６球団に学ぶ経営戦略－：朝日新聞出版 .2011
9）　佐々木晃彦 . 公営競技の文化経済学：芙蓉書房出版 .1999
10）　三好円 . バクチと自治体：集英社 .2009
11）　財団法人日本生産性本部編 . レジャー白書 2019. 生産性出版 .2019
12）　丸亀市ボートレース事業局 . 令和元年度統計資料 .2020
13）　丸亀市競艇事業部 . 丸亀競艇経営改善プラン（抜粋）.2007
14）　丸亀市競艇事業部 . 丸亀競艇経営改善プランの検証 .2014

第 10 章　スポーツと医療関連ビジネス

1. スポーツ・身体活動が健康に及ぼす効果

　国内外における健康・スポーツ科学研究の進展により、適度なスポーツや身体活動が私たちの健康にポジティブな影響を与えることが明らかにされている。生活習慣病の予防として運動の効果が指摘されて久しいが、多くの世代で日常的にスポーツ・身体活動に取り組む人々が増加している。一方、その際に大切なことは「適度」なスポーツや身体活動であり、「過度」な運動はかえってネガティブな影響を心身に与えることも報告されている。病気にならないためにはどうしたらよいのか。予防医学への関心は益々高まっている。

　医学は病気を治す学問であるが、予防する学問としての健康・スポーツ科学への期待は大きい。このような現代社会であるからこそ、スポーツや身体活動は「ビジネス」により一層結びつくと考えられる。筆者も産学連携事業で企業の方々と接する機会は多い。筆者の場合、多くは企業が開発した健康機器に対する客観的な評価を依頼されるケースがほとんどである（『アグリパワースーツ』有限会社アトリエケー、『ゆらゆらボード』龍野コルク工業ほか）。学部生や大学院生の学修にも役立つため、研究課題として受託する場合も多い。産学連携下における健康機器の新規開発といったビジネスにおいては、健康・スポーツ科学的な研究手法が必要であり、そこからのアプローチが大切になる。医療ビッグデータの活用も始まっており、そのための法整備は終わっている。ここ数年で健康・スポーツ科学研究を基礎とした医療関連ビジネスが、EBM（Evidence-Based Medicine）のもと人々の健康と幸福を目的としたビジネスとしてトレンドになることは間違いない。

　ところで、わが国において現代の国民病となりつつあるのが、生活習慣等の後天的な要因により発症する２型糖尿病である。２型糖尿病の場合、特に適度な運動の実践が求められている。飽食の時代に本能のままに食生活を送れば、多くの人は過食してしまう。食欲は本能であるため、ある意味で仕方がないと考えることもできる。スーパーマーケットやレストランに行って好きな食べ物や甘いものを選ぶことができれば、ついつい手が出てしまうのが人間である。しかしながら、糖代謝に重要な働きをするイン

スリン（血糖値を下げるホルモン）の分泌能力をみると、欧米人より日本人のほうが低く、日本人は遺伝的に２型糖尿病にかかりやすいことが指摘されている。

　運動には、エネルギーの消費に伴い血糖が下がるといった直接的な効果と、運動をすることでインスリン抵抗性（インスリンの効きやすさ）が改善しそのため血糖が低下するといった複合的な効果が期待できる。したがって日本人の場合、糖尿病の予防、そして治療として薬、食事に加えて、運動がより一層求められる。運動の中でも、特にウオーキングやジョギングといった筋肉、特に骨格筋を長時間使う有酸素性運動をいかに効率よく楽しく行えるかが、日本人成人の健康ニーズとして高まると思われる。糖（グルコース）の利用には、運動と直接かかわりを持つ骨格筋が大きな役割を果たす。骨格筋は、グルコースの全利用量の７割程度を占めている。糖尿病の予防には、いかにして筋肉を動かすかが重要になる。人類共通であるが、血糖値を上げるホルモンは５つあるのに対して、下げるホルモンはインスリン１つしかない。われわれの祖先が飢餓環境に適応した証左であるが、飽食の時代においてはこれが逆に作用してしまっていると考えられよう。

　日本人の死因の第１位のがんの発生は、免疫機能低下によるがん細胞の増殖、活性酸素の増加による遺伝子の損傷、特定のホルモンの過剰分泌による前がん細胞の増殖などの要因によると考えられている。一方、身体活動は免疫機能を向上させることから、がん細胞の増殖を阻止したり、死滅させたりすることが期待されている。また抗酸化能力を向上させ遺伝子の損傷を予防し、さらにはホルモンの過剰分泌を抑制し、前がん細胞の増殖を阻止すると推察されている。これらのがんと運動についてのメカニズムを実証する知見は必ずしも多くない。しかしながら、将来、がんの予防に必要な具体的な運動の種類や頻度等が明らかになることが推測され、益々運動が私たちの生活の一部として重要になることが指摘できる。

２. 主要先進国における医療の動向とアメリカにおける医療関連ビジネス
　日本の医療制度の特徴として、①国民皆保険、②フリーアクセス、③開

業の自由、④民間医療機関中心の医療提供体制の4つがある。日本では当然と思われているこれらのことが、他国では必ずしも同様とはいえない。主要先進国における医療制度をみてみると、大きく3つのタイプに分けられる。「国営システム」、「社会保険システム」、そして「民間保険システム」である。個別にその特徴をみてみる。

「国営システム」は、一言でいえば税方式である。税金による国営の保健サービスに加入するシステムになる。たとえばイギリスは国民保健サービス（National Health Service, NHS）をすべての居住者に提供しており、医療費の自己負担は原則としてない。一般的に医療機関も公的医療機関中心である。北欧諸国等もこれに含まれる。「社会保険システム」は、国民の多くが医療保険に加入し、その保険料を医療費の財源としている国である。医療機関は開業が自由で、国民による医療機関の選択も自由なのが一般的である。代表的な国は、日本、ドイツ、フランス等である。「民間保険システム」は、アメリカに代表される医療の仕組みになる。広く国民を対象にした公的な保障制度は必ずしも十分ではなく、国民が自分で任意に民間保険に加入する。アメリカにおいては、65歳以上の高齢者と障害のある人を対象としたメディケア（Medicare）や、低所得者向けのメディケイド（Medicaid）という国の制度はあるが、それら以外の人々は対象外である。したがって病院でかかる医療費は原則として全額が自己負担となる。このため現役世代の多くは自分で民間の医療保険に契約している。2014年以降は、医療制度改革法が成立したことで国民には何らかの医療保険に加入することが義務付けられている。会社員は企業の福利厚生によって、勤務先を通して民間の医療保険に団体加入し、保険料の一部を事業主が負担しているところも多い。

このようにアメリカの医療は国の関与が小さい。その一方で、世界最高の医療水準を誇り医療関係者に対する教育、研究レベル等は極めて高い。アメリカの医療制度における自由競争がその基礎にある。医療関連ビジネスも同様の状況にあり高い競争下にある。広く国民全体の健康を考えた場合、「国営システム」、「社会保険システム」は望ましい。一方で、ビジネスとしてとらえた場合は、自由競争下における「民間保険システム」のほ

うがメリットは大きくなる。医療システムにより一長一短はあるが、アメリカにおけるスポーツと医療関連ビジネスのかかわりの強さは、こうした医療制度がその背景に存在していることは間違いないと思われる。

2019年、2020年は、いわゆるビッグ・テック（Big Tech）と呼ばれるAmazon、Apple、Alphabet（Googleほか）、Facebook、Microsoftほかの企業がヘルスケア関連への積極的な投資を発表した年となった（図10-1）。Appleは、2018年にApple Watch Series 4が米国で医療機器としてFDA（Food and Drug Administration：アメリカ食品医薬品局）の認可を受けたことでiPhoneを含めてスポーツ活動と連動させるサービスをより一層伸ばそうとしている（日本においても2020年9月4日に厚生労働省が医療機器として認可）。モルガン・スタンレー証券によれば、Appleのヘルスケア事業の売り上げは、2021年に150億ドル、2027年までに3,130億ドルになると予測している。これは2019年度のAppleの総売上の2,602億ドルを超える数字である。Amazonもヘルスケア分野への投資を加速させており、Facebookも予防医療のサービス（Preventive Health）を開始した。世界屈指の優良企業がヘルスケアへの投資を高め、スポーツ活動や運動を重要なコンテンツとして認めていることがわかる。これらの影響は、わが国にも波及している。

ビッグ・テック（Big Tech）

Amazon
Apple
Alphabet（Googleほか）
Facebook
Microsoft
　　ほか

ヘルスケア関連事業
2027年に向けて

図10-1　今後のビッグ・テックの動向

３．介護予防としてのフレイル

　世界的に例をみない速さで少子高齢化が進行するわが国において、高齢者の医療、健康、福祉に関連するビジネスへの期待は、年々高まりをみせている。富士経済グループによる『Welfare 関連市場の現状と将来展望2019』からここ数年の動向をみてみると、2025 年における市場予測（2018年比）として「介護業務効率化支援システム 22 億円（2.2 倍）」があり、さらに「高齢者向け介護保険外サービス（生活支援）」への民間参入は益々進み、新規の動向として「オーラルフレイル、フレイル」関連の市場の創出が指摘されている。「オーラルフレイル対策関連製品63億円(50.0%増)」と予測されている。

　「介護業務効率化支援システム」としては、スマートフォンやタブレット端末を使用し、介護記録の入力作業を効率化するシステムの開発が予想されている。介護業界では人材不足解消が喫緊の課題になっており、IT技術を活用して介護士の業務効率向上を目指す事業者が増えている。

　介護用消臭剤も注目されている。これはポータブルトイレ用と居住空間やベッドなどの消臭を目的とした室内用・布用に分けられる。室内用・布用の消臭剤については 2014 年に花王が参入したことで市場が形成され、その後大幅に拡大している。介護者（家族、訪問介護士など）が快適な環境下でケアできる住環境の実現が望まれることから市場拡大が期待される。

　高齢者向け介護保険外サービス（生活支援）としては、特に外出時の付き添いなどのニーズが高く、核家族化が進行している都市部では需要が高いことから、今後も市場は拡大が予想される。

　続いてフレイルの関連市場について述べる。フレイルとは加齢と共に運動機能や認知機能などの心身機能が低下し、要介護状態への進展が懸念される状態である（図 10-2）。フレイルは、日本老年医学会が 2014 年に提唱した概念であり、「frailty（虚弱）」の日本語訳である。健康な状態と要介護状態の中間に位置し身体的機能や認知機能の低下が見られる状態のことを指すが、適切な治療や予防を行うことで要介護状態に進まずにすむ可能性がある。

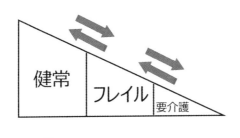

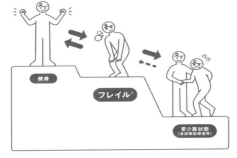

図 10-2　フレイルとは

(「フレイル診療ガイド2018年版」日本老年医学会、国立長寿医療研究センター、2018より)

具体的には、

(1) 体重減少：意図しない年間 4.5kg または 5% 以上の体重減少
(2) 疲れやすい：何をするのも面倒だと週に 3-4 日以上感じる
(3) 歩行速度の低下
(4) 握力の低下
(5) 身体活動量の低下

といった 5 項目の基準があり、3 項目以上該当するとフレイル、1 または 2 項目だけの場合にはフレイルの前段階であるプレフレイルと判断される。いち早くフレイルに気づき対策を講じることで、要介護化を防げることが知られている。栄養・運動・社会参加の 3 つの改善で予防可能とさ

れており、対策の重要性が広まりつつある。

　フレイル予防としては、特定の項目を入力することでフレイルの進行度を予知・測定でき、フレイルを予防するためのプログラムの提案などを行う製品・システムの開発が予測されている。実証段階にあるシステムが多く、実用化が進むのは地域包括ケアシステムが構築される2025年頃とみられる。メインターゲットとしては介護予防としてフレイル対策を実施している自治体が挙げられる。

　直近の傾向としては、フレイルの中のオーラルフレイルの需要が高い。介護用口腔ウェットティシュ、介護用口腔スポンジブラシ、口腔保湿剤などの市場は拡大しているが、うがいなどができない人に対してはウェットティシュの方が適切なケアが可能なことから、利用者、介護者からの需要はやや高いと考えられる。2011年に日本人の死因としてがん、心臓病の次に脳血管性疾患を抜いて肺炎が3番目に多くなったが、肺炎の中で最も多い死因は誤嚥性肺炎である。2017年に誤嚥性肺炎が独立した死因として統計がとられるようになったため、2019年時における肺炎の死因順位は後退しているが、介護現場において高齢者の口腔ケアは極めて重要になっている。口腔機能の低下に即した製品の開発が急務であり、今後市場の拡大が予測されている。

4．ビッグデータの活用

　近年、「ビッグデータ」が注目されている。IT技術の発展により大量のデータの管理や分析が可能になり、分析したデータを活用するメリットが社会的にも認知されてきているからである。たとえば、インターネットでの買い物や検索のデータが以前と比較して顕著に増加したため、それらをマーケティング活動に利用することが可能になった。先述したビッグ・テックの医療関連ビジネス戦略も、ビッグデータの利活用がその背景にある。私たちが病気やケガなどで医療機関を受診したとき、診療の流れの中で、患者一人ひとりについて、診察・検査・治療などの幅広い医療情報が記録される。日本全国の医療機関には、日々、膨大な量の医療情報が蓄積されている。この個々の医療機関に分散して保有されている患者の様々な医療

情報を統合し、集約したものが「医療ビッグデータ」である。

　今日、スーパーコンピュータなどIT技術が進化し、ビッグデータの解析性能が向上したことを背景に、新しい治療法や新薬の開発など医療分野の様々な研究開発に医療ビッグデータを活用し、医療の向上に役立てようとする取り組みが世界的に進められている。

　わが国では、患者の医療情報について、画像や数値といった検査結果の利活用が十分に進んでいない。また、受診した医療機関や加入している健康保険組合ごとに分散して保有されており、それらを集約した医療ビッグデータとして利活用する仕組みがなかった。そこで、医療ビッグデータの土台となる患者一人ひとりの医療情報を、個々の医療機関から集め、医療分野の研究開発のために利活用できるようにすることを目的として、「次世代医療基盤法（正式名称：医療分野の研究開発に資するための匿名加工医療情報に関する法律）」が2017年（平成29年）5月12日に公布され、2018年（平成30年）5月11日に施行された。この法律では、認定匿名加工医療情報作成事業者（認定事業者）が、医療機関から患者の医療情報を収集する。認定事業者とは、国が認定する信頼できる事業者である。医療分野の研究開発や情報セキュリティ、医療情報の匿名加工などに精通している認定事業者は、複数の施設から医療情報を収集し、暗号化して保管する。そして、医療分野の研究開発の要望に応じて、必要な情報のみを研究機関や企業などに提供する。患者の氏名や住所など特定の個人を識別することができる情報は提供されない。これまでに認定事業者に「一般社団法人ライフデータイニシアティブ」、認定医療情報等取扱受託事業者（認定受託事業者）として「株式会社エヌ・ティ・ティ・データ」が認定されていたが、内閣府、厚生労働省らは2020年6月30日付で2番目の認定事業者、認定受託事業者として「一般財団法人日本医師会医療情報管理機構（J-MIMO）」と「ICI」を認定した。種々の医療データと直接かかわりを有する日本医師会の参画が実質的に認められたことになり、今後本事業がより具体的に進むことが推測される。

　このように私たち一人ひとりの情報が収集され活用されることで、効果のより高い治療法が明らかにされたり、創薬、病気の早期発見や治療をサ

ポートする機器の開発等、将来私たちがより良い医療を受けられるように
なることが期待されている。

5．まとめ

　今後益々高齢者の割合が高まるわが国において、予防医学の観点からも
「スポーツ」、「身体活動」、「運動」の重要性はより一層広く周知される必
要があると思われる。医療システムは国によってさまざまであり、これに
関連する医療ビジネスの現状も様々であるが、スポーツの実践により、私
たちの体が本来持っている体を動かすという身体面における本能的な欲求
の充足、そしてストレスの発散、爽快感、達成感、他者との連帯感といっ
た精神的な充足がそれぞれ満たされ、心身両面にわたる健康の保持増進に
大きな効果が得られる。スポーツが果たす役割は大きく、私たちの健康に
直接かかわる医療関連ビジネスの発展は今後も益々重要になると思われ
る。
（内田勇人）

【引用・参考文献】

1) 　長澤純一編著『運動生理学の基礎と応用：健康科学へのアプローチ』ナップ．2016
2) 　厚生労働統計協会．地域の医療と介護を知るために－わかりやすい医療と介護の制度・
政策－第2回日本の医療制度はイギリスやアメリカと違う？．厚生の指標，63(7)，42-
45．2016
3) 　富士経済グループ．『介護・福祉関連製品・サービス市場を調査』（2020年8月20日にア
クセス）https://www.fuji-keizai.co.jp/market/detail.html?cid=19077&view_type=2.
2019
4) 　厚生労働省編『パンフレット「食べて元気にフレイル予防」』（2020年8月22日にアク
セス）https://www.mhlw.go.jp/content/000620854.pdf, 2020
5) 　内閣府大臣官房政府広報室『「次世代医療基盤法」とは？』（2020年8月31日にアクセス）
https://www.gov-online.go.jp/k/contents/useful/201811/1_01.html. 2020

第11章　アダプテッド・スポーツと
　　スポーツビジネス

はじめに

　わが国は、これまで2000（平成12）年に策定されたスポーツ振興計画と、これを引き継ぐ2012（平成24）年からの第1期、そして2017（平成29）年からの第2期スポーツ基本計画に基づき、生涯を通してスポーツを楽しみながら体力づくり、生きがいづくりを進める生涯スポーツ社会の実現を目指し、スポーツ環境を整備してきた。その成果の一つとして、1年間に運動やスポーツを行った人の割合は76.8％（週1日以上は53.5％）という結果が得られている（スポーツ庁、2020）。ところが、障がいのある人のみを対象にした調査結果を見ると、過去1年間にスポーツ・レクリエーションを行った人は39.9％（週1日以上は25.3％）となっており（スポーツ庁委託調査、2020）、設問内容等により厳密な比較はできないものの、障がいのある人のスポーツ実施率は低い状況にあると言え、両者の差は看過できない（図11-1）。

　わが国の障がいのある人の人口は、身体障がい、知的障がい、精神障がいの3区分を合わせると約964.7万人であり、国民の約7.6％が何かしらの障がいを有していることになる（内閣府、2020）。また、私たちの多くが加齢に伴う足腰の衰えによって立位での移動（自力歩行）が難しくな

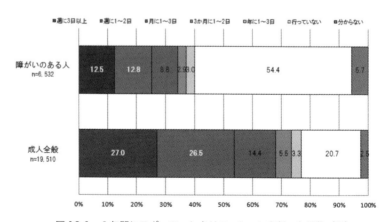

図10-1　1年間にスポーツ・レクリエーションを行った日数（％）
スポーツ庁委託調査（2020）、スポーツ庁（2020）をもとに作成

り、視覚や聴覚の機能低下から日常生活において補助器具が必要になることは否定できない。実際に65歳以上の人口が約3,589万人（総人口の28.4%）と過去最高に達し（内閣府、2020）、75歳以上の高齢者の23.3%（約4人に1人）が要介護の認定を受けている状態にあることから、世界的にも稀にみる超高齢社会を迎えているわが国において障がいを有する人が増加していくことは予想に難しくない。

1. アダプテッド・スポーツの概要
（1）アダプテッド・スポーツについて
　アダプテッド・スポーツ（Adapted Sports）とは、ルールや用具を障がいの種類や程度に適合（adapt）することによって、障がいのある人はもちろんのこと、幼児から高齢者、体力の低い人であっても参加することができるスポーツのことである。このアダプテッド・スポーツという概念は、障がいのある人がスポーツを楽しむためには、その人自身と、その人を取り巻く人々や環境を問題として取り上げ、両者を統合したシステムづくりこそが大切であるという考え方に基づくものである（矢部、2005）。

　その一例として、バスケットボールでは下肢に障がいがあり車いすを使用している人には「車いすバスケットボール」、さらに上肢にも障がいがある人の場合には「車いすツインバスケットボール」が考案されている。その他、バレーボールやサッカーはもちろん、テニス、ラグビー、セーリング、ダンス等も種目として存在する。視覚に障がいのある人は、「サウンドテーブルテニス」やガイドランナーと呼ばれる伴走者と一緒に陸上競技に参加することが可能である。また、重度の障がいがある人を参加対象としたパラリンピック正式競技種目の「ボッチャ」や障がいの軽重に関係なく6人が一つのチームとなり相手チームと対戦する「卓球バレー」は、近年ユニバーサルスポーツとしても急速に普及している種目である。

（2）パラリンピックの誕生
　障がいのある人のスポーツの祭典と言えば「パラリンピック」が挙げられよう。パラリンピックの前身としては、イギリス郊外にあるストーク・

マンデビル病院の医師グットマン博士が、第2次世界大戦による負傷兵にリハビリテーションの一環としてスポーツを採用、1948（昭和23）年7月29日、同病院内で車椅子利用者によるアーチェリー大会を開催している。1952（昭和27）年にはオランダからの参加を受け国際競技大会へと発展し、1960（昭和35）年のローマ（イタリア）オリンピック開催後、同地にて国際ストーク・マンデビル大会が開催（23カ国・400人が参加）された。これが第1回パラリンピックである（公益財団法人日本障がい者スポーツ協会、2020）。

（3）わが国におけるアダプテッド・スポーツの変遷

　わが国では、1960（昭和35）年に同病院へ留学していた中村裕博士（「太陽の家」創設者）が、翌年10月に第1回大分県身体障害者体育大会の開催を手掛けたほか、1962（昭和37）年に開催された第11回国際ストーク・マンデビル大会における日本人2人の初参加に尽力もしている。そして、1964（昭和39）年に東京パラリンピックが開催された（この大会は、第1部を第13回国際ストーク・マンデビル大会、第2部を国内大会として実施）。

　この大会の成功を受け、翌年の1965（昭和40）年には、厚生省社会局長通知「身体障害者スポーツの振興について」によって、わが国の身体障害者のスポーツの振興を積極的に推進する具体方策として、全国身体障害者スポーツ大会（現、全国障害者スポーツ大会）の開催が決定、国民体育大会後に実施されるようになった。同年、パラリンピックの中心的運営を担った財団法人国際身体障害者スポーツ大会運営委員会は解散し、残余財産を引き継ぐ形で財団法人日本身体障害者スポーツ協会（現、公益財団法人日本障がい者スポーツ協会）が設立され、以降、わが国の障がい者スポーツの振興について中心的役割を果たしている。

　わが国において障がいのある人のスポーツが広く認知され関心が高まったのは、1998（平成10）年に長野で開催された冬季パラリンピックにおける日本代表選手の活躍による影響が大きい。同パラリンピックを契機に障がいのある人のスポーツ（＝アダプテッド・スポーツ）が各種メディア

に取り上げられる機会や、以降のパラリンピックによる新聞記事数が急激に増加したことに加え、これらの記事がスポーツ面に掲載されるようになったことからも理解できる（藤田、2002）。

　現在では、公益財団法人日本障がい者スポーツ協会を中心に各都道府県の障がい者スポーツ協会や関係機関・団体等による積極的な普及活動の成果もあり、徐々にではあるものの障がいのある人がスポーツとかかわる機会や環境は整いつつある。

２．「近代スポーツ」を相対化するアダプテッド・スポーツ

　現代のノーマライゼーションやQOL（生活の質）、共生などの思想の広がりにより福祉社会の創造・構築が期待される中にあって、特定の人々のための近代スポーツを超えて、社会的に弱い立場にある人々のスポーツを保障しようとする「アダプテッド・スポーツ」は、全ての人々が生涯に渡ってスポーツを楽しむことの権利を守ろうとする時、非常に重要な概念であるとも言える。

　藤田（1999）は、スポーツを行う各個人に合わせて創られた身体活動の重要性を指摘したアダプテッド・フィジカル・アクティビティ（adapted physical activity）の理念を用い、ここに行き詰まりを呈している近代スポーツを相対化し、新たな地平を切り開く視座を見出すことができると述べ、近代合理主義に対するアンチテーゼを提起し、この理念が障がいのある人のスポーツのみにとどまらない近代スポーツへの反省とオルタナティブの原理としての重要性を指摘している。

　また、アダプテッド・スポーツの概念が近代スポーツ理念を乗り越えることについて、松尾（2005）は、ピープル・ファースト（人間第一主義）の思想を示し、もともと「人に合わせるスポーツ」であったものが、いつのまにか「スポーツに人が合わせる」ようになってきたことの反省から構想されねばならないと指摘している。

　さらに山田（2008）は、障がいのある人の立場から社会の様々な事象を読み、捉え返す「障害学」の視点を援用し、近代スポーツの偏向性や歪んだ普遍的ルールを浮き彫りにしてみせると同時に、アダプテッド・スポ

ーツがすべての人を包含する（だれもが参加できる）スポーツとして真に
成立していくためにおいても重要な視点であると述べ、その成立の先には、
スポーツの本質を提示する可能性が秘められていると述べている。

このように、スポーツの持つ競争性を一義的に評価してしまっていた近
代スポーツは、アダプテッド・スポーツの概念が導入されることにより相
対化され、多元的な社会を前提とした多様な価値を受け入れる扉を再び開
放することで、スポーツが持つ本来的意味を取り戻すことの可能性を示し
ているとも言える。

3. アダプテッド・スポーツのプロモーション
（1）プロモーションとは

「プロモーション」とは、製品やサービスの存在を消費者に気づかせ、
関心や欲求を高め、購入に導くまでのプロセスを開発することであり、マー
ケティング戦略を展開する上で不可欠なマーケティングミックスの重要
な要素の一つである（藤本、2008）。

スポーツビジネスは、スポーツをエンタテイメントとして提供すること
で、競争性に基づく他者との卓越性や有意性を一義的に評価することに加
担してきたとも言えるが、一方ではスポーツを「する」ものだけではなく、
「みる」、「支える」スポーツとしての楽しみ方を提示し、スポーツとの関
わり方、すなわちスポーツ価値の多様性に気づかせてくれたことも事実で
ある。

それでは、近代スポーツを相対化するものとしてのアダプテッド・スポー
ツはどのようにプロモーションされ得るだろうか。次に、障がいのある
人が居住地域で気軽にスポーツを行える場の一つである総合型地域スポー
ツクラブ（以下、「総合型クラブ」とする）の実態を概観することにする。

（2）障がいのある人が所属（参加）する総合型クラブの実態

総合型クラブは、全国の各市区町村に少なくとも一つは育成することが
目標とされ、種目、世代や年齢、技術レベルそれぞれの多様性を包含する
ものであることが示された（文部科学省、2002）ことから、開放性の高

いクラブを志向していることが理解できる。しかし、松尾ら（2009）が全国の総合型クラブを対象として実施した調査結果によれば、障がいのある人がクラブのメンバーとして所属している総合型クラブは全体の約2割であった。この約4年後、笹川スポーツ財団（2013）が実施した同規模調査の結果においても、障がいのある人が参加している（いた）総合型クラブは約4割だったことから、依然として高い数値とは言えない実態が明らかになっている。

　松尾らの調査では、障がいのある人が所属する総合型クラブの約8割が地域活動を行っており、その具体的内容で実施率が高かったものは「地域の高齢者等を対象とした福祉活動」や「地域の清掃やゴミ拾いなど」であった。さらには「地域・福祉問題解決への取り組み内容」の実施状況においても、障がいのある人が所属している総合型クラブの方が、所属していないクラブより全体的に高い傾向を示し、「地域が活性化した」とする地域変化の実感にも反映されていた。

　このように、障がいのある人が所属している総合型クラブからは、地域・福祉問題解決への取り組みなど、地域に根ざした活動が積極的に行われている様子が窺え、それらの活動が地域の変化（活性化）へと繋がっていることを実感する傾向が示唆された。換言すると、総合型クラブにおける障がいのある人（＝アダプテッド・スポーツ）の存在は、地域コミュニティへのまなざしに対する気づきを与え、地域活動やコミュニティ形成を志向し、障がいのある人の新たなクラブ加入を促すといった相乗効果を生み出す可能性があるということである。

4. アダプテッド・スポーツがもたらすスポーツビジネスの可能性

　マーケティングのカリスマとも称されるフィリップ・コトラー（2017）は、マーケティングのあり方について、これまでは製品中心（1.0）から顧客（消費者）中心（2.0）へ、そして社会の期待に応える社会貢献への価値（3.0）へとその特徴の移行を示しつつ、これからは社会貢献への価値（3.0）を補完する形で顧客の自己実現を支援したり、促進したりするようなサービス（商品）を開発することが大切（4.0）であるとした。

このことを、先述した総合型クラブへのアダプテッド・スポーツ導入（プロモーション）効果、つまり、障がいのある人のクラブ加入が促されると同時にクラブメンバーに多様なメッセージを与え、クラブ内の問題を越えて地域社会での問題解決（＝社会貢献）活動に発展することを踏まえて考えると、これからのアダプテッド・スポーツ活動を含めた総合型クラブのマネジメントには、コトラーの指摘するこれからのマーケティング4.0の重要な視点と相俟って、スポーツを通した自己実現の達成を目指した新しいスポーツビジネスのあり方が求められていくことになろう。

　近年におけるわが国のスポーツに関連する取り組みの大きな動きとしては、2011（平成23）年に「スポーツ基本法」が施行され、翌年4月これまで厚生労働省の管轄であった障がいのある人のスポーツが文部科学省（スポーツ・青少年局）へ移管し、2015（平成27）年10月からはスポーツ行政を総合的に推進する「スポーツ庁」の発足によってスポーツ振興の一元化体制が整った。そして現在、スポーツ施策の具体的な方向性を示す第2期スポーツ基本計画が進行中（2021（令和3）年度までの5年間）である。同計画では、スポーツで「人生」が変わる、「社会」を変える、「世界」とつながる、「未来」を創るという4つの指針が示され、スポーツ参画人口を拡大し、「一億総スポーツ社会」の実現に取り組むこととしている。

　障がいのある人のスポーツ振興については、同計画第3章2（1）スポーツを通じた共生社会の実現の①障害者スポーツ振興等で、障がいのある人（成人）の週1回以上のスポーツ実施率を19.2％→40％程度（若年層（7〜19歳）は31.5％→50％程度）に向上することが目標に掲げられ、さらに総合型クラブへの障がいのある人の参加促進（42.9％→50％）、障がい者スポーツ指導者の養成の拡充（2.2万人→3万人）、活動する場がない障がい者スポーツ指導者を半減（13.7％→7％）、障がいのある人のスポーツの直接観戦者数の増加（4.7％→20％）等の定量目標を含めた17の具体的施策が示され、計画最終年を前に目標値の達成状況による検証と評価がなされつつある（図11-2）。

　わが国がスポーツ立国の実現を目指し、国家戦略としてスポーツを総合的かつ計画的に推進していこうとする中で、2021（令和3）年の東京パ

点検項目5：障害者スポーツ関係 ①

【数値目標の進捗】

〇障害者（成人）のスポーツ実施率は増加傾向
〇障害者（7〜19歳）の週1回以上のスポーツ実施率は、横ばい （なお、7〜19歳の週3回以上の実施率は伸びている。）
〇障害者が参加する総合型地域スポーツクラブの割合は減少 （ただし、別の調査では、何らかのスポーツクラブに加入している障害者の割合は微増 （H27：10.5% → H29：11.0%→R1：11.9%））
〇障害者スポーツ指導者数は、着実に増加
〇障害者スポーツの直接観戦経験者の割合は減少しているが、メディアを含めたパラリンピック競技の観戦経験は増加 （H26：48.6% → H28：53.3%）

【数値目標】	計画策定時（年度）	現時点での最新の値	目標値（2021(R3))
障害者（成人）のスポーツ実施率（週1回以上）	19.2%（H27）	25.3%（R1）	40%
障害者（7〜19歳）のスポーツ実施率（週1回以上）	31.5%（H27）	30.4%（R1）	50%
障害者が参加する総合型地域スポーツクラブの割合	42.9%（H24）	38.0%（R1）	50%
障害者スポーツ指導者数	2.2万人（H27）	2.7万人（H30）	3万人
活動する場がない障害者スポーツ指導者の割合	13.7%（H24）	―	7%
障害者スポーツの直接観戦経験者の割合	4.7%（H26）	3.8%（H28※1）	20%

【数値悪化について】

〇障害者（7〜19歳）のスポーツ実施率について、週3回以上の実施率は伸びており、実施する者としない者の二極化が生じているおそれがある。

〇障害者がスポーツをする場として、総合型地域スポーツクラブに限らず、それ以外のスポーツクラブも含めて、身近な場の活用を図っていくことについても検討する必要がある。

〇観戦者については、パラリンピックの競技の観戦経験は高まっており、それ以外の障害者スポーツ種目等の認知度向上を図っていく必要がある。

※1 H29.3実施の民間による調査結果がH30.2に公表されたもの

図11-2　第2期スポーツ基本計画の検証・評価（スポーツ庁：2020）の一部

ラリンピック開催を契機とした競技力向上と裾野拡大をはじめ、共生社会の実現や人々の自己実現に貢献する「アダプテッド・スポーツ（障がいのある人のスポーツ）」の多様なプロモーションが、スポーツビジネス界に新風を巻き起こすことになるであろう。

（山田力也）

【参考引用文献】

1) スポーツ庁健康スポーツ課 . 令和元年度「スポーツの実施状況等に関する世論調査 , (p.9, pp.15-16). 2020

2) 株）李ベルタス・コンサルティング . 『障害者スポーツ推進プロジェクト（障がい者のスポーツ参加に関する調査研究）』報告書 , (p.23). 2020

3) 内閣府編 . 障害者白書 令和 2 年版 (pp.239). 勝美印刷 . 2020

4) 内閣府編 . 令和 2 年版 高齢社会白書 (p.2, p.31). 日経印刷 . 2020

5) 矢部京之助 , 草野勝彦 , 中田英雄 編著 . アダプテッド・スポーツの科学〜障害者・高齢者のスポーツ実践のための理論〜 (矢部京之助 . アダプテッド・スポーツとは何か pp.3-4). 市村出版 . 2005

6) 公益財団法人日本障がい者スポーツ協会編 . 障がい者スポーツの歴史と現状 (p.34, p.2) . 2020
https://www.jsad.or.jp/about/pdf/jsad_ss_2020_web0130.pdf（2020 年 9 月 18 日参照）

7) 橋本純一 編 . 現代メディアスポーツ論 (藤田紀昭 . 障害者スポーツとメディア pp.197-217). 世界思想社 . 2002

8) 井上俊 , 亀山佳明 編 . スポーツ文化を学ぶ人のために (藤田紀昭 . スポーツと福祉社会ー障害者スポーツをめぐって pp.283-298). 世界思想社 . 1999

9) 岡田徹 , 高橋紘士 編 . コミュニティ福祉学入門 地球的見地に立った人間福祉 (松尾哲矢 . 障害者スポーツとコミュニティ pp.169-181). 有斐閣 . 2005

10) 大谷善博 監修 . 変わりゆく日本のスポーツ (山田力也 . 障害学からみたアダプテッド・スポーツの可能性 pp.319-335). 世界思想社 . 2008

11) 原田宗彦 編著 . スポーツマーケティング (藤本淳也 . プロモーション pp.117-132). 大修館書店 . 2008

12) 文部科学省編 . 「総合型地域スポーツクラブ」育成マニュアル クラブづくりの 4 つのドア (第 1 章 クラブを立ち上げよう！ pp.1-7). アドスリー . 2002

13) 松尾哲矢 , 谷口勇一 , 山田力也 . 総合型地域スポーツクラブの活動状況に関する調査報告書 . 立教大学アミューズメント・リサーチセンター . 2009

14) 公益財団法人笹川スポーツ財団 . 文部科学省委託調査 健常者と障害者のスポーツ・レクリエーション活動連携推進事業（地域における障害者のスポーツ・レクリエーション活動に関する調査研究）報告書 (総合型地域スポーツクラブの障害者スポーツ振興に関する調査 p.93). 2013

15) フィリップ・コトラーほか 著 , 恩藏直人監訳 . コトラーのマーケティング 4.0 スマートフォンの時代の究極法則 . 朝日新聞出版 . 2017

16) スポーツ庁 . スポーツ基本計画 , (pp.17-19)
https://www.mext.go.jp/sports/b_menu/sports/mcatetop01/list/1372413.htm
（2020 年 9 月 18 日参照）

17) スポーツ庁 . スポーツ審議会 (第 22 回). 資料 4-1. 第 2 期スポーツ基本計画の実施状況の検証・評価 , (p.6)
https://www.mext.go.jp/sports/content/20200804-spt_sseisaku01-000009183_5.pdf（2020 年 9 月 18 日参照）

第 12 章　地域活性化とスポーツビジネス

1. 地域活性化とは

私達の生活基盤である地域をより良くしたいとする営為は、終わりのない課題である。それが特にいまの日本社会では重大関心事とされ、未曾有の人口減少問題と東京一極集中の是正・改善に向けた施策が本格化しており、国をあげて取り組んでいる「まち・ひと・しごと創生総合戦略」（後述）はその中心点といえる。本章ではまず、地域という抽象的且つ多義的な概念をおさえ、その活性化の考え方を紐解いていきたい。

地域は、何らかの場所的概念を指す。そして、多様性や異質性を内包した社会（共同体）でもある。この2つの要点は、前者については多重性、後者については多義性（森岡、2008）を意識した見方となって現れる。多重性とは、指示される地理的範域が文脈に併せて伸縮自在である事で、「小学校区」を指す場合もあれば、「基礎自治体」あるいは「広域ブロック」やグローバルレベルにも通用する。本章では、地域社会の主属性である住民の日常的相互作用を肝とする意図から、居住地を中心として拡がる所定の範域を想定する。多義性とは、地域に包含される諸々の意味内容（分野）を指す。その意味内容について考慮する際は、例えば特定非営利活動法第2条に定められている活動分野や、各自治体が標榜している「地方版総合戦略」の活動分野が参考になる。これらを筆者なりに整理すると、〈地域〉医療・福祉、教育、観光・交流、農林水産、文化・スポーツ、自然・環境、防災、安全、情報、経済・雇用、住民（参画、権利、消費者、子ども・高齢者課題など）、交通、インフラ、などが考えられた。そして、これらの意味内容を個別で捉えるのではなく、トータルに結び付けながら、総合的に付加価値を高めていくことが重要と思われる。実はこの事が地域活性化の定義となる。

地域活性化について大西は、「活性化運動を通じて、個人的付加価値、社会的付加価値、経済的付加価値を達成し、最終的に定住人口の維持・増加を目指す動きである」と説いている（大西、2012）。また、経営学分野における組織活性化の見解を参照すると「組織のメンバーが、相互に意思を伝達し合いながら、組織と共有している目的・価値を、能動的に実現しようとする状態（河合ら、1992）」と説かれている。これらの要約から言

えることは、地域の目的を共有した個人・組織が頻繁なコミュニケーションを基に能動的に取り組む基盤がまずあって、そこでの意図的・計画的な運動（ムーブメント）において、先に示した地域の多義的な意味内容を関連づけさせながら付加価値をもたらすとフローにあると考えられる。そして、これらの永続的なサイクルが、地域愛着への機運を高め、社会的付加価値と経済的付加価値の定着へと寄与するのである。つまり地域活性化とは、「居住地を基盤として拡がる所定範域において、地域目的の共有と頻繁なコミュニケーションを基軸とした能動的な個人・組織間の協働によって互いの課題解決を図り、その解決作用を連動・関連付けることによって社会的経済的な相乗的付加価値を創出し、最終的には定住人口の維持・増加を図ろうとするとする創造的過程」と定義できる。

2. 共的セクターによるスポーツビジネス
（1）スポーツビジネスとは

　スポーツビジネスとはスポーツ産業の個々の部分を指すものとされ（渡辺、2004)、「スポーツ生活に必要なモノ・サービスの生産・提供を社会的分業として行う事業活動」のことを指す。一般的にビジネスといえば、金銭的利益の拡大に終始する感を受けるが、コミュニティビジネスという概念があるように、本章では営利・非営利を問わず事業活動の実践という点から広義に捉える用法とする。ちなみに、地域活性化と関連深いコミュニティビジネスとは、「衰退する地域を元気にするために、地域の問題を住民・市民が主体となって取り組み、自らが地域の問題を解決する事業活動」（細内、2017）の事をいう。このような事業活動をスポーツ界でどのように展望するかを、今まさに問うことにしたい。

　さて、図12-1は社会システムからみた今日のスポーツビジネス（事業体）について布置した概略である。これは、社会を構成する主体をそれぞれの理念・行動原理によって「セクター」として分類する考え方を採用している。社会の構成をみると、生活を営む基盤の前提となるインフォーマルセクター、住民の健康で文化的な生活を平等に保障する統治機関としての公的セクター、自由競争の基で商品・サービスの創造と利潤追求・雇用安定

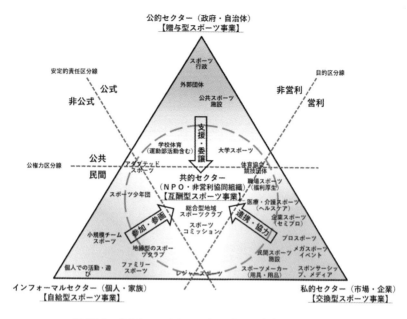

図 12-1　社会システムからみたスポーツビジネスの概観図
（ペストフ 2000 の「福祉トライアングル」を参照して筆者作成）

などの経済活動を促進する私的セクターが 3 つの頂点に位置づき、さら
にその中には、参加・分権を原則として互いに連帯しながら自らの生活は
自らで守り抜こうとする事業・運動体群としての共的セクターが位置づい
ている。コミュニティセクターは事業活動が認められないためにスポーツ
ビジネスの対象からは外れるものの、残り 3 つのセクターにおいて数多
くのスポーツ事業体が存在することに気づかされる。これらスポーツ事業
体の経営努力や多主体からなるスポーツ事業体間の協働が地域活性化の実
現に寄与していると考えられ、いま国を挙げて取り組んでいる「第 2 期
まち・ひと・しごと創生総合戦略」においても、「スポーツ・健康まちづ
くり」という項目が新たに設けられながら、各種事業体による取り組みが
本格化しているのである（表 12-1 参照）。そこで本章では、共的セクター
にみるスポーツビジネスに注視し、特に総合型地域スポーツクラブ（以下、

表 12-1 「スポーツ・健康まちづくり」の政策および取り組みの把握

政策の柱			具体的な取り組み	
1	スポーツを活用した経済・社会の活性化	i 経済の活性	(a)	地域スポーツコミッションの設置や活動支援
			(b)	インバウンド拡大の環境整備
			(c)	アウトドアスポーツに親しめる環境づくり
			(d)	スタジアム・アリーナ改革推進
			(e)	プロスポーツチーム等を活用した地域活性化
		ii 社会の活性	(a)	ホストタウンの取組推進
			(b)	地方大学を核とした地域貢献
2	スポーツを通じた健康増進・心身形成・病気予防	iii 「スポーツ・イン・ライフ」の実現	(a)	スポーツ実施向上に向けた推進体制の構築
			(b)	医学や健康等学会との連携強化
		iv 誰もがスポーツに親しめる環境整備	(a)	総合型クラブの質的充実
			(b)	公共スポーツ施設の効率的運営と民間スポーツ施設の公共的観点活用からの促進
			(c)	学校体育施設や民間商業施設の効率活用
			(d)	指導者・場所の検索可能なポータルサイト整備
			(e)	スポーツ・健康に係る有益情報発信のための整備
			(f)	スポーツ関係者と医療機関等の連携・情報共有
			(g)	持続可能な運動部活動の実現等
		v 健康増進・病気予防に向けた取り組み	(a)	健康・医療及び介護分野での成果連動型民間委託契約方式の普及
			(b)	スポーツ・健康リテラシー向上の環境整備と他地域の発生
3	自然と体を動かしてしまう「楽しいまち」への転換	vi 自然と体を動かしてしまう「楽しいまち」への転換	(a)	「Walkable City」の実現に資する取組の推進
			(b)	自転車の活用推進
			(c)	スポーツのしやすい公共空間づくりの推進

※上記の3本柱を支える基盤整備として「マインドチェンジとキャパシティビルディング」「スポーツ・健康まちづくりを推進する基盤整備」が標榜されている。

総合型クラブ）の成果と課題を通して、地域活性化への実現を検討していきたい。共的セクターに注視する理由は、今日の地域の課題解決には、当事者意識を基点とした事業運営が求められるだろうし、従来のような限りない成長・拡大モードによる社会と同軌したスポーツ発展論とは一線を画す発展論に期待を寄せるからである。

3. 総合型地域スポーツクラブによる地域活性化

（1）総合型地域スポーツクラブの実情と成果

　総合型クラブとは、日常生活圏において住民の主体的参画により営まれる事業型スポーツ NPO（non-profit organization）[注1] のことであり、「多種目の整備」「多世代の交流」「多志向の奨励」の具備がその特徴とされる。従来の地域スポーツクラブは、小規模且つ単一種目型、同世代型の特徴をもつチーム型クラブが殆どであった（財団法人日本スポーツクラブ

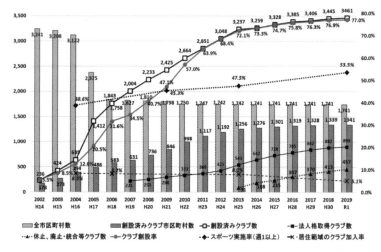

図 12-2　総合型クラブの普及とそれに関連する事象の歴史的推移[注2)]

協会、2000）。「チーム型クラブ」は自己充足的に特定の活動を展開する
ものであり、凝集性の高さや小回りの利く機能性が認められながらも、一
方でメンバーの高齢化等により活動が長続きしないことやクラブ間による
資源（施設等）の奪い合いなどから、生涯スポーツ社会の実現には必ずし
も有効に働かなかったとされる。また、地域社会の荒廃が 1970 年代頃か
ら指摘されてきた中で、スポーツの社会的価値（統合機能など）によって
コミュニティ形成に貢献しようとする取り組みが社会的に支持を増してき
た。そのことが、従来の“個別的・領域的”なスポーツ活動ではなく、地
域社会の原理に基づいた“総合的・包摂的”なスポーツ事業への転換・必
要性を呼び起こした。このような背景から、総合型クラブの全国展開は
1995 年の文部省（当時名）による育成モデル事業から開始されており、
2019 年 7 月現在で全国各地に 3,461 のクラブが既設され（市区町村カバー
率は 77.0％）、普及が進んでいる。図 12-2 はその歴史的推移を示したも
のである。近年は、法人格を取得しながら経営基盤を整えているクラブが
増えていながらも、一方では、新設数の伸びが鈍化していることや、「休止、

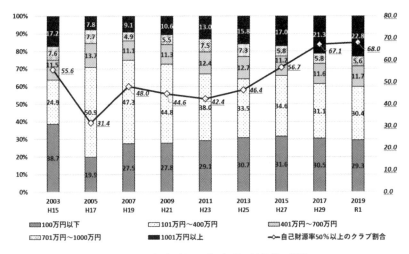

図 12-3　総合型クラブの年間予算規模の推移

「廃止・統合」されたクラブの数が増えてきていることから、今一度、見直しの時期にかかっているといえる。

　さて、総合型クラブの現況について、スポーツ庁が毎年度ごとに公開している「総合型クラブに関する実態調査結果概要（文部科学省、2003〜2015：スポーツ庁、2016〜2020)」から読み取りたい。まず、所属している会員数については、高い割合順に示すと「101人〜300人」が40.6%、「301人〜1000人」が28.7%となっている（2019年度調査）。このことから、従来のチーム型クラブと比較すると、圧倒的に多くの住民・関係者を巻き込んでクラブ運営が営まれていることがわかる。次に、年間予算規模については、「101万円〜400万円以内」のクラブが高い割合を示しており、近年は「1001万円以上」のクラブが増加傾向にある。また、自己財源率50%以上のクラブの割合も増加傾向にあることから、自らで事業を起こしつつ経済的インパクトを図ろうとする潮流も確認できる（図12-3参照）。

　図12-4は、総合型クラブの設立効果について示したものである。特に、

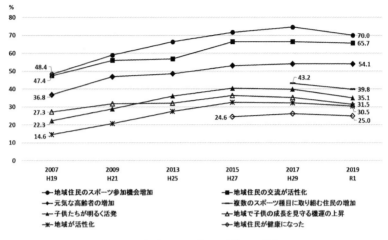

図 12-4　総合型クラブの設立効果の推移

「住民のスポーツ参加機会の増加」や「住民交流の活性化」、「元気な高齢者の増加」の指示が高いことがわかる。また、単に、スポーツ愛好家の集団として機能するに止まらず、地域の生活課題を解決するような仕組みとして期待されることから、スポーツを超えたネットワークづくりの基地としての役割についても以下のように報告されている（スポーツ庁ホームページ）。例えば、高齢者に対する介護事業との連携や障害を有する住民へのサービスなどにより、地域福祉の充実（活性化）に向けた取り組みが図られている事例。また、住民らによる生涯学習の実現や学校体育の諸課題（小学校体育活動支援や運動部活動改革）の協働解決のために、学校や公共スポーツ施設との連携が推進され、人材育成を含めた地域教育の活性化も図られている事例。さらには、企業と連携して民間施設の活用・共同利用を促進している事例（企業の地域貢献事業との連携やショッピングセンターの活用など）も確認される。但し、このような好例が報告されていながらも、改めて図 12-4 をみると、設立効果の支持が低いレベルに留まっていることは（例：「地域が活性化」はそのポイントが経年的に上がってきているものの未だ 30.5％）、さらなる改善が期待されるところである。

（2）総合型地域スポーツクラブの課題と展望〜持続可能な発展を目指して〜

　これからの地域活性化の仮説的フロー概念（図 12-5 参照）を基に総合型クラブの課題と展望を問いたい。総合型クラブはこの四半世紀で、いろいろな取り組みをなしてきた。つまり、行政からの財政的支援や住民らの知恵による地域資源の見直しといった「資源投入（インプット）」、そこから「組織的活動（アクティビティ）」を継続し、一定の「事業創出（アウトプット）」を図ってきた。そして、それによる「個人的効果（アウトカム）」の報告も多くみられる。これまでは、それらを地域活性化の示す指標として主に活用されていたが、これからの地域活性化は、さらなる波及・派生効果の検証を行う必要がある。つまり、それをここでは、地域的効果（ローカルインパクト）や社会的効果（グローバルインパクト）と言いたい。そこで、改めて図 12-1 を参照すると、総合型クラブの数（アウトプット）やスポーツの実施率（アウトカム）は増えながらも、居住範囲のクラブ加入率は極めて低い推移に留まり続けている（ローカルインパクトは微小であること）。つまり、現在の私たちのスポーツ生活は孤立・無縁に営

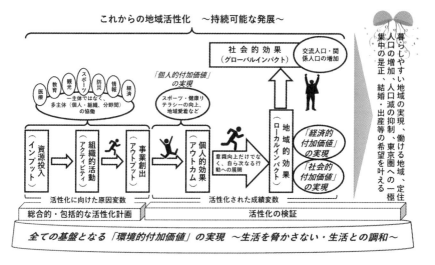

図 12-5　これからの地域活性化の仮説的フロー概念

まれているといっても過言ではなく、これが真に地域生活へ波及効果を及ぼしているかは慎重になる必要がある。また、総合型クラブの社会的支持を高めるためには、当該地域の成果をその中で押し留めず（硬直化・閉鎖性の解消）、地域間の共有や成果の共同発信が出来るようなネットワークの構築も重要となろう。つまり、地域活性化の空間的拡がり（グローバルインパクト）にも期待したいのである。これに関連して牧野は、コミュニティビジネスを事例として①身近な主体との日常的な関係と、②多様な主体との偶発的な関係という二つの関係が重要であると説いている（牧野、2010）。特に後者については、共的セクターに限らない幅広い連携事業を視野に入れるべきとも思われる。

　最後に、今日の総合型クラブの課題として最も懸念されていることは「クラブ運営を担う人材の世代交代・後継者の確保」である注3)。これは、現代社会の理念である「持続可能な発展」とも重なる喫緊の課題となる。持続可能な発展とは、「自然や環境が不可逆的な損失を蒙らない範囲内における経済活動の成果を、社会的衡平、社会福祉・生活の質の向上につなげること」（矢口、2018）と言われている。ここで重要なことは、「持続可能な」という用語を、単に物理的な時間軸だけで捉えないことである。つまり、総合型クラブを長続きさせるだけの近視眼に陥ってはならない。大事なことは、住民の基盤となる日常生活（「環境」に該当）を脅かさない中での発展観によって総合型クラブをマネジメント（「経済」に該当）し、それが住民のスポーツ生活や各種地域内容の発展（「社会」に該当）に資するといった、「環境」－「経済」－「社会」の適切な付加価値連関を具体的に展望・構想することである。

（村田真一）

【注釈】
1）ここで示した NPO とは、その語義の通り「非営利」な組織であるという意味であり、NPO 法人格を取得していない任意団体も含んでいる。「非営利」であることはビジネスとは無関係とする見方もあるがそれは誤解である。事業収益を上げること自体に問題はなく、その収益を構成メンバー等に対して再分配しないという点が重要である（非分配原則）。肝心なことは、経営的・経済的な自立において事業活動を継続的に営む事にある。
2）総合型クラブの推移については「総合型クラブ育成状況調査（2002 年度〜 2019 年度）」を、スポーツ実施率と居住範域のクラブ加入率については「体力・スポーツに関する世論調査（内閣府、2004・2006・2009：文部科学省、2013）」と「スポーツの実施状況等に関する世論調査（スポーツ庁、2019）」を参照し、筆者作成
3）「総合型クラブに関する実態調査結果概要（スポーツ庁）」による「クラブの現在の課題」において、本項目が挙げられて以来（2016 年度調査）、最も高いポイントを示し続けている（ちなみに 2019 年度調査では 75.8％であった）。

【参考文献：初出順】
1) 森岡清志．地域の社会学．有斐閣．2008
2) 大西孝之．スポーツ産業の振興による地域活性化：概念の整理と検討．環境と経営，第 18 巻，97-109. 2012
3) 河合忠彦・高橋伸夫．組織活性化の展望．組織科学，第 26 巻第 3 号，2-6.1992
4) 渡辺保．現代スポーツ産業論．同友館．2005
5) ペストフ．藤田暁男ら訳．福祉社会と市民民主主義．日本経済評論社．2000
6) 細内信孝．シニアによるコミュニティ・ビジネスで持続可能な地域を創る．日本福祉教育・ボランティア学習学会研究紀要，第 29 巻，86-97. 2017
7) 財）日本スポーツクラブ協会．平成 11 年度地域スポーツクラブ実態調査報告書．2000
8) スポーツ庁ホームページ．「総合型地域スポーツクラブの特色ある事例」．https://www.mext.go.jp/sports/content/1380263.pdf（最終確認：令和 2 年 10 月 17 日）
9) 牧野丹奈子．「関係」が「関係」を生むコミュニティビジネス．桃山学院大学総合研究所紀要，第 35 巻第 2 号，55-93. 2010
10) 矢口芳生．持続可能な社会論．農林統計出版．2018

知的障がい者は「障がいの程度と理解力」を見極めることが大切

　知的障がい者は見た目で障がいの有無が分かりにくい人がいる。特に軽度の知的障がい者にはその傾向がある。過去には、パラリンピックシドニー大会で知的障がい者バスケットボールで優勝したスペインチームに健常者が混ざってしまうという不正があり、金メダルが剥奪されただけでなく、パラリンピックの知的障がい者カテゴリそのものが一時停止になるという残念なことが起こった。そのパラリンピックでは、身体障がい者のカテゴリに比べて、知的障がい者はクラス分けが難しいと言われている。何故なら知的障がい者は障がいの程度が競技スキルに直結しないことが多いからだ。私の学校でも重度の生徒が軽度の生徒よりも足が速かったりすることがよく見られる。

　私はここまで 33 年間、知的障がいのある生徒たちに野球型スポーツを指導してきた。その経験から、知的障がい者はパラリンピックのように障がい者だけが参加する大会ばかりではなく、積極的に一般（健常者）の人たちが参加する大会に挑戦していくべきだと考えている。

　私は教師に採用されると、養護学校（現特別支援学校）で知的障がいが軽度の生徒たちにソフトボールを指導した。指導を始めた頃は、自分が右打ちか左打ちか分からない生徒や打った後にピッチャーマウンド方向に走ってしまう生徒が何人もいて、戸惑いながら指導していた。だが私は諦めることなく、その生徒の知的障がいの程度や理解力を把握しながら、ソフトボールのルールや技術をできるだけ分かりやすく指導した。その指導を根気よく続けることで、生徒たちの実力が向上し、都養護学校ソフトボール大会で何度も優勝することができた。さらにその中で意欲の高い生徒は、健常者でも習得が難しいソフトボールのウインドミル投法ができるまでに成長した。私はこの生徒たちにもっと高いレベルでソフトボールを経験させたいと思い、都一般社会人ソフトボール大会で健常者チームへの挑戦を試みた。大会参加当初は大敗続きであったが、その敗因を生徒たちが理解しやすいように映像等で示し、課題を明確にした上で練習を繰り返した。そしてついに指導から 17 年目に念願だった健常者チームから初勝利をあげることができた。

　一方、中度や重度の知的障がいのある生徒たちにはティーボールに参加するように呼びかけている。ティーボールはバッティングティーに載せたウレタン製の柔らかいボールを打つことでゲームが始まる。最近は「どか点ティーボール」なども人気で、打つ、走る、投げるの基本動作だけでゲームに参加できるので、中度や重度の生徒たちにも取り組みやすい。それでも重度の生徒の中には一塁まで走るのが難しい人もいる。そういう生徒も参加しやすくするために、一塁ベースを近くし、ベースに到達したら 1 点を与える。その生徒が守備の時は捕球またはボールに触れただけでアウトにするなどの特別ルールも考案した。このようなルールを健常者にも事前に周知し参加してもらうことで、障がいの有無に関係なく、みんなで一緒にティーボールを楽しめることが可能になった。

　実際に東京都や埼玉県では、特別支援学校を卒業した生徒たちが働いている特例子会社の大会が毎年開催されており、社員（障がい者と健常者）の方たちが一同に会し、レクリエーションスポーツとしてティーボールを楽しんでいる。

　ここまで述べたように、知的障がいが軽度で理解力のある生徒たちは、競技力の向上を目的としたソフトボールで健常者チームに真剣勝負を挑み成果を上げた。またレクリエーションスポーツのティーボールでは、特別ルールを考案し障がい者も健常者も一緒に楽しみながら参加することを促した。参加にあたって指導者が配慮することは、その生徒の知的障がいの程度と理解力をよく見極めることだ。その見極めをしっかりすることで、知的障がい者のスポーツ活動はさらに発展していくに違いない。

都立中野特別支援学校　教諭　久保田 浩司

第四部　トップスポーツビジネス

第 13 章　現代のスポーツイベント

はじめに

　日本のスポーツ界は、2019年から2021年にかけての3年間をスポーツゴールデンイヤーズ（ラグビーワールドカップ2019日本大会、オリンピック・パラリンピック2020東京大会、2021関西ワールドマスターズゲーム等の世界的な大会が連続して行われる期間）と位置づけて、スポーツビジネスの好機として捉えている。

　2020年の新型コロナウィルスの世界的な流行により、オリンピック・パラリンピックは延期となり、世界的なイベントの開催によるインバウンドの誘致は足踏み状態となったが、アフターコロナとして、新しい生活様式でのスポーツイベントの開催が期待される。

1. スポーツイベントの分類

　一般社団法人日本イベント産業振興協会（以下、JACE）は、イベント消費規模推計のためにスポーツイベントをカテゴリー別に分類している。（表13-1）

　この分類によると、プロ野球、Jリーグ、大相撲などの定期的に行われる試合は、興行イベントに分類されており、スポーツイベントに含まれていないが、広義で捉えれば、これらもスポーツイベントの一つと考えるこ

表13-1 『市場規模推計結果』におけるイベントのカテゴリー分類

スポーツイベント	1）国や日本スポーツ協会の主催する競技大会
	2）自治体や諸団体が主導するスポーツイベント全般
	3）民間諸団体または企業をスポンサーとするスポーツイベント全般
	4）プロスポーツチーム等の開催するイベント性の高い催し
	5）その他スポーツをテーマとしたイベント
興行イベント	1）プロのアーティスト等による音楽イベント、ライブ
	2）プロスポーツの定期的に行われる試合
	3）公営競技主催のレース、イベント

出所：一般社団法人日本イベント産業振興協会　2019年イベント市場規模推計報告書より抜粋

とができる。

また、『スポーツ白書2014 (笹川財団)』では、「競技水準」「開催種目数」「大会規模 (レベル)」によってスポーツイベントを分類している。

「競技水準」は、「プロ・エリートスポーツイベント」と「生涯スポーツ

表13-2　スポーツイベントの分類と大会例

		プロ・エリートスポーツイベント	
		総合種目開催型	単一種目開催型
大会規模	国際レベル	オリンピック パラリンピック ユニバーシアード ワールドゲームズ	FIFAワールドカップ ラグビーワールドカップ 世界陸上競技選手権 世界水泳選手権
	複数国レベル	アジア競技大会 パン・パシフィック選手権 アジアパラ競技大会 アフリカ競技大会	東アジア女子サッカー選手権 四大陸フィギュアスケート選手権 ヨーロッパ水泳選手権 日中韓3か国交流陸上
	全国レベル	国民体育大会 全国高等学校総合体育大会 全国中学校体育大会	日本陸上競技選手権大会 日本ラグビーフットボール選手権大会 全日本大学駅伝対校選手権大会 全国高等学校野球選手権大会
	地域レベル	国民体育大会予選 全国高等学校総合体育大会予選 全国中学校体育大会予選	九州陸上競技選手権大会 地区インターカレッジ 東京箱根間往復大学駅伝競走 関東大学ラグビーリーグ

		生涯スポーツイベント	
		総合種目開催型	単一種目開催型
大会規模	国際レベル	ワールドマスターズゲームズ スペシャルオリンピックス 世界移植者スポーツ大会	東京マラソン キンボールスポーツワールドカップ 世界マスターズ柔道選手権 世界マスターズ水泳選手権
	複数国レベル	国際チャレンジデー パンパシフィック・マスターズゲーム アジア太平洋ろう者スポーツ大会	アジアベテランズロード選手権 アジアマスターズ陸上競技選手権大会 日韓親善トライアスロン 日豪親善ジュニアゴルフ大会
	全国レベル	ねんりんピック 全国障害者スポーツ大会 全国スポーツ・レクリエーション祭 日本スポーツマスターズ	日本スリーデーマーチ 湘南オープンウォータースイミング 全日本世代交流ゲートボール大会 全国ママさんバレーボール大会
	地域レベル	都市間交流スポーツ大会 県スポーツレクリエーション祭 都民体育大会	九州少年ラグビー交歓会 シルバー太極拳近畿交流大会 市民スポーツ大会 (各種)

『スポーツ白書2014』笹川スポーツ財団より作成

イベント」に、「開催種目数」は、複数競技を行う「総合種目開催型」と一つの競技を開催する「単一種目開催型」に、「大会規模」は、「国際レベル」「複数国レベル」「全国レベル」「地域レベル」に分類している。（表13-2）

このほかに、近年ではファンラン（fun running の略称）と呼ばれるカテゴリーのスポーツイベントがあり、タイム計測などをせず、楽しみながら走ることを目的として、泡にまみれながら走ったり、カラーパウダーを浴びながら走ったり、スイーツを食べながら走ったりしている。

環境教育の一環として、ゴミ拾いをスポーツ化し競技として行っているイベントもある。

さらにはテレビ（コンピュータ）ゲームを競技スポーツとして捉えたeスポーツ（エレクトロニック・スポーツの略称）も高額賞金がかけられ、世界規模の大会が行われるようになっている。

スポーツイベントは、様々な形で分類されているが、時代背景や環境の変化、参加者のニーズによってますます多様化してきている。

2．スポーツイベントの巨大化

『2019年イベント消費規模推計報告書』（JACE,2020）によると、カテゴリー別では消費規模の大きい順に、興行イベント／6兆1,156億円、フェスティバル／2兆7,060億円、スポーツイベント／2兆4,339億円、文化イベント／2兆3,845億円、会議イベント／2兆2,329億円、見本市・展示会／1兆672億円、販促イベント／5,358億円、博覧会／131億円の順であった（図13-1）。スポーツイベントは前年比の149.1％で、「ラグビーワールドカップ2019」はじめ、市民参加の都市型マラソン大会などでの消費が多かった。

今日、スポーツイベントがビジネスとして注目され、オリンピックやFIFAワールドカップなどの「メガスポーツイベント」と呼ばれるような巨大化したスポーツイベントが開催されている。

そのきっかけとなったのが、1984年オリンピック競技大会ロサンゼルス大会（以下ロサンゼルスオリンピック）である。このロサンゼルスオリンピックは、史上初の税金が使われていない民営化されたオリンピックと

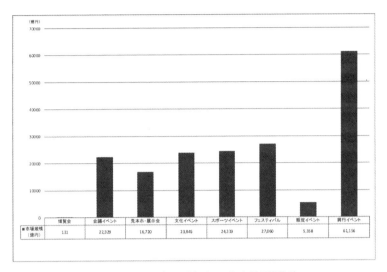

図 13-1　2019 年の国内イベント市場規模推計

2019 年イベント市場規模推計報告書をもとに作成（一般社団法人日本イベント産業振興協会 2020）

して知られている。大会組織委員長のピーター・ユベロスの経営手腕が、それまで赤字続きだったオリンピックの運営を黒字転換に導いたとされているが、その代表的なものとしては、（1）前払い入場券の導入、（2）放映権料の設定、（3）オフィシャルスポンサー／サプライヤー制度の導入、（4）商品化権料の設定などが挙げられる。さらに、徹底的に支出を抑えたことも成功の要因とされている。

　ロサンゼルスオリンピックを成功事例として、他のメガスポーツイベントにおいても、これらの手法が取り入れられるようになった。

（1）前払い入場券

　スポーツイベントにおける入場料収入は、基礎的な収入源となる。ロサンゼルスオリンピックでは、大会の 1 年以上前から郵送によるチケットの申込を受け付け、前払い金によって収入を確保する方法をとった。またその収入を銀行に預けることで金利を得ることができた。ロサンゼルスオリンピックの入場料収入は史上最高額の約 1 億 4000 万ドルで、大会運営の

ための貴重な財源となった。

　他のスポーツイベントにおいても入場券を事前に販売することが多くなってきている。前払い入場券導入により大会の予算が組み立てやすくなった一方で、入場券の価値が高騰している現状もあり、その結果、転売や違法販売などが社会問題となるスポーツイベントも増えてきている。

（2）放映権料の設定

　ロサンゼルスオリンピックの放映権料の特徴的な点としてはいくつか挙げられるが、まず米国向けのテレビ放映権料を決める際に競争入札を初めて行った点である。ビジネスとしては当たり前のように行われている方法であり、このことで、いちばん条件のよい局との契約する運びとなるが、さらにユベロスの手法として斬新なのは、テレビ局のＣＭ収入の可能性を独自に調査し、入札最低価格の2億ドルを算出し、提示したことであった。その結果、米国ABCが放映権料を2億2500万ドルで落札したのをはじめとして、世界中から2億8000万ドルの放映権料を集めた。このことは、現在のスポーツイベントにおける放映権料高騰のきっかけをつくったと言われている。

（3）オフィシャルスポンサー／サプライヤー制度の導入

　ロサンゼルスオリンピックでは、企業とのスポンサー契約を「1業種1社」に限定して、オフィシャルスポンサーの価値を高めるという方策をとった。このことで業界唯一の公式スポンサーという価値が生まれ、高額契約が可能となった。

　現在では、他のスポーツイベントにおいても「1業種1社」の考え方は、標準的なスタイルとして確立されている。

（4）商品化権料の設定

　1972年のミュンヘンオリンピックでは、すでに大会エンブレムの商業的活用や大会マスコットの販売などが行われていた。商品化権料とは、企業が大会の公式マスコットやロゴマークを使用して商品を作り販売する権利のことであり、この権利を得るために企業が主催者に商品化権料を支払う仕組みである。この仕組みをロサンゼルスオリンピックでも活用し、地元企業を中心とした企業が契約を結び売上の10％を組織委員会に納めた。

3. スポーツイベントの目的と評価

　スポーツイベントを評価する際に、単に「運営が滞りなくできた」や「赤字にならなかった」では、評価できているとは言えない。イベントとは、「何らかの目的を達成する手段として行われる行催事」（JACE,2008）であり、「目的」を達成できたかを評価することが重要である。一つのイベントであっても立場によって「目的」は様々である。スポーツイベントでは、「主催者」「制作者」「参加者（みる・する）」の三者に大別できる。メガスポーツイベントの場合で考えると以下のようになる（図 13-2）。スポーツイベントの評価を考える際に、この三者の立場で評価を行うことが重要である。

　とりわけ、ビジネスという視点で考えると主催者や制作者の側面での評価が大きく取り上げられがちだが、参加者であるアスリートは最高の舞台で、パフォーマンス発揮を行うために日々厳しい練習を行っている。最近では、アスリート（アスリートがパフォーマンスを発揮できる環境）を第一に考えた運営、「アスリートファースト」という考え方が注目されてき

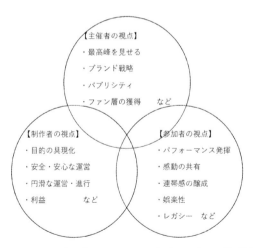

図 13-2　メガスポーツイベントにおける三者の目的（例）
『チカラ解き放てスポーツイベントで社会を元気に』一般社団法人日本イベント産業振興協会（2014）を参考に作図

ている。アスリートが最高のパフォーマンスを発揮することは、メガスポーツイベントにとって最大のアピールになることは言うまでもない。しかしながら、この三者の立場は、しばしばトレードオフの関係になる。もちろん十分な運営資金がなければ、十分なイベントが開催できないし、また安全で円滑な運営ができなければ、アスリートがパフォーマンスを発揮することはできない。そういった意味で、いずれか一方の「目的」が達成されるのではなく、三者のそれぞれの「目的」が達成され、高評価となるスポーツイベントが望まれる。

4. スポーツイベントの周辺サービス

　メガスポーツイベントを始めとした、プロ・エリートスポーツイベントにおいては、スポーツイベントに興味がある観戦者はもちろん、多くの人々が楽しめる工夫がなされている。それは、前述のように入場料収入が運営のための基礎的な収入源であり、スタジアムに足を運ぶ人を増やすことが、財源確保につながるからである。応援しているチームや個人が勝つことができなくても、楽しむことができ、また来場したいという周辺サービスは欠かせないものとなっている。

（1）観戦環境の整備

　競技種目によって様々であるが、スポーツイベントの観戦者は、会場の中で長時間過ごすことが多い。そのため、いかに観戦者の満足度の高いサービスや快適な環境を整えることができるかが、ファンやリピーターの獲得という視点からも重要となる。

　プロ野球のスタジアムを例に取ると、ほぼグラウンドと同じ高さで、フィールドのすぐ近くにあり、防球ネットも無いような座席から、くつろぎながら観戦できるソファタイプの座席、家族で楽しめるように区画の仕切られたファミリーシート、比較的低価格で楽しむことのできる立見席（エリア）などの座席があり、様々なターゲット層に合わせて展開している。

　食事についても、スタジアム内のコンコースに何種類もの店舗が並び、飽きが来ないような工夫がなされている。またビュッフェスタイルで食事を楽しみながら観戦できるシートやバーベキューを楽しめる席もある。

（2）SNS の活用と情報提供

　2012 年のロンドンオリンピックでは、アスリートを含む現場関係者が自分の責任の範囲内でインターネットを自由に利用することができ、会場のインターネット環境も整備され、初のソーシャルメディア五輪として注目された。観戦者は、試合観戦やテレビ中継を見ながらスマートフォンやタブレットで情報交換を行う「ソーシャルビューイング」と呼ばれる観戦スタイル、視聴スタイルが増えている。主催者や企業、プロスポーツチームなども公式のアカウントを作成し、ファンやコミュニティへの情報発信やコミュニケーションツール、さらにはマーケティングツールとして活用している。

（3）会場演出

　プロ野球やJリーグなどの試合においては、スタジアムをエンターテイメント空間にするための工夫がされている。まず会場の外では応援歌やテーマソングなどの音楽が流れ、スタジアムへ入る前に自然とワクワク感をつのらせる。開場時間まで退屈しないようにスタジアム外でも様々なイベントが行われている。スタジアムに入るとチームマスコットの出迎えや、チアガールなどのパフォーマンスショー、スタジアム DJ による盛り上げなどがある。試合後もヒーローインタビューが行われる。会場によっては、花火が上がるなどの演出があり、非日常性を感じる空間となっている。

（4）パブリックビューイング

　パブリックビューイングとは、スタジアムやホール、映画館などの大型映像装置を使って、別の場所で行われているスポーツイベントを LIVE で観戦するイベントである。パブリックビューイングが一躍有名になったのは、2002 年 FIFA ワールドカップ日韓開催である。この時には、国立競技場などの試合が行われていない会場に、有料で観客を集め大型映像で試合中継を流した。現在では、海外で行われる国際試合や本拠地以外での開催試合のパブリックビューイングを行うことが多いようである。その場で試合が行われていなくても、同じ時間、同じ空間で応援し、感動を共有することが、パブリックビューイングの醍醐味であり、イベントの目的となっている。

　　　　　　　　　　　　　　　　　　　　　　　　　　　　（長野史尚）

【参考文献】

1) 日本イベント産業振興協会 .2019 年イベント市場規模推計報告書 . 東京：一般社団法人日本イベント産業振興協会 .2020 年 6 月

2) 日本イベント産業振興協会 . スポーツイベントで社会を元気に . 改訂版 . 東京：一般社団法人日本イベント産業振興協会 .2014

3) 日本イベント産業振興協会イベントの基礎知識ーその形態・役割・仕組みと作り方 . 東京：日本イベント産業振興協会 .2004

4) 笹川スポーツ財団 . スポーツ白書 . 東京：笹川スポーツ財団 .2012

5) 佐野昌行 , 黒田次郎 , 遠藤利文 . 図表で見るスポーツビジネス . 東京：叢文社 .2014

6) 黒田次郎 , 遠藤利文 . スポーツビジネス概論 . 東京：叢文社 .2012

7) 小川勝 . オリンピックと商業主義 . 東京：集英社 .2012

8) マイケル・ペイン著 , 保科京子 , 本間恵子 . オリンピックはなぜ、世界最大イベントに成長したのか . 東京：サンクチュアリ出版 .2008

9) 上条典夫 . スポーツ経済効果で元気になった街と国 . 東京：講談社 .2008

10) 広瀬一郎 . スポーツ・マネジメント入門 . 東京：経済新報社 .2005

11) 渡辺保 . 現代スポーツ産業論 . 東京：同友館 .2004

12) 原田宗彦 . スポーツイベントの経済学 . 東京：平凡社 .2002

13) 廣畑成志 . コンセプトはアスリートファースト オリンピック・パラリンピック 「2020 東京」. 東京：杜の泉社 .2015

14) 野々下裕子 . ロンドン五輪でソーシャルメディアはどう使われたのか . 東京：株式会社インプレス R ＆ D .2012

15) 黒田次郎 , 石塚大輔 , 萩原悟一 . スポーツビジネス概論 2. 東京：叢文社 .2016

第 14 章　プロスポーツの経営

1. 日本のプロスポーツの現状

　プロスポーツとは、プロフェッショナル・スポーツ（Professional Sports）の略語で、競技や演技をすることによって報酬が得られ、生活の手段となっている職業スポーツのことを意味する（日本語大辞典、1992）。

　(財)日本プロスポーツ協会にはサッカー、ゴルフ、ボーリング、ダンスなど13のプロスポーツ団体が加盟している（令和2年4月1日現在）。(表14-1)

　プロスポーツは、職業としてのスポーツのことで、生計のための報酬を得ることを目的としたスポーツである。これは次の3つに分類することができる。

(1) 観客の入場料、放映権（テレビ・ラジオ等）、スポンサーシップなどを財源に、チームやクラブ、財団などから契約金や報酬を受け取るプロ野球、サッカー、大相撲、ボクシングなど。

表14-1　日本プロスポーツ協会加盟の団体

競　技	団体名	設立年
ゴルフ	公益社団法人日本プロゴルフ協会	1957
	一般社団法人日本女子プロゴルフ協会	1967
サッカー	公益社団法人日本プロサッカーリーグ	1991
ボクシング	日本プロボクシング協会	1976
ボウリング	公益社団法人日本プロボウリング協会	1967
ダンス	公益社団法人日本ダンス議会	1996
フォーミュラ・カーレース	株式会社レースプロモーション	1995
キックボクシング	新日本キックボクシング協会	1997
競馬	特殊法人日本中央競馬会	1954
	地方共同法人地方競馬全国協会	1962
競輪	公益財団法人JKA	1948
オートレース	公益社団法人JKA	1950
ボートレース	一般財団法人日本モーターボート競争会	1951

（日本プロスポーツ協会資料より作成）

(2) 観客の投機によって報酬を得る公営ギャンブル（競馬、競輪、競艇、オートレース）。

(3) スポンサーの賞金やレッスンによる指導料、また企業との契約金などによって報酬を得るゴルフやテニス、ボウリングなどの個人競技。

　これらはスポーツをビジネスとして行うもので、「試合」を商品として消費者に提供し、その対価として収入を得るものである。

　同じタイプのスポーツであっても、成り立ちや運営形態などは大きく異なり、プロ野球とサッカーでも、その違いは顕著だ。

　プロスポーツの雄として長らく国民に親しまれてきたプロ野球は、1936（昭和11）年に現在の日本野球機構（NPB）の前進である日本職業野球連盟が誕生。1949（昭和24）年には現在の2リーグ制がスタートした。各球団ともに「企業の広告塔」の色合いが強く、1949年に誕生した広島カープ（1968《昭和43》年に現在の広島東洋カープに改称）、1992（平成4）年11月に名称変更した横浜ベイスターズなどの例を除き、チーム名には親会社の企業名が冠される。これは、1954（昭和29）年に国税庁が通達した「職業野球団に対して支出した広告宣伝費等の取扱について」で、球団の赤字を親会社の広告宣伝費として処理できるようになったこともその背景にある。

　ただ、1990（平成2）年代初頭のバブル経済の崩壊以降は、各親会社ともに広告宣伝費の見直しを迫られるようになった。1988（昭和63）年の球団買収を機に福岡へ移転し成功を収めた福岡ダイエー（現福岡ソフトバンク）を皮切りに、ロッテの千葉移転、日本ハムの北海道移転など、パ・リーグの球団が積極的に地域密着型の球団運営にシフトし、収益構造を改善させたのは危機感の裏返しとも言える。そのパ・リーグは2007（平成19）年に球団の垣根を越えてパシフィックリーグマーケティング株式会社（PLM）を設立。6球団共同でのイベント実施やチケット販売、スポンサーの獲得などにも力を入れている。(表14-2)

　その結果、ここ数年は観客動員数も横ばいか微増傾向にある。ただし、広島東洋カープのように女性をターゲットとしたマーケティング展開に成功し、ファンを対象に観戦ツアーを実施するなどして、「カープ女子」ブ

表14-2　プロ野球球団観客動員数

団 体 名	観客動員数（万人）		
	2017年	2018年	2019年
読売ジャイアンツ	2,958	3,002	3,027
横浜 DeNA ベイスターズ	1,979	2,027	2,283
阪神タイガース	3,034	2,898	3,091
広島東洋カープ	2,177	2,232	2,223
中日ドラゴンズ	2,010	2,146	2,285
東京ヤクルトスワローズ	1,862	1,927	1,955
北海道日本ハムファイターズ	2,086	1,968	1,970
東北楽天ゴールデンイーグルス	1,770	1,726	1,821
埼玉西武ライオンズ	1,673	1,763	1,821
千葉ロッテマリーンズ	1,450	1,665	1,665
オリックス・バッファローズ	1,608	1,625	1,733
福岡ソフトバンクホークス	2,526	2,566	2,656

（日本野球機構（NPB）オフィシャルサイトより作成）

ームさえ巻き起こしている球団もあり、これによって広島東洋カープは観客動員数を2000年代前半と比べ大きく伸ばしている。

　横浜 DeNA ベイスターズも、観客動員数を大きく伸ばした球団のひとつである。オーナー会社の変更から5年間で75.9％もの増加となり、座席稼働率も93.3％と球団記録を更新している。

　さらに新しい試みとして、2016年からはインターネットテレビでベイスターズ主催の全ゲームを見られるようにし、全国どこからでも試合が見られるようになり、ICT技術を駆使した観客動員数の増加を模索している。

　一方、プロスポーツとしては後発で1993（平成5）年に10クラブでスタートしたJリーグ（日本プロサッカーリーグ）は、運営形態において先発のプロ野球とは大きく異なる。日本サッカー協会の加盟団体の一つであるJリーグは、チーム名から企業名を排し、地域社会と密着したホームタウン制を導入しているほか、放映権やライセンス商品などの権利をリーグ側が管理（業務を行なうのは関連法人）し、オフィシャルスポンサー料などとともにその収益は各クラブに分配される。1999（平成11）年には

J1 が 16 クラブ、J2 が 10 クラブで 2 部制が導入され、2005 年には 2 ステージ制から 1 ステージ制に移行。さらに 2014 年からは J3 が新設され、2015 年からは J1 が 18、J2 が 22、J3 が 12 の各クラブとなり、再び 1 リーグ制から 2 リーグ制に移行している。

　一方、野球では 2011（平成 23）年 10 月には、プロ野球のオーナー会議で国際大会に参加する日本代表チームの常設化が決定している。NBP の加藤良三コミッショナーは記者会見で、「選手に喜び、子供に目標と夢を与え、競技人口の確保・拡大を図る」とコメントしているが、そもそも NBP が赤字財政にあえいでいる上、オリンピックでは 2008（平成 20）年の北京大会を最後に正式種目から除外されてしまった。

　2021（令和 3）年の東京大会では、開催都市に追加競技・種目の提案権が与えられているため、大会組織委員会は野球やソフトボール、空手など 5 競技 18 種目の追加を国際オリンピック委員会に提案して決定している。

　ワールド・ベースボール・クラシック（WBC）では、日本の連覇で湧いた第 3 回大会（2013 年）で収益金の分配を巡って主催者側と合意に至っておらず、船出の前から前途多難の状況に追い込まれている。

　企業のサポートによって運営されるプロスポーツには、景気や社会情勢によって左右されるという側面もある。1990 年代初頭のバブル崩壊の余波が直撃したプロゴルフは、その典型と言えよう。それまで年間 40 試合以上もあった男子トーナメント数は、景気の後退と歩調を併せて減少。2007（平成 19）年には年間 24 試合まで減った。トーナメント会場に足を運ぶギャラリーやテレビ視聴率も振るわないのだから、スポンサーが離れていくのも当然だった。

　その現象に歯止めをかけたのが、2007（平成 19）年に史上最年少優勝を飾った当時 15 歳 8 か月の石川遼だ。翌年には現役高校生のままプロ転向し、獲得賞金 1 億円突破を達成している。

　さらに 2008（平成 20）年には全国高等学校ゴルフ選手権大会で優勝した松山英樹が、2010（平成 22）年に大学生のままアジアアマチュアゴルフ選手権で優勝。松山は 2016（平成 28）年には世界ゴルフ選手権を制し

て世界のトップ5に入り、翌2017（平成29）年には世界ランキング2位にまで浮上している。

　これらの人気選手の出現によって活況を呈する傾向は、女子ゴルフ界でも同様だ。2003（平成15）年に当時高校生だった宮里藍が「ミヤギテレビ杯ダンロップ女子オープン」を制し、同時期に古閑美保や横峯さくら、諸見里しのぶ、上田桃子、有村智恵といった人気と実力を兼ね備えた選手が台頭した相乗効果で大いに注目を集めた。2019（令和1）年には渋野日向子がAIG全英女子オープンで、日本人選手として42年ぶりの海外メジャー優勝を果たし、女子ゴルフ界を大きく盛り上げている。

　ただし、このような選手の人気に左右される状況は、危険な兆候とも言える。2011（平成23）年には石川遼が予選落ちすると、決勝ラウンドのギャラリーが激減する傾向が顕著に表れている。逆に、松山英樹の活躍や渋野日向子の登場で、プロゴルフ人気も少し盛り返してきている。2019（令和1）年に日本開催となったPGAツアーでは、初日1万8536人、4日目に2万2678人（2日目は雨で中止、3日目は無観客試合）と多くのギャラリーを集めている。また渋野日向子が出る試合は、勝っても負けても数字が獲れると人気で、全英女子オープン優勝後に行われた北海道での凱旋試合は、通常5～6％の視聴率のところ8.7％を記録している。個人の人気に大きく左右される現象は、ビジネスとしては改善していく必要があるだろう。

　国技として認知されている大相撲も変革期を迎えている。力士暴行死事件や八百長問題など不祥事が続いた角界では、観客動員数が2011（平成23）年には両国国技館のワースト記録を更新するほど低迷した。この年を底に翌年から動員数も徐々に回復し、2015（平成27）年の名古屋場所ではチケットの売上が前年の35%増となった。ここ20年ほど、ハワイやモンゴル出身の外国人力士の活躍が目立っていたが、最近では貴景勝、朝乃山、正代、炎鵬などの日本人力士の活躍で、人気に回復の兆しも出てきている。とくに「相撲女子」という言葉も生まれるほど女性ファンも増え、今後の展開も注目されている。

　2014（平成26）年の全米オープンで準優勝し、2015（平成27）年に

は世界ランキング4位に入った錦織圭は、2016（平成28）年にはリオデジャネイロ五輪で銅メダルを獲得。さらに全米オープンベスト4、年間勝利数世界3位といった活躍で、プロテニスの急激な人気に貢献している。

テニスには国際テニス連盟（ITF）が定める「世界4大大会」がある。ウィンブルドン選手権、全米オープン、全仏オープン、全豪オープンの4大会で、選手たちはこの4大会を目指して世界各国のツアーを転戦する。

錦織は最初からこの4大会に出てきて、一気にランキングを駆け上った。さらにグランドスラムに次ぐ格付けのATPワールドツアー・マスターズ1000では3度準優勝しており、CMやグッズ販売ばかりでなく、試合がゴールデン帯に中継されるほど国内外で人気を得ている。

女子プロテニスでは、2018年と2020年の全米オープン、2019年の全豪オープンで優勝した大坂なおみが、世界的にも大きく注目を集めている。日本人初のグランドスラムシングルス優勝者で、男女を通じてアジア初の世界ランキング1位となり、プライベートの挙動まで注目されている。今後数年間は、大坂は世界の女子プロテニスを牽引するプレーヤーといえる。

2. 欧米のプロスポーツ

日本のプロ野球や大相撲が「興行」であるのに対し、アメリカが誇る4大プロスポーツ、ナショナル・フットボール・リーグ（以下NFL）、メジャー・リーグ・ベースボール（以下MLB）、ナショナル・バスケットボール・アソシエーション（以下NBA）、ナショナル・ホッケー・リーグ（以下NHL）はプロスポーツビジネスの「産業」としての地位を確立している。

北米の各リーグ平均入場者数をみると、プロ野球では日本と北米とで大きな違いはないが、他のプロスポーツを比較してみると、売り上げでは日本はアメリカに大きく差をつけられており、北米プロスポーツリーグの集客力の高さが際立っている。(表14-3)

4大プロスポーツのなかでも最も古いのがMLBで、1876年に設立されたナショナルリーグが1901年にアメリカンリーグと共同事業機構となり、MLBが設立されている。100年以上の歴史を有しており、それだけ

表14-3 北米スポーツと主な日本のプロスポーツの概要

リーグ名	創設年度	球団数	シーズン試合数	売り上げ (10億ドル)	1試合平均入場者数
NFL	1920	32	16	15.6	67,100
MLB	1869	30	162	10.0	28,652
NBA	1946	30	82	7.6	17,987
NHL	1917	31	82	5.2	17,446
プロ野球 (NPB)	1936	12	143	1.64	29,785
Jリーグ (J1)	1933	18	34	0.78	19,079

（スポーツの経済学から作成）

に野球は国民的娯楽と称され、国技的に扱われてもいる。

1917年にはNHLが、1922年にはNFLが、そして1946年にはNBAが設立され、現在の4大プロスポーツが揃った。

4大プロスポーツは、MLB、NBAが30チーム、NHLが31チーム、NFLが32チーム、合わせて123チームの規模となるが、それぞれのチームは比較的人口の多い都市に偏在している。これは集客力や協賛企業の確保に役立っており、スポーツ観戦に対する国民の消費意欲を満たし、これがプロスポーツをビジネスとして支えていると考えていいだろう。

これらの4大プロスポーツだけでなく、北米ではサッカーのMLS（Major League Soccer）、ラクロスのNLL（National Lacrosse League）、ビーチバレーのAVP（Association of Volleyball Professionals）、女子バスケットボールのWNBA（Women National Basketball Association）、女子サッカーのNWSL（National Women's Soccer League）といったプロリーグもある。

さらに男子ゴルフのマスターズ、テニスの全米オープンといった世界的にも注目を集める個人競技の賞金大会が開かれるなど、プロスポーツが大きな産業に成長している。(表14-4)

2020（令和2）年7月に、米経済誌フォーブスが発表した世界のプロ

表 14-4　世界のプロスポーツチームの資産価値

	チーム	分類	価値（ドル）
1	ダラス・カウボーイズ	NFL	55億
2	ニューヨーク・ヤンキース	MLB	50億
3	ニューヨーク・ニックス	NBA	46億
4	ロサンゼルス・レイカーズ	NBA	44億
5	ゴールデンステイト・ウォリアーズ	NBA	43億
6	レアル・マドリード	サッカー	42億4000万
7	ニューイングランド・ペイトリオッツ	NFL	41億
8	FC バルセロナ	サッカー	40億2000万
9	ニューヨーク・ジャイアンツ	NFL	39億
10	マンチェスター・ユナイテッド	サッカー	38億1000万

（https://forbesjapan.com/articles/detail/36208　を基に作成）

スポーツチームの資産価値ランキングでは、1位がアメリカンフットボールリーグNFLのダラス・カウボーイズで、その資産価値は55億ドル（約5800億円）となっている。2位は田中将大投手も所属する米大リーグヤンキースの50億ドル。次いで3位がNBAのニューヨーク・ニックスと続いていた。

　日本のプロスポーツチームの資産価値は発表されていないが、過去のプロ野球チームの買収価格から推測すれば、プロ野球チームでだいたい100〜300億円といったところだろう。

　一方、サッカーでは2011（平成23）年に各クラブの総資産と純資産が発表されたことがあり、このとき1位だったのが鹿島で15億8000万円、2位が柏で9億8000万円だった。

　ヨーロッパのクラブ、たとえばレアル・マドリードやFC バルセロナ、マンチェスター・ユナイテッドといったチームが、いずれも4000億円を超えているのと比較すれば、やはり日本のクラブは2桁、つまり100分の1以下の資産価値しかないことになる。

　このヨーロッパでは人気、経済規模ともに群を抜いているのがサッカーだ。世界的な監査法人であるデロイトの「デロイト・フットボール・マネー・リーグ2020」によれば、2018/2019年シーズンの各クラブの収益は、

表 14-5 ヨーロッパ・サッカークラブ総収入ベスト 10

	チーム	リーグ		価値
1	FC バルセロナ	スペイン	リーガエスパニョーラ	1,032
2	レアル・マドリード	スペイン	リーガエスパニョーラ	930
3	マンチェスター・ユナイテッド	イギリス	プレミアリーグ	874
4	バイエルン・ミュンヘン	ドイツ	ブンデスリーガ	810
5	パリ・サンジェルマン	フランス	リーグアン	781
6	マンチェスター・シティ	イギリス	プレミアリーグ	750
7	リバプール	イギリス	プレミアリーグ	742
8	トッテナム・ホットスパー	イギリス	プレミアリーグ	640
9	チェルシー・FC	イギリス	プレミアリーグ	630
10	ユベントス	イタリア	セリエ A	564

(Deloitte Football Money League 2020　を基に作成)

1 位が FC バルセロナの 8.5 億ユーロ（約 1032 億円）だった。1899 年のクラブ創設以来初の首位で、全クラブ中で 8 億ユーロを突破した初のクラブとなった。

前年トップだったレアル・マドリードは、バルセロナの後塵を拝して 2 位に、3 位にはマンチェスター・ユナイテッドが入っている。

これらのリーグの上位 20 クラブの総収益は 93 億ユーロ（約 1 兆 1420 億円）で、そのうち 44％が放映権、40％が商業活動、16％が試合の収益になる。ランキングは、イングランド、フランス、ドイツ、イタリア、スペインのいわゆる欧州 5 大リーグ所属のクラブによって支配されており、その傾向が近年になるほど色濃く、結果的に分極化してきていることがわかる。(表 14-5)

3. プロスポーツの現状と課題

日本と欧米のプロスポーツをビジネスという観点から比較してきたが、ビジネスの規模でいえばまだまだ日本のプロスポーツの市場は開拓の余地がある。

プロスポーツ・ビジネスというのは、基本的には実力や人気のある選手

を多く抱えることで、収益を増大させていくという構造になっている。実力や人気のある選手、チームが試合に勝つことで、ファンやサポーターが増え、試合での入場料や物販、あるいはスタジアム関連の収益が増加する。これに伴ってメディアへの露出が増え、スポンサー数も増え、結果的に入場料収入等の増加に結びつく。プロスポーツ・ビジネスというのは、このように比較的シンプルな構造になっているのである。

　確かに日本の場合、プロ野球やゴルフの放送権料が減少しているが、インターネットの映像コンテンツのように急激に視聴が増加している分野もある。また、2020年から始まった第5世代移動通信システム（5G）を使い、試合内容をどの角度からも観られるようにした観戦システムが試験的に導入されているが、ICTを活用することでまだ収益を増大させられる可能性がある。

　プロ野球やサッカー、相撲といった既存プロスポーツだけでなく、プロスポーツ競技そのものの変革も考えられる。たとえばeスポーツだ。eスポーツというのはエレクトロニック・スポーツ（electronic sports）の略で、コンピューターゲームをスポーツ競技と捉え、チームや個人でゲームの対戦などを行うことで勝敗を決めるものである。

　すでにeスポーツの大規模な国際大会なども開かれており、将来的にはオリンピック競技として取り入れようという動きもある。eスポーツのプロ選手やプロチームも出現しており、このまま成長すればスポーツビジネス産業の一角を担う分野になるとも期待されている。

　大会の開催や放映権といった収益だけでなく、周辺機器メーカーからのスポンサー費やグッズの販売、さらに対戦をインターネットなどで放映することで観戦料や放送権のような利益も考えられる。そのために今後はプロのゲーム競技者を育成することも必要だろう。

　2021年の東京オリンピック開催に向け、東京とその周辺都市では国際標準の施設が整備されつつある。これらのスポーツ・インフラの整備と、オリンピック後の活用、さらにICTの積極的な活用次第では、プロスポーツビジネスは今後も高い成長産業となると期待されているのである。

（黒田次郎）

【参考文献】

1) 日本語大辞典、1992
2) 原田宗彦編『スポーツ産業論第 5 版』大修館書店、2011
3) 原田宗彦・小笠原悦子編『スポーツマネジメント』大修館書店、2008
4) Scott R. Rosner, Kenneth L. Shropshire The Business of Sports second edition, Jones & Bartlett Learning, 2011
5) The Asahi Shimbun Globe『The Business of Baseball』2011 年 9 月 4 日号
6) Bernard J. Mullin, Stephen Hardy. William A. Sutton Sport Marketing third edition, 2007
7) Jeanrenaud, C.,& Kesanne, S(1999)Competition policy in professionnal sport: Europe after the Bosman case. Brussells, Germnany: Standard Editions.
8) Buger, Jone D., Walters, Stephen J.K(2005) Arbitrator bias and self-interest: Lessons from the baseball labor market. Journal of Labor Research,26(2), 267-280
9) 黒田次郎、他著『スポーツビジネスの動向とカラクリがよーくわかる本』秀和システム、2010
10) 産経新聞『C リーグと MLB の新たな関係』2011 年 9 月 26 日〜 10 月 1 日「独立リーグの現状・第 5 部」(1) 〜 (6)
11) 週刊東洋経済『スポーツビジネス徹底解明』2010 年 5 月 15 日号
12) 大坪正則編著『プロスポーツ経営の実務—収入増大の理論と実践』創文企画、2011
13) 岡田功『メジャーリーグなぜ「儲かる」』集英社、2011
14) 鈴木友則『勝負は試合前についている！米国流スポーツビジネス流「顧客志向」7 つの戦略』日経 BP、2011
15) 大野貴司『スポーツマーケティング入門—理論とケース—』三恵社、2011
16) 日本スポーツマネジメント学会編『スポーツマネジメントを科学する日本スポーツマネジメント学会セミナー講演録』創文企画、2010
17) 山下秋二・原田宗彦編『図解 スポーツマネジメント』大修館書店、2009
18) 鈴木祐輔『メジャーリーガーが使い切れないほどの給料をもらえるのはなぜか』アスペクト、2008
19) 小野清子『スポーツ白書〜スポーツが目指すべき未来』笹川スポーツ財団、2011
20) 西野努『スポーツ・ビジネス羅針盤』税務経理協会、2014
21) 佐野昌行・黒田次郎・遠藤利文『図表で見るスポーツビジネス』叢文社、2014
22) 渡邉一利『スポーツ白書 2020』笹川スポーツ財団、2020
23) 小林至『スポーツの経済学』PHP 研究所、2020
24) 安田秀一『スポーツ立国論　日本人だけが知らない「経済、人材、健康」すべてを強くする戦略』東洋経済新報社、2020

【参考資料】

1)　財団法人日本プロスポーツ協会 http://www.jpsa.jp
2)　Ｊクラブ個別経営情報開示資料 http://www.jleague.jp/aboutj/management/club-h25kaiji.html
3)　How The National Football League Can Reach $25 Billion In Annual Revenues". Forbes. 2014 年 1 月 21 日
4)　Major League Baseball Sees Record Revenues Exceed $8 Billion For 2013". Forbes. 2014 年 1 月 21 日
5)　Stern estimates NBA revenue up 20 percent to $5B". NBA. 2014 年 1 月 21 日
6)　Report: What lockout? NHL expects $2.4 billion in revenue this season". CBS Sports. 2014 年 1 月 21 日
7)　Major League Soccer's Most Valuable Teams". 2014 年 10 月 3 日
8)　Annual Review of Football Finance? Highlights". Deloitte. 2014 年 1 月 21 日
9)　「収益格差 4 倍、メジャーとプロ野球の違いはどこに」. 日経ビジネス . 2014 年 1 月 21 日 http://business.nikkeibp.co.jp/article/opinion/20120426/231411/
10)　The World's 50 Most Valuable Sports Teams 2015. Forbes. 2015 年 7 月 15 日 . http://www.forbes.com/sites/kurtbadenhausen/2015/07/15/the-worlds-50-most-valuable-sports-teams-2015/
11)　Deloitte Football Money League. Deloitte. 2015 年 1 月 . http://www2.deloitte.com/content/dam/Deloitte/global/Documents/Audit/gx-football-money-league-2015.pdf
12)　Deloitte Football Money League 2017. https://www2.deloitte.com/content/dam/Deloitte/jp/Documents/c-and-ip/sb/jp-sb-football-money-league-2017.pdf
13)　https://forbesjapan.com/articles/detail/36208#:~:text=

第 15 章　近年のアスリート支援

1. 大学サッカーのマネジメント

　大学サッカーのマネジメントの特徴を述べるならば、「競技特性を生かす選手育成型のマネジメント」と言える。

　Jリーグの 2019 年 11 月 15 日時点の新卒入団内定者は、大学からが45.1%、高校からが29.4%、クラブユースからが25.5%となっている[1]。20 年前の 1999 年では、大学からが29.6%、高校からが51.9%、クラブユースからが18.5%であった[2]。このように、Jリーガーの出身母体の中心は、高校卒から大学卒へと確実に変化している。

　大学サッカーの強豪・福岡大学サッカー部総監督の乾眞寛氏（現福岡大学スポーツ科学部教授）によると、その理由を次のようにまとめられている。一つは、"GOLDEN AGE" と呼ばれる発育段階と技術獲得が 18 歳までに完了するように考えられ、それに基づいた育成ビジョンが描かれ、18 歳でプロ入りすることが、目的であるかのように考えられてきた。しかし、現実的には日本人の身体能力、特にパワー、スピード系の能力は 18 歳では未完成であり、高校卒業後の 2 〜 3 年間でフィジカルベースが高まらなければ、プロのレベルでプレーすることは難しいことが明らかになってきた。そこで、"第二の GOLDEN AGE"（18 歳〜 21 歳くらい）が、重要な最後の育成完成期（Last Golden Age：L.G.A）となり、大学サッカーの意識や使命は、L.G.A の育成が中心となっている。単に技術力だけでなく、より高い水準のフィジカルベースの確立や、プロとして戦い抜く強靭なメンタリティや自立心、向上心など総合的な人間力を磨かずして一流の選手に成長することは難しく、大学サッカーが担う要素がここにあるといっても過言ではない。次に考えられることは、大学サッカー出身者の適応力と献身性がある。大学サッカーでは、それぞれのチームで多様な指導者やシステムが存在し、選手たちはサッカー環境への適応力、順応性を身に着ける。高校時代の所属がJユース、地域クラブ、高体連など様々な環境で育成された選手たちと接し、自分自身の存在感や主張する力を意識するようになるとともに、相手を受け入れる寛容さも学ぶ。大学出身者がプロになったとき、自分自身のサッカースタイルやサッカー観、ストロングポイントの認識や自覚などが安定した状態にあり、クラブ内でのトラブ

ルやアクシデンタルな出来事などへの対応にも強いという評価がある（乾
2013,2015）。また、大学サッカーが、高校時代に大きな成績を残してい
ないような選手でも、大学4年間で、才能を開花することの可能性に挑
戦できる場として存在する。このようなことをいち早く察知し、チームの
強化に導入することや、地方の大学でありながらJリーグや日本代表選手
を輩出する育成力は、乾氏の「大学サッカー」の存在意義を問い詰めた結
果が現在に至っていると考えられる[3][4][5]。

2. アスリートのメンタルマネジメント

　メンタルマネジメントとは、「基本的に精神の自己管理を意味し、その
狙いは競技の場において競技者自身がもっている潜在的能力を最高に発揮
することである[6]（スポーツ心理学辞典、2008）」具体的には、緊張やス
トレスコントロール、イメージ、注意の集中などの心理的スキルを自己コ
ントロールすることである。

(1) 個人競技のメンタルマネジメント

　陸上、水泳、テニス、卓球、ゴルフ、アーチェリー、射撃、柔道、剣道、
ボクシング、フィギュアスケート、スピードスケートなどペアやリレーな
どでチームとしての種目もあるが、個人が中心となる競技が存在する。個

人が中心となる競技では、時間、動き、距離など個人の感覚に対応するような競技内容が多い。そのような競技をクローズドスキルと呼び、自分の感覚を調整しながら勝利を目指す競技である。この競技でのメンタルマネジメントにおいては、リラクセーションやイメージ、認知行動技法などのメンタルトレーニングを導入することが望ましいと思われる。特に競技に即していることや、アスリートの問題意識、競技レベルによるマネジメントなど、個人へアプローチすることが重要である。

(2) チーム競技のメンタルマネジメント

　サッカー、野球、バスケットボール、バレーボール、ラグビー、アメリカンフットボール、ハンドボール、ホッケーなどチームとして得点を重ね、相手の得点を防ぎ、勝利を目指す競技がチーム競技である。特に、状況が刻々と変化し、相手の位置や味方の位置、ボールの位置など目まぐるしく状況が変化する競技である。このような競技は、オープンスキルと呼ばれ、競技場面での様々な対応力と、チームとして機能するチームワークが必要となる。チーム競技のメンタルマネジメントについても様々な方法が実証され、集団効力感（チームとしての自信）やリーダーシップスタイルからのアプローチ、凝集性などを考慮したマネジメントなどが行われている。最近では、戦術的思考のトレーニングなども行われており、試合場面で適

切な状況判断を行い、戦術を遂行するためのトレーニングが行われている。その結果として、戦術的に的確な判断ができ、メンバー間で共通の戦術を選択できるようになることが挙げられる。このようなトレーニングは、条件の統制がしやすい、同じゲーム状況を容易に何度でも再現できる、状況判断（戦術）の問題に集中しやすい、時間をかけてトレーニングが可能である、怪我や障害などの身体への負担がないことなどから、導入されやすいトレーニングとして、行われている。

(3) チームビルディング

　チームビルディングとは、「主に行動科学の知識や技法を用いて組織力を高め、外部環境への適応力を増すことや、チームの生産性を向上させるような、一連の介入方法を総称したものである [6]（スポーツ心理学辞典、2008）。」また、スポーツ場面では、スポーツ集団の生産性の向上が目的であり、競技志向の強い集団であれば、チームワークの向上や競技力の向上が狙いとなる。具体的な例として、ラグビーワールドカップ2015年大会で、南アフリカ共和国を破り「世紀の大金星」として世界中が驚いた、ラグビー日本代表チームのエディ・ジョーンズヘッドコーチ（以下HC）や、ラグビーワールドカップ2019大会で、初のベスト8に進出したラグビー日本代表のジェイミー・ジョセフヘッドコーチ（以下HC）の「チームビ

ルディング」に着目してみたいと思う。

1）リーダーシップ行動の改善

　「キャプテンには自ら考えて、ゲームプランを変更する能力が必要だ。それが可能なキャプテンがいるかどうかで、チームの勝敗は大きく左右される[7]（柴谷、2015）」とエディ氏は語っている。現在のラグビー日本代表のキャプテンは、リーチ・マイケル氏（札幌山の手高校 - 東海大学 - 東芝）である。南アフリカ戦の最終局面で、同点か逆転かという場面で、リーチ主将は逆転を狙いに行く判断をし、見事、逆転した。エディ氏のキャプテンの条件は、「ラグビーが上手いこと」「チームに貢献できる人物である」「ハードワークができること」「知的なセンスを持っていること」としている。リーチ主将はキャプテンに指名されてから約2年間で、これらの条件をクリアし、エディ氏のみならず、チーム全員から信頼される主将となっている。リーダーシップ行動を改善するためには、具体的なポリシーを掲げておくことも重要である。

2）チーム目標の設定に通じた方法

　チーム目標をメンバーの個人目標と関係させながら設定することで、チーム目標を明確に、チームの全員が関わることを意識させる。エディ氏は「まず、考えるべきはスケジュールではなく、チームをどこに連れていきたいか。つまり目的地だ[7]（柴谷、2015）」と述べている。さらに「2ヵ月ごとの目標を立て、定期的にレビューを行う。これにより達成したい目標が明確になり、何をすべきか、ということがクリアになる[7]（柴谷、2015）」としている。チームビルディングにおいては共通の目標設定が重要になると思われるが、その目標をチームの誰かが常に先を見ながらリードしないとそこにたどり着けない。その先を見る力と、見えたものをチームの目標として理解させることで、ラグビー日本代表は結果を残している。

3）問題解決を通じた方法

　チームが遭遇する問題状況をチームメンバーで力を合わせて解決することによって、チームビルディングを行う方法である。「チームにとって、まず解決すべきは大きな問題だ。優先順位を間違えれば、せっかくのレビューも役立たずに終わる[7]（柴谷、2015）」とエディ氏は述べている。

問題を解決するにも、順序があり、大きな問題が何かを察し、その問題を解決することに力を注がせる。全ての問題を解決することはなかなかできない。だからこそ、大きな問題を効果的に解決させることで、チームとしての共通理解も生まれてくると考えられる。また、チームとして上昇している時（勝っている時）ほど、問題解決をさせることが難しい。しかし、さらにチームを上昇させるための問題を見つけ出し、解決させることがチームを飛躍させる要因になると思われる。

4）世界8強への意思統一

　2015年のワールドカップで日本代表の強化に成功したエディ・ジョーンズHCから、日本代表を引き継いだジェイミー・ジョセフHCは、日本開催のワールドカップで前回以上の結果を残すことが宿命とされた。2019ラグビーワールドカップ開催期間中に選手からは、「ハードワーク」「自分たちにフォーカス」「ディティールにこだわる」という言葉が、繰り返し発せられた [8]。ワールドカップ本番までに3年余りの年月を費やしたが、その間、ジェイミー・ジョセフHCのゆるぎない自信と、綿密な計画によって、描かれたロードマップを代表チームは進んでいった。就任当初

のテストマッチでは、以前の代表チームと異なる戦術を用い、結果が出せない時期もあった。しかし、結果の出せない状況においても、常にワールドカップのことがイメージされ、「ワールドカップでベスト8」に入るためという目標が揺らぐことはなく、常に修正と改善を繰り返しながら、代表チームが成長していった。前述した、選手が大会期間中に発した3つのワードは、日本代表チームがワールドカップベスト8に到達するために時間を費やし、意思統一された言葉であったと察することができる。

5)「ONE TEAM」へのチームビルディング

　2019ラグビーワールドカップ日本大会の後、「ONE　TEAM」が流行語となり、日本中のあらゆる場所で、使われた。スポーツ、教育、経済、政治の場面にいても「ONE　TEAM」で、分かり合える言葉となった。チームビルディングの最終系があるならば、まさしく「ONE　TEAM」であろう。ジェイミー・ジョセフHCは、インタビューの中で、「今回のチーム31人にそれぞれ役割があった。各自、何で貢献できるかが重要。（アイルランド戦で）リーチを控えにしたもそう。一人の選手に特化するものではなく、チームとして戦うとうこと[8]」と、答えている。また、日本代表チームに外国籍や外国出生者がいることから、これからの日本社会の縮図として例えられることもあった。そのことについては、「チームには様々な文化や背景を持つ選手がいます。ダイバーシティ（多様性）の中で、どうチームを作るか。そのためにはまず、今プレーしている国の文化を知ることが重要。そのうえで、一人ひとりがチームに貢献しているという気持ちを持たせる。どの国の人間であれ、お互いを理解しなくては意思統一できない。それを"グローカル"と名付け、チームの大きな力になりました[8]」と述べており、多様性も「ONE TEAM」にとって必要なツールであったことも認識していた[7]。

　ラグビー日本代表チームが、2019ワールドカップ日本大会で残した足跡は大きい。その足跡が、次世代のアスリートサポートにつながるヒントになっているはずである。国際化というより、多様化していくスポーツにおいて、パフォーマンスを最大限に発揮させるマネジメントや、アスリートサポートを追求していかなければならない。

（下園博信）

【引用・参考文献】

1) サッカーダイジェスト web
   https://www.soccerdigestweb.com/news/detail/id=62789
2) 出口恭平，渡正．「Ｊリーグにおけるキャリア選択パターンとその内容」．徳山大学論叢
   第 76 号．(pp.119-136).2013
3) 乾真寛，「あきらめさせない」．Sports Japan2013/01-02．(p8).2013
4) 乾真寛，仲里清（2015）第 42 回日本スポーツ心理学会 大会企画シンポジウム「チー
   ムづくりにおける指導者の仕事とは - 選手発掘から育成まで -」．2015.11
5) ジュニアサッカー NEWS
   https://www.juniorsoccer-news.com/post-335767
6) 日本スポーツ心理学会．スポーツ心理学事典．大修館書店．(pp.304-305,429).2008
7) 柴谷晋．ラグビー日本代表監督エディ・ジョーンズの言葉．ベースボールマガジン社 .2015
8) 「ワールドカップを語ろう」ラグビーマガジン 2020．JAN.Vol571. ベースボールマガ
   ジン社 .2019.11.25

第 16 章　オリンピックの効果

1. オリンピック開催の意義

　一般的にオリンピックは「平和の祭典」とされ、スポーツを通して世界をひとつにし、平和を保つことがオリンピック開催の意義であると考えられている。しかしながら、その意義は様々であり、開催される時期や年代によって変容し続けている。

　紀元前9世紀頃から始まったとされる古代オリンピック（オリンピアの祭典競技）は、ヘレニズム文化圏の宗教行事を目的として開催されており、神々を崇めるために運動や芸術において競技を行うことを意義としていた（日本オリンピック委員会、2017）。しかしながら、その後、古代オリンピックは宗教信仰観の違いなどから、1169年間継続されていた競技大祭は終焉を迎えることとなった。

　近代のオリンピックの始まりは、古代オリンピックの終焉から1500年が経った1894年6月にパリで開催されたスポーツ競技者連合の会議がきっかけとなった。その会議で「近代オリンピックの父」と呼ばれるピエール・ド・クーベルタン男爵が、古代オリンピックの伝統に従ってオリンピックの再開を宣言したところからオリンピックの歴史が再び始まることとなった。近代オリンピックは、「スポーツを通して心身を向上させ、さらには文化・国籍など様々な差異を超え、友情、連帯感、フェアプレーの精神をもって理解し合うことで、平和でよりよい世界の実現に貢献する（日本オリンピック委員会、2017）」というクーベルタン男爵の言葉にもあるように、「平和の祭典」としての意義を持つようになった。スポーツや芸術を通して世代や国境を越えた交流が実現できたのもこのような意義があったからではないだろうか。

　その後、近代オリンピックは大会規模が拡大し、知名度の増加に伴い、商業化が進んでいくこととなった。そして、政治や経済と深い関わりを持つようになり、「平和の祭典」という枠を超え、一大経済産業としての意義をなすようになる（影山、1988）。このような意義を持つようになると、世界各国が選手強化に力を注ぎ、オリンピックにおいて1つでも多くのメダルを獲得することに奔走し、国家の威信や生き残りをかけて国家間の競争を繰り広げるようになった（影山、1988）。すなわち、オリンピック

開催は、「平和の祭典」であると同時に、「国家の競争」という意義を持ち合わせていったといえよう。そして、現在のオリンピックでは「商業主義」としての意義も見出すようになる（平本、2010）。オリンピックを開催すれば数兆円という経済効果が見込まれ、その国の経済が潤う。そして、国家の国際的地位が向上するといわれることから、各国が挙がってオリンピック開催の招致活動を行っている。

　それでは、2021年東京オリンピック開催の意義は何であろうか。初めて我が国で開催されたオリンピックは1964年の東京オリンピックである。この東京オリンピックは第二次世界大戦の敗戦後、わずか数十年で開催されたことから、平和を意識した国の立て直しを世界中の国々に示すことに意義があったと考えられる。現代の日本は「最先端技術」や「おもてなし文化」など、国際社会の中で様々な影響をもたらす国家となっている。それらを普及させるために2021年の東京オリンピックでは、国際社会において日本がリーダーシップを発揮することに意義がある（間野、2013）といわれている。

　以上のようにオリンピック開催の意義はその起源からすると大きく変容してきているが、オリンピックの父であるクーベルタン男爵が意図したスポーツを通じた国際交流や平和を願うための「平和の祭典」という根本は、オリンピックが今後も世界中のすべての人々の祭典である以上、維持されていく必要がある。

2. オリンピックと日本オリンピック委員会（JOC）

　財団法人日本オリンピック委員会（以下、JOC）はすべての人々にスポーツの参加を促し、健全な心身を持つスポーツパーソンを育て、オリンピック運動を強く推進することが使命であり、オリンピックを通じて人々が繁栄し、文化を高め、世界平和の火を永遠に灯し続けることを理想とする組織である（日本オリンピック委員会、2017）。そして、JOCはスポーツを通じて世界平和の維持と人々の共存を目的に、国内のオリンピック委員として、様々な活動を実施している団体である（表16-1）。

表 16-1　国内オリンピック委員会の活動

```
1. 海外競技大会への選手団の派遣事業
2. 選手強化事業（強化合宿，コーチ育成，ジュニア育成，タレント発掘・育成，
   スポーツ国際交流事業，調査研究事業，アンチドーピング推進事業，指導者海外
   研修事業，組織強化のための人材育成）
3. ナショナルトレーニングセンター事業
4. JOCゴールドプランの推進（日本代表選手強化のための環境整備）
5. オリンピックムーブメントの推進事業（オリンピックで―記念事業，スポーツ環境保全）
6. マーケティング事業
7. オリンピック大会招致活動
8. 国立スポーツ科学センターとの連携
9. JOC関連各賞の顕彰
```

（出所：原田宗彦・小笠原悦子編著「スポーツマネジメント」、大修館書店、2008 年、p204 に加筆修正し作成）

　このように、JOC の活動内容は多岐にわたるが、主に選手強化事業、オリンピック競技大会および国際大会への選手派遣事業、そして、オリンピック・ムーブメントの推進事業を展開している。

　選手強化事業では、オリンピック等の国際大会で活躍できるトップアスリートの安定的かつ継続的な育成・強化を目的に選手や指導者の育成に取り組んでおり、10 の事業で成り立っている（図 16-1）。

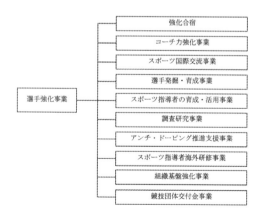

図 16-1　選手強化事業

（出所：日本オリンピック委員会 HP 参照）

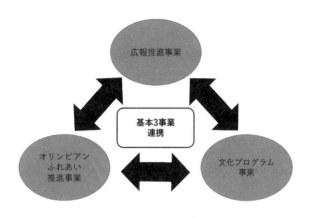

図16-2　オリンピック・ムーブメント事業
(出所：日本オリンピック委員会HP参照)

　選手派遣事業では、JOC は各種大会ごとに編成方針を作成している。日本を代表するに相応しい選手団を選考するとともに、オリンピック競技大会、各種国際大会への派遣を行い、現地での選手サポート活動に従事している。

　オリンピック・ムーブメント事業では、年間を通じてスポーツ活動や運動活動に関するイベントを開催し、オリンピック・ムーブメントの普及・啓発活動を実施している。オリンピック・ムーブメントとは、オリンピック憲章に基づき、友情、連帯感、フェアプレーの精神をもって相互理解を促進する崇高なオリンピックの理念を推し進める平和活動を意味するものである (日本オリンピック委員会、2017)。主な事業内容は、広報推進事業、オリンピアンふれあい推進事業、文化プログラム事業である (図16-2)。

3. オリンピックの経済的効果

　オリンピック開催の効果には、大会開催に伴う短期的な変容である「インパクト」と長期的な変容である「レガシー」という2つの考え方があるが、本章ではそれらの考え方を包括して「効果」とし、解説を行う。

　オリンピック開催における経済効果を算出するためには、直接効果と間

接効果に分けて考える必要がある。直接効果には、使用するスタジアムやオリンピック村などの施設建設費のほか、公共交通設備への投資、周辺宿泊施設などの建設費が計上される。また、大会開催に伴う運営費、スポンサー広告料、観戦客の消費など、大会開催に関連する直接的な費用が計上される。一方、間接効果には直接効果が誘発する新たな生産の連鎖が計上される。大会会場内の装飾に必要な原材料費や照明費、会場建設に伴う燃料費などが該当する。以上のように、大会開催に伴う直接効果と間接効果を合わせたものをオリンピックの経済的効果としている。

　これまでのオリンピックにおいては、2000年のシドニーで65億ドル（約5,600億円）、2004年のアテネで83.6億ユーロ（約1.1兆円）であると推計されている（間野、2013）。また、2008年北京では建設費のみで約4.5兆円、2012年ロンドンでは約1.5兆円とされている（THE Page、2013）。ちなみに、2021年の東京オリンピックでは、みずほフィナンシャルグループ（2017）が算出したデータによると、直接効果が1.8兆円になると試算されている。また、公共投資、民間施設投資などのインフラ整備や都市の無電柱化などを含めると、その規模は30.3兆円にものぼるとされている（みずほフィナンシャルグループ、2017）。

　しかしながら、新型コロナウイルス感染症の影響により、東京オリンピックの開催は2021年に延期となっている。永濱（2020）は、オリンピックが中止となった場合、日本人および外国人の旅行客特需が失われることから、3兆円以上の経済損失があることを示唆している。仮に無観客での開催となった場合の経済効果としては、テレビなどの耐久消費財の買い替えなどから4000億円程度の需要創出額となることも示唆している。

　2021年2月の時点ではまだ、どのような形式で開催されるかという点は明確になっていない現状である。今後、東京オリンピックがどのような形式で開催されるかという点も経済効果を検討する上で重要な点となってくる。

4. オリンピックの社会的効果

　オリンピックの社会的効果とは、「国民の海外文化の理解促進、健康志向、

地域社会の連帯感の向上や新規スポーツ施設建設など人々の生活、行動、相互関係に影響を与えるもの（Konstantaki、2008）」と定義されており、オリンピックは開催国にとって長期的に社会的効果をもたらすとされている。

　オリンピックの社会的効果は非常に多様であり、オリンピックを開催することによる文化の形成、開催国のイメージ変化、政治体制・国民生活の変化、国民の心理的変容、スポーツ振興への寄与、教育制度の変化などが挙げられる（Leopkey & Parent、2012）。Waitt（2003）が2000年のシドニーオリンピックの社会的効果を検証した結果、大会開催直後、開催国の国民の愛国心やコミュニティ意識が有意に向上したことが明らかっとなった。また、Xiong（2011）は、北京オリンピックの開催効果について、中国では北京オリンピック後に女性のスポーツ参加率が向上したことを示唆している。これらのように、オリンピックを開催することによる様々な社会的効果が認められている。しかしながら、上述のようなポジティブな効果以外にも、オリンピック開催によるネガティブな効果も報告されている。例えば、開催地区の土地や家賃の高騰による地域住民への負担増（Collins、2002）、大会開催に伴う新たな公共施設や交通機関の建設による地域住民への負担が増加したこと（Collins、1999）などが見受けられる。

　また、2021年の東京オリンピックはコロナ禍での開催となる。これまでに経験のない中でのオリンピックという点からも、感染症対策等で地域住民への負担が増加することも考えられる。

　以上のように、オリンピックは開催国にとって大きな社会的効果を得る機会であり、国家全体としても近隣諸国を含めた世界の国々に対して様々な効果を与えることができる貴重な機会となる。

5.2020 東京オリンピック開催の効果

　2021年に開催される東京オリンピックでは、どのような経済的効果・社会的効果が期待されるであろうか。まず経済効果については、前述の通り、数兆円の効果が見込まれており、2021年東京オリンピック開催が我が国の経済に与える影響は非常に大きいことが予想される。また、社会的

効果においても、人々の意識や行動の変容、国のイメージ変化、文化的価値の創造など、オリンピック開催に伴う様々な効果が期待される。

　2021年の東京オリンピック開催に伴い、我が国の経済は成長していくとともに、創出される雇用にも大きな期待がなされている。みずほフィナンシャルグループ（2017）のまとめによると、東京オリンピック開催に伴うスタジアムの建設や事業の発展により、21万人の人材が雇用されることが推察されている。また、オリンピック競技の開催会場施設や観光客用の宿泊施設などの建設に関わる者、道路や各公共機関の整備に従事する者、オリンピック開催中に増加が予想される海外観光客の対応に関わる語学に長けたサービススタッフなど、321万人の人材が雇用されることも推察されている。そして、開催地の東京近郊だけではなく、地方にも目を向けると、みずほフィナンシャルグループの推察した人数以上の雇用や人材の活用が行われると思われる。例えば、野球・ソフトボールの開催地に決定している福島県では、その運営のために多くの人材が必要になることが予想される。これらのように、東京オリンピックを開催することで新たな雇用や人材の活用が全国的に実施されるようになり、我が国に大きな社会的効果をもたらすであろう。

　東京オリンピック開催に向けて教育に関する社会的な変容も示されている。東京都教育委員会は「東京グローバル人材育成計画 '20」を策定し、小・中・高等学校等で様々なプログラムを通じて、実践的な英語等の語学力、コミュニケーション能力を身につける教育を実践している。これらの取り組みは、東京オリンピックを控え、東京都民の英会話やコミュニケーション能力の強化を目的に行われているものであり、社会的効果として語学力のある人材を育成することに寄与するものであるといえる。

　以上のように、東京オリンピックを開催することで様々な効果が期待される。しかしながら、前述した通り、東京オリンピックは開催形式が不透明な状態である。このようなコロナ禍において、テニスの全豪オープンが、2021年2月8日からメルボルン（オーストラリア）で開催された。大会期間中にビクトリア州がロックダウンしたことにより、一時無観客で試合を行う等があったが、コロナ禍における国際的なイベントを開催する

ための対策（選手の入国時の健康チェックやチケットの完全オンライン化
など）は、東京オリンピックを開催するためのひとつのモデルケースとな
ると考えられる。オリンピックの経済効果や社会的効果は、開催形式等で
大きな影響を受ける可能性が高いため、経済効果や社会的効果を検討する
上でも、どのような開催形式となるかを注視する必要がある。

（佐久間智央）

【参考文献・参考資料】

1) 影山健.オリンピックの現代的意義を問う‐政治社会学的視点から‐，日本体育学会大会号（39A），
    p13，1988
2) 平本譲．最新スポーツビジネスの動向とカラクリがよーくわかる本（オリンピックと国家戦略 pp.
    122-123），秀和システム 2010
3) 間野義之.オリンピック・レガシー 2020 年東京をこう変える！東京：ポプラ社 2013
4) 日本オリンピック委員会：http://www.joc.or.jp/（2020 年 7 月 4 日参照）.
5) THE Page．〈東京五輪〉経済効果，海外の五輪はどうだった？，https://thepage.jp/detail/20130919-
    0000001-wordleaf（2020 年 7 月 16 日参照），2013
6) みずほフィナンシャルグループ 2020 東京オリンピック・パラリンピックの経済効果～ポスト五輪を
    見据えたレガシーとしてのスポーツ産業の成長に向けて～，One シンクタンクリポート，みずほフィ
    ナンシャルグループ．2017
7) 原田宗彦，小笠原悦子，スポーツマネジメント第 1 版　東京：大修館書店，2008
8) Konstantaki, M, Social and Cultural Impact of the London 2012 Olympic Games：a lecturers' and
    students' perspective, International Tourism Conference 2008 Proceedings, 1-18, 2008
9) Cashman, R, Global games：from the Ancient Games to the Sydney Olympics, Sporting Traditions,
    19（1），75-84，2002
10) Waitt, G, The social impacts of the Sydney Olympics, Annals of Tourism Research, 30（1），194-
    215, 2003
11) Leopkey, B., Parent, M. M, Olympic games legacy：From general benefits to sustainable long-
    term legacy, The international journal of the history of sport, 29（6），924-943，2012
12) Xiong, H, Stratification of women's sport in contemporary China, The International journal of the
    History of Sport, 28（7），990-1015，2011
13) Collins, M, The economics of sport and sports in the economy：some international comparisons,
    In Cooper A.（ed.）Progress in Tourism, Recreation and Hospitality Management（pp. 184-214），
    London：Belhaven Press, 1999
14) 永濱利廣.新型コロナウィルスとオリンピック効果～既に 8 割以上は昨年までに出現も，オリンピッ
    ク中止による損失は 3 兆円以上か～，Economic Trends/ マクロ経済分析レポート，第一生命経済研
    究所．2017

コラム

スポーツの "BtoG" モデル

　少子高齢化や人口減少、環境問題など、あらゆる社会問題に直面する我が国において、それらを解決するために官民連携の動きは年々加速している。2018年に「地方創生SDGs官民連携プラットフォーム」が、2019年には「スマートシティ官民連携プラットフォーム」がそれぞれ始動し、企業、大学・研究機関、地方公共団体、関係府省から構成されるこれらのプラットフォームにおいて、普及促進活動のみならずマッチング支援事業等も積極的に行われている。

　このように、政府／自治体だけではリソースに限界があるため、官民連携の動きが盛んになってきているが、これらの協業は民間企業等による無償のボランティアではなく、ほとんどの場合が政府／自治体から予算が割り当てられており、BtoG: Business to Government という一つのビジネスモデルとして確立している。

　BtoGモデルの取引は、スポーツ分野においても盛んに行われている。新型コロナウイルス感染症（COVID-19）の影響で2021年に延期となった東京オリンピック・パラリンピック競技大会（以下、東京2020）に向けて、特にその官民連携の動きが活発となっているのが、「ホストタウン事業」だ。これは、東京2020に向けて、「スポーツ立国、グローバル化の推進、地域の活性化、観光振興等に資する観点」から、「参加国・地域との人的・経済的・文化的な相互交流を図る地方公共団体」を「ホストタウン」とし、外国人選手の合宿支援や地域交流等を通じて、海外諸国・各スポーツ連盟と日本の地方自治体をスポーツでつなぐ取り組みである。2020年9月11日現在、政府公認のホストタウンとして活動している自治体数は501にのぼり、相手国・地域数は174となっている。長崎県を例とすると、諫早市がフィリピンの陸上競技のホストタウン、島原市がスペインのレスリング競技のホストタウンとして登録されているように、特定の国・競技を対象にホストタウンとして交流をしている都市がほとんどである。

　日本の自治体と諸外国のスポーツ連盟／機関・選手等との交流において、交流先との接点や、スポーツにおける経験・知識を有する民間企業等との協業は必要不可欠である。自治体において期限付の専門職員を雇うパターンもあるが、ホストタウン事業にかかわる政府予算が割り当てられていることから、調整業務を担う民間企業等への業務委託費は、この政府予算と地方自治体の予算から捻出されている。

　「官民連携」は、しばしば日本社会全体の課題解決といった、マクロな視点によるものばかり取り上げられるが、民間企業等の助けが必要な場面は身近にも数多く存在し、世の中が便利になる一方で、市民のニーズは多様化している。例えば公園ひとつにしても、「ボール遊びがしやすい公園」なのか、「車椅子でも不自由なく運動できる公園」なのか、はたまた「照明設備や防犯カメラがある公園」なのか。これが一昔前なら、「快適な公園」という抽象的な要望にまとまり、具体的な問題点や解決策が明らかにならなかったかもしれない。

　ホストタウン事業以外にも自治体が示す行政計画等に、様々な課題解決に向けてスポーツが寄与する点が明記されていれば、積極的に民間企業等との協業を展開することも稀ではない。"BtoG" は道路工事や水道工事の委託といったインフラ整備等がイメージされやすいが、スポーツにおける知見を活かしたBtoGも、スポーツビジネス領域の一分野として位置付けることができるだろう。

【参考】

「ホストタウンの推進について」、首相官邸　https://www.kantei.go.jp/jp/singi/tokyo2020_suishin_honbu/hosttown_suisin/（2020年9月15日参照）

「ホストタウンの推進について〜東京オリンピック・パラリンピック競技大会に向けて〜」、内閣官房東京オリンピック・パラリンピック推進本部事務局　https://www.kantei.go.jp/jp/singi/tokyo2020_suishin_honbu/hosttown_suisin/pdf/about_hosttown_suishin.pdf（2020年9月15日参照）

「令和2年度補正予算におけるオリパラ関係予算について」、内閣官房　https://www.kantei.go.jp/jp/singi/tokyo2020_suishin_honbu/pdf/20hosei.pdf（2020年9月15日参照）

株式会社 Deportare Partners　柳田一磨

第五部　進化するスポーツビジネス

第 17 章　新しいスポーツリーグ

プロ野球、Jリーグに続く第3のプロスポーツとして、2016年9月に男子バスケットボールのプロリーグである「Bリーグ」が開幕した。本章では、最初に日本におけるバスケットボールの現状についてまとめる。次にBリーグについて、誕生までの道のり、事業戦略、リーグおよびクラブの現状について説明し、今後の展望について言及する。

1．日本におけるバスケットボールの現状

　最初に日本におけるバスケットボールの現状を「する」「みる」の側面から把握しておきたい。

（1）公益財団法人日本バスケットボール協会への競技者登録数

　スポーツ実施人口について、「競技人口」で把握することは、測り方の基準が確立していないため難しい。そこで競技団体に登録されている人数である「登録人口」で実施人口を捉えることとする。公益財団法人日本バスケットボール協会 (2020) で公表している競技者登録数の推移を図 17-1 に示す。1980 年から現在に至るまでの登録数が公表されているが、これまででもっとも多かったのは、1995 年の 1,028,450 人である。逆にもっ

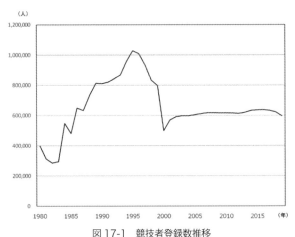

図 17-1　競技者登録数推移
公益財団法人日本バスケットボール協会公式 (2020) より筆者作成

とも少なかったのは、1982年の285,250人である。2010年から2019年までの直近10年間は60万人から63万人程度と、ピーク時の約6割で推移しており、大きな変化はみられない。

（2）直接観戦状況

　次に「みる」側面についてみてみたい。スタジアムやアリーナに直接足を運び観戦した直接スポーツ観戦率を見ると、バスケットボールは2008年には10位以内には入っていないが、2018年にはプロバスケットボール（Bリーグ）が6位、バスケットボール（高校、大学、WJBLなど）が8位となっている（笹川スポーツ財団, 2020, p.146）。このことから「みる」スポーツとしての人気が高まってきているものと思われる。具体的な観戦者数の推移（bjリーグ、NBL、B1リーグ、B2リーグの1試合平均入場者数）を図17-2に示す。bjリーグでは、開幕から4年間は1試合平均が2,000人台であり、その後は1試合平均1,600人前後であった。NBLでは、1年目、2年目の1試合平均入場者数は1,300人程度であり、3年目では、1,756人に増加した。B1リーグの1試合平均入場者数は3,000人程度であり、

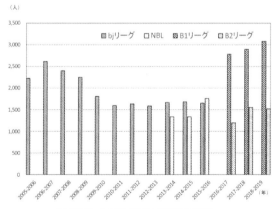

図17-2　1試合平均入場者数の推移

笹川スポーツ財団（2017）、公益社団法人ジャパン・プロフェッショナル・バスケットボールリーグB
リーグ2019-2020シーズンレポート(2020)より筆者作成

B2 リーグで 1,400 人程度である。B1 リーグにおいては、リーグ創設以降、1 試合平均入場者数は増加傾向にある。

２．Ｂリーグ

　ここではＢリーグのこれまでについて概観し、Ｂリーグの今後について展望する。

（１）Ｂリーグ誕生までの道のり

　2016 年 9 月にＢリーグが誕生するまで、バスケットボール男子には 2 つのトップリーグが存在していた。以下 2 リーグが存在することになった経緯と、統合までの道のりについてみてみたい。

　2014 年 11 月 26 日、国際バスケットボール連盟（FIBA）は、日本バスケットボール協会に対し、無期限の資格停止処分を科すと発表した。これにより日本代表チームは処分中、男女とも国際試合に出場できなくなった。処分が科された理由は、国内にナショナル・バスケットボール・リーグ（NBL）と bj リーグの 2 つの男子リーグが存在し、FIVA から統合を求められていたが、期限とされた 2014 年 10 月末までに統合の道筋を示すことができなかったためである。

　国内に 2 つのリーグが存在することになった背景には、プロ化がある。バスケットボールプロ化の動きは 1993 年まで遡る。Ｊリーグ開幕を背景に、プロ化が模索された。その後 1995 年に、日本リーグを専門的に運営する「日本リーグ機構（JBL）」が設立された。また 2001 年には名称を「日本リーグ」から「スーパーリーグ」に変更し、新リーグとなった。いずれもプロ化に向けたものである。しかしプロ化は進まず、2004 年 11 月に日本初のプロリーグ「bj リーグ」が 6 チームで発足した。これを受けて日本バスケットボール協会は 2004 年にプロ化実行検討委員会を設置し、2007 年 11 月に男子プロリーグを開幕するとして、参加チームの一般公募も行った。そして 2007 年に各都道府県協会が持っていた試合の興行権を各チームが持つ、プロ化を想定したリーグ「日本リーグ（JBL）」となった。その後 bj リーグと JBL の連携が模索され、bj リーグと JBL を統合する覚書を交わした（2010 年）。それにより、bj リーグ傘下のチームや選手の

協会登録が認められ、日本代表入りも可能となった。しかし JBL の企業チームがプロ化に反発し、プロ化を求める bj リーグとの溝を埋められなかったため、2013 年新リーグ統合案は実現しなかった。JBL に 4 つのチームが加わり、新リーグ「ナショナルバスケットボールリーグ (NBL)」が誕生したものの、リーグを統一できず、冒頭の無期限資格停止処分となった。

　2015 年 1 月に FIVA が設置した作業チームの初会合が開かれ、日本側の議長として日本サッカー協会最高顧問の川淵三郎氏が抜擢された。同年 3 月に 2 リーグを統一した新リーグの参入条件が発表され、同年 4 月に「ジャパン・プロフェッショナル・バスケットボールリーグ (B リーグ)」が設立された。これを受け、同年 8 月に資格停止処分が解除された。

（2）B リーグ開幕～シーズン 1 年目

　2016 年 9 月 22 日に、男子バスケットボール新リーグ「B リーグ」が開幕した。B リーグの開幕戦は、国立代々木競技場第一体育館において、世界初となる全面 LED コートを設置し、行われた。B リーグの理念の 1 つである「夢のアリーナの実現」を感じさせるこの試合を、観客 1 万人と、テレビ・インターネットを通じた多くの観客が見届けた。

　B リーグ 1 年目の 2016-2017 シーズンは、B1 リーグ、B2 リーグにそれぞれ 18 チームが所属し、レギュラーシーズン各チーム 60 試合を戦った。リーグ初年度から B1 リーグ、B2 リーグ合計で 36 チームが所属することとなった背景には、bj リーグの拡張がある。bj リーグは 11 年間で加入チームを 6 チームから 24 チームに増やしていた。その理由として、1 チームあたり 2.5 億～3 億程度で運営できること、下位リーグから昇格する必要がなかったこと、地域ブランド向上のためプロ野球や J リーグのチームがない都市で積極的にチームが設立されたことが考えられる（笹川スポーツ財団，2017，p.268）。

　レギュラーシーズン終了後、B1 リーグでは年間チャンピオンを決定するトーナメント方式のチャンピオンシップが開催され、リンク栃木ブレックスが初代チャンピオンとなった。公益社団法人ジャパン・プロフェッシ

ョナル・バスケットボールリーグBリーグ2019-2020シーズンレポート (2020) によると、入場者数は、B1リーグ平均2,779人、B2リーグ平均1,198人であった。B1リーグでのシーズン合計入場者数は、1,005,347人、B2リーグでは、487,454人であった。B1リーグでシーズン最多平均入場者数を記録したのは、千葉ジェッツ（現千葉ジェッツふなばし）であり、4,503人であった。

（3）Bリーグの事業戦略

　Bリーグでは、事業戦略として「デジタルマーケティング」と「権益統合」を掲げている（芦原, 2018）。ここではこの2つの戦略について説明する。
　Bリーグにおいては、「若者」「女性」を主なターゲットとし、デジタルマーケティングを徹底しようとした結果、「スマホファースト戦略」に行き着いた。このスマホファースト戦略とは、観戦者がスマートフォン1台でチケット購入、試合観戦（試合中継観戦）、グッズ購入といった、プロスポーツの主な収入源となる行動が完結する仕組みの確立である（笹川スポーツ財団, 2020, pp.149-150）。そしてスマートフォン経由のチケットを多く販売したクラブには、リーグ全体の収益を各クラブへ配分する配分金が上乗せされる（芦原, 2018, p.109）。またBリーグではSNSを積極的に活用しており、2020年5月のBリーグSNSフォロワー数（Facebook、Twitter、Instagram、LINE）は約480万人、B1、B2クラブのSNSフォロワー数合計は、およそ240万人である（公益社団法人ジャパン・プロフェッショナル・バスケットボールリーグBリーグ2019-2020シーズンレポート, 2020, pp.6-7）。このSNSの影響力もクラブ配分金を配分する際の経営実績の項目に含まれている（芦原, 2018, p.122）。このようにデジタルマーケティングを重視するBリーグであるが、最終的に意識しているのはスポーツを通じてリアルの世界で人と人とがつながり、ワクワクするような世界を作ること（芦原, 2018, p.116）であるという。このようにBリーグ成功の背景には目的（リアルコミュニケーション）、ツール（デジタルマーケティング）、目標（2019-2020年シーズンまでに入場者数300万人、事業収益300億円、1億円プレー

ヤーの排出）（笹川スポーツ財団，2020，p.149）の明確化があると考えられる。

　戦略の2つ目は「権益統合」である。これは、協会、リーグ、クラブの権益を統合し、全体最適を図るというものである（芦原，2018，p.52）。協会、リーグ、クラブにはそれぞれの事情があるが、各々が譲歩し、全体として発展するために一丸とならなければならない。バスケットボールが幾度となくプロ化を目指したのにも関わらず実現しなかった要因の1つとして、最終的に権益を統合できなかったことが挙げられる。バスケットボールに限らず、多くの企業スポーツがリーグをプロ化しようとする際には、この権益統合の問題に直面する。バスケットボールはリーグを1つにしなければならないという状況下において、新リーグとして既存の関係を一端白紙にして創設することにより、権益統合が図られた。

　その後の権益統合に関する動きとして、2019年1月にバスケットボール・コーポレーション株式会社（以下「B.CORP」と略す）が設立された。B.CORPはBリーグ、日本バスケットボール協会、B.MARKETING株式会社、B3リーグが協同で設立した会社で、JBA、Bリーグ、B3リーグ、B.MARKETINGの全職員を束ねるスポーツビジネス人材の育成会社である（B.CORP，2020）。統括団体、リーグ、事業会社をひとつにまとめ、多方面のステークホルダーの期待に応えてバスケットボール界を発展させることを目的としている（日本バスケットボール協会，2018）。またBリーグと日本バスケットボール協会が設立したB.MARKETINGは、B.CORPの子会社となった。このように協会、リーグ、クラブの権益が統合することにより、権利価値の最大化や意思決定および顧客対応の迅速化が図られ、市場規模は大きくなっていく（芦原，2018，pp.94-95）。

（4）クラブ経営状況

　2018-2019シーズンにおいてもっとも営業収入を上げているクラブは、千葉ジェッツふなばしで、およそ17億6千万円である（公益社団法人ジャパン・プロフェッショナル・バスケットボールリーグクラブ決算概要，2020）。千葉ジェッツふなばし、B1リーグ平均、B2リーグ平均の営業収

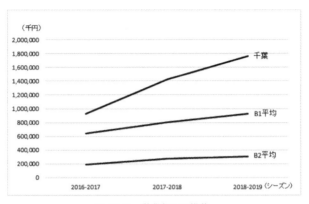

図 17-3　営業収入の推移
公益社団法人ジャパン・プロフェッショナル・バスケットボールリーグクラブ決算概要 (2020) より
筆者作成

入の推移を図 17-3 に示す。B1、B2 リーグの平均はなだらかに右肩上が
りであり、千葉ジェッツふなばしは大きく営業収入を伸ばしている。

　千葉ジェッツふなばしの営業収入内訳の推移（図 17-4）をみてみると、
パートナー収入（スポンサー収入）が多く、次いでチケット収入が多いこ

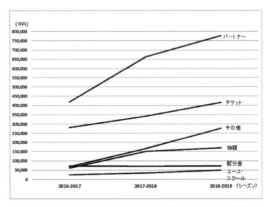

図 17-4　千葉ジェッツふなばし営業収入内訳の推移
公益社団法人ジャパン・プロフェッショナル・バスケットボールリーグクラブ決算概要 (2020) より
筆者作成

とが分かる。2018-2019 シーズンでは、これら 2 つの収入で全体の 67.7％を占めている。千葉ジェッツふなばしは、2016-2017 シーズンから 3シーズン連続して平均入場者数が B リーグでトップであり、2016-2017シーズンは 4,503 人、2017-201 シーズンは 5,196 人、2018-2019 シーズンは 5,204 人と平均入場者数を増加させている（公益社団法人ジャパン・プロフェッショナル・バスケットボールリーグ 2019-2020 シーズンレポート、2020,p.5）。チケット収入はすべての収入に先立つ重要な収入と考えられている（仲澤・吉田，2015）。すなわち企業広告を多くの観客が目にすることにより、広告を出したいと思うパートナーが増える。また入場者が増えれば入場料収入だけでなく、グッズ収入、飲食による収入も増える。営業収入が増えれば、トップチームの人件費を多くし、勝つために必要な選手、あるいは集客のための有名な選手を獲得することができる。千葉ジェッツふなばしは、2019 年 6 月に富樫勇樹選手と 1 億円を超える年俸で来季の契約を結んだと発表した。日本人選手初の 1 億円プレーヤーの誕生である。この契約により B リーグは、2019-2020 年シーズンまでに 1 億円プレーヤーを排出するという目標を達成した。

（5）B リーグの今後

　2000 年になり、日本においても COVID-19 の感染が拡大した。政府は 2 月 24 日に「今後 1 〜 2 週間が瀬戸際」と発表し、これを受けて B リーグも 2 月 26 日に当面のリーグ戦延期を発表した。しかしその後も感染は収束せず、結局 3 月 27 日に残り全試合の中止が発表された。その影響もあり、2020 年 6 月決算の B1 リーグ、B2 リーグ合計 28 クラブのうち、25 クラブが赤字決算見込みだという。例えば千葉ジェッツふなばしの 2019-2020 年決算（第 10 期）（公益社団法人ジャパン・プロジェッショナル・バスケットボールリーグ株式会社千葉ジェッツふなばし第 10 期決算情報，2020）をみてみると、売上高は前年度比 85％となっている。パートナー収入が対前年比 111％、ブースタークラブ（ファンクラブ）収入が対前年比 117％と好調であったものの、チケット収入が前年比 54％、マーチャンダイジング（グッズ販売等）が前年比 80％、イベント収入が

対前年比 63％、飲食収入が対前年比 50％と新型コロナウイルス感染症（COVID-19）の影響を受けたことにより減収となっている。

　2020-2021 シーズンは予定通り 10 月 2 日に開幕した。収容人数が制限される中、新たな取組みも行われている。例えば、B リーグ最上位パートナーのソフトバンク株式会社が提供する、B1 リーグ、B2 リーグの全試合をライブやビデオで視聴できるサービス「バスケット LIVE」において、応援機能を用いてクラブを応援することで売上げの一部がクラブの収入となる支援策が全クラブ一斉に導入された。またバーチャル空間で、自分の分身であるアバターを通して仲間と交流しながら試合を観ることができる動画配信サービス「バーチャルバスケット LIVE」といった試みや、VR（バーチャルリアリティ）観戦といった試みも行われている。このような観戦スタイルの多様化により、クラブの収益構造も変化するものと思われる。また観戦者も、直接観戦とは異なるプロフィールの人が観戦する可能性がある。今後はこれらについて注視し、理解を深めていく必要がある。

（出口順子）

【参考文献】
1)　公益財団法人日本バスケットボール協会登録者数推移：
　　http://www.japanbasketball.jp/jba/data/enrollment/（2020 年 10 月 25 日参照）
2)　笹川スポーツ財団編『スポーツ白書 2020 〜 2030 年のスポーツのすがた〜』. 笹川スポーツ財団、2020
3)　笹川スポーツ財団編『スポーツ白書 2017 スポーツによるソーシャルイノベーション』笹川スポーツ財団、2017
4)　公益財団法人ジャパン・プロフェッショナル・バスケットボールリーグ．B リーグ 2019 -2020 シーズンレポート：
　　https://www.bleague.jp/files/user/2019-20_season_report.pdf（2020 年 10 月 25 日参照）
5)　葦原一正『稼ぐがすべて B リーグこそ最強のビジネスモデルである』あさ出版、2018
6)　バスケットボール・コーポレーション株式会社：
　　https://www.b-corp.jp/（2020 年 10 月 25 日参照）
7)　公益財団法人日本バスケットボール協会. バスケットボール・コーポレーション株式会社設立のお知らせ. 2018 年 12 月 25 日：
　　http://www.japanbasketball.jp/news/48085（2020 年 10 月 25 日参照）
8)　公益社団法人ジャパン・プロフェッショナル・バスケットボールリーグクラブ決算概要：
　　https://www.bleague.jp/about/management/（2020 年 10 月 25 日参照）
9)　仲澤眞・吉田政幸．ファンコミュニティの絆：プロスポーツにおけるファンコミュニティ・アイデンティフィケーションの先行要因および結果要因の検証．スポーツマネジメント研究，7(1)，23-38．2015
10)　公益社団法人ジャパン・プロジェッショナル・バスケットボールリーグ . 株式会社千葉ジェッツふなばし第 10 期決算情報：https://chibajets.jp/ir/（2020 年 10 月 25 日参照）

第18章　スポーツビジネスとテクノロジー

1. 情報技術の発展とスポーツ

　21世紀に入り、我々はテクノロジーの進展による情報技術の発展によって、産業構造から行政のあり方、ライフスタイルまで社会全体の急激な変化に直面している。インターネットを利用したパソコン、スマートフォン、タブレット端末のネットワークとその機器が社会全体に浸透し、情報との向き合い方は大きく変化した。それぞれの機器の頭脳となるCPU(Central Processing Unit)やディスプレイは進化を続け、高速処理と高解像度を実現したテクノロジーは人々の映像を「みる」世界を変えた。特に無料動画サービス「YouTube」が躍進し、NTTドコモモバイル社会研究所が全国の15〜79歳、6,925人に行った調査(2020)では、認知率95.1%、利用率62.3%の結果となり、他の動画サービスを圧倒する形となった。これまでのプロスポーツの中継放送は、電波を使用するテレビが即時性で優れ、確固たる地位を確率していたが、インターネット回線のインフラが技術的に進歩することによってこの優位性が失われていくことが考えられる。

　2020年より日本国内で次世代の移動通信方式「5G」商用サービスが開始される。5Gとは、「5th Generation」の略称であり「第5世代移動通信サービス」を意味し、「高速・大容量」「低遅延」「多数接続」が特徴である。1980年代の第1世代移動通信システムであるアナログ方式の通信速度が10kbps程度から第4世代では1Gbpsまで高速化が実現し、30年間で10万倍の進化を遂げた。さらに5Gでは10Gbpsから最大20Gbpsまで高速化が可能であると見込んでおり、4Kおよび8Kの超高精細映像データの送信、VR(Virtual Reality：仮想現実)やAR(Augmented Reality：拡張現実)で用いられる大容量のデータ通信も可能となる。つまり、スポーツにおいても新たな「みるスタイル」や「するスタイル」の創出が期待され、スポーツ市場が活性化するであろう。

　上述したYouTubeなどのOTT(Over The Top：通信事業者やインターネット・サービス・プロバイダー(ISP)に頼らず、インターネットを通じて提供されるメッセージや音声、動画などのコンテンツやサービス)の台頭でスポーツファンは有料放送に加入しなくともテレビを介さなくともス

図18-1　5G の展開

(総務省，2020)

ポーツ中継を楽しめるようになってきている。また、5G の次世代通信システムは、スポーツ番組を提供する OTT サービスの多様化を促進し、スポーツ観戦のあり方が変化することが考えられる。OTT は世界的にも大きな伸びを示している産業であり、その収益は 2018 年時点で約 4.2 兆円 (380 億米ドル)、2023 年には約 8 兆円 (720 億米ドル) にも達する見通しであり、2018 年〜 2023 年の間の年平均成長率 (Compound Annual growth Rate：CAGR) は 13.77% と高い値が見込まれている (笹川スポーツ財団，2020)。

　OTT 市場が活況を呈している背景には、これから「5G」を柱とする通信環境の進展のほかに情報通信機器の飛躍的な普及が要因としてあげられる。スマートフォンやタブレット端末の普及は消費者の機会や場所を選ばず、コンテンツを楽しむことが可能となった。特に 2020 年のスマートフォンの所有率は、携帯電話所有者の 88.9% にのぼり、2015 年から約 40% 上昇している (モバイル社会研究所，2020)。このように情報通信機

（平日1日）

		平均利用時間（単位：分）					行為者率（%）				
		テレビ（リアルタイム）視聴	テレビ（録画）	ネット利用	新聞閲読	ラジオ聴取	テレビ（リアルタイム）視聴	テレビ（録画）	ネット利用	新聞閲読	ラジオ聴取
全年代	2015年	174.3	18.6	90.4	11.6	14.8	85.9	16.7	75.7	33.1	7.8
	2016年	168.0	18.7	99.8	10.3	17.2	82.6	17.8	73.2	28.5	8.3
	2017年	159.4	17.2	100.4	10.2	10.6	80.8	15.9	78.0	30.8	6.2
	2018年	156.7	20.3	112.4	8.7	13.0	79.3	18.7	82.0	26.6	6.5
	2019年	161.2	20.3	126.2	8.4	12.4	81.6	19.9	85.5	26.1	7.2
10代	2015年	95.8	17.1	112.2	0.2	2.6	75.9	16.5	83.8	2.9	2.9
	2016年	89.0	13.4	130.2	0.3	3.5	69.3	13.2	78.9	2.1	2.1
	2017年	73.3	10.6	128.8	0.3	1.5	60.4	13.7	88.5	3.6	1.4
	2018年	71.8	12.7	167.5	0.3	0.2	63.1	15.2	89.0	2.5	1.1
	2019年	69.0	14.7	167.9	0.3	4.1	61.6	19.4	92.6	2.1	1.8
20代	2015年	128.0	15.8	146.9	2.1	6.4	77.4	13.0	91.6	10.3	5.3
	2016年	112.8	17.9	155.9	1.4	16.8	70.3	18.9	92.6	6.7	5.8
	2017年	91.8	13.9	161.4	1.4	2.0	63.7	14.4	95.1	7.4	3.0
	2018年	105.9	18.7	149.8	1.2	0.9	67.5	16.5	91.4	5.3	0.7
	2019年	101.8	15.6	177.7	0.9	3.4	65.9	14.7	93.4	5.7	3.3
30代	2015年	142.4	20.3	105.3	3.5	15.3	80.5	18.9	90.7	19.3	6.4
	2016年	147.5	18.6	115.3	3.8	15.4	79.7	18.8	88.4	18.2	5.1
	2017年	121.6	15.3	120.4	3.5	4.3	76.5	15.5	90.6	16.6	2.3
	2018年	124.4	17.4	110.7	3.0	9.4	74.1	19.1	91.1	13.0	4.3
	2019年	124.2	24.5	154.1	2.2	5.0	76.7	21.9	91.9	10.5	2.2
40代	2015年	152.3	15.8	93.5	8.8	13.7	86.5	16.6	89.3	34.2	6.5
	2016年	160.5	23.2	97.7	8.0	17.2	86.4	23.3	78.4	27.8	9.3
	2017年	150.3	19.8	108.3	6.3	12.0	83.3	17.3	83.5	28.3	7.9
	2018年	150.3	20.3	119.7	4.8	16.6	79.2	18.8	87.0	23.1	7.4
	2019年	145.9	17.8	114.1	5.3	9.5	82.0	17.9	91.3	23.6	6.0
50代	2015年	219.8	18.6	74.7	17.0	10.7	90.3	15.8	68.5	48.8	8.0
	2016年	180.6	17.0	85.5	14.4	14.8	86.9	14.8	68.5	41.0	8.5
	2017年	202.0	19.1	77.1	16.3	19.5	91.7	16.1	76.6	48.1	9.1
	2018年	176.9	20.8	104.3	12.9	17.2	88.5	20.6	82.0	43.9	9.3
	2019年	201.4	22.5	114.0	12.0	18.3	92.8	21.9	84.2	38.5	12.2
60代	2015年	257.6	22.6	35.7	29.6	30.6	95.2	18.3	43.0	62.0	14.5
	2016年	259.2	18.4	46.6	25.8	23.4	92.2	15.0	41.7	55.4	14.7
	2017年	252.9	20.0	38.1	25.9	17.3	94.2	16.6	45.6	59.9	9.5
	2018年	248.7	27.3	60.9	23.1	22.8	91.6	19.7	59.0	52.8	11.7
	2019年	260.3	23.2	69.4	22.5	27.2	93.6	21.2	65.7	57.2	13.4

（休日1日）

		平均利用時間（単位：分）					行為者率（%）				
		テレビ（リアルタイム）視聴	テレビ（録画）	ネット利用	新聞閲読	ラジオ聴取	テレビ（リアルタイム）視聴	テレビ（録画）	ネット利用	新聞閲読	ラジオ聴取
全年代	2015年	231.2	33.9	113.7	13.0	11.9	86.6	24.5	74.2	34.9	6.7
	2016年	225.1	32.9	120.7	11.9	7.4	85.7	25.1	73.8	30.3	4.8
	2017年	214.0	27.2	123.0	12.2	5.6	83.3	22.2	78.4	30.7	4.5
	2018年	219.8	31.3	145.8	10.3	7.5	82.2	23.7	84.5	27.6	5.1
	2019年	215.9	33.0	131.5	8.5	6.4	81.2	23.3	81.0	23.5	4.6
10代	2015年	155.8	30.6	221.3	0.4	0.6	74.1	25.2	88.5	3.6	0.7
	2016年	122.9	25.9	225.7	0.9	0.5	77.1	23.6	84.3	3.6	1.4
	2017年	120.5	20.6	212.5	0.5	3.6	66.2	19.4	92.1	3.6	1.4
	2018年	113.4	28.6	271.0	0.9	0.0	67.4	27.7	91.5	3.5	2.1
	2019年	87.4	21.3	238.5	0.1	0.0	52.8	17.6	90.1	0.7	0.0
20代	2015年	155.4	34.6	210.0	2.0	4.4	79.9	24.7	91.0	9.1	4.1
	2016年	152.7	26.0	216.1	3.2	8.9	74.2	23.5	94.9	8.3	3.2
	2017年	120.3	26.6	228.8	2.4	2.9	67.6	24.5	97.7	7.9	2.3
	2018年	151.0	32.8	212.9	2.1	2.1	66.5	24.9	95.2	6.2	2.4
	2019年	138.5	23.0	223.2	0.9	1.2	69.7	19.9	91.0	3.3	1.9
30代	2015年	197.1	36.9	131.3	5.1	9.2	85.1	26.2	92.8	20.0	4.7
	2016年	202.5	34.8	119.5	3.9	2.8	80.0	24.7	86.9	18.4	2.2
	2017年	166.9	26.4	136.0	3.8	2.8	79.4	21.8	90.5	14.1	1.9
	2018年	187.2	26.6	150.2	3.5	3.9	78.3	19.1	90.2	11.7	3.5
	2019年	168.2	31.0	149.5	2.5	2.0	78.3	23.3	90.3	9.9	2.0
40代	2015年	208.6	34.9	91.9	9.8	5.9	85.5	27.7	80.0	34.2	3.5
	2016年	222.4	48.1	117.1	10.1	4.5	86.3	34.2	80.8	32.3	4.3
	2017年	213.3	31.6	109.2	7.6	4.7	83.8	25.2	84.4	29.6	5.0
	2018年	213.9	39.0	145.3	6.4	8.2	82.7	25.9	90.4	25.3	3.4
	2019年	216.2	37.5	98.8	6.0	5.0	83.7	25.5	84.7	20.2	3.7
50代	2015年	300.1	35.7	70.4	18.0	11.3	93.4	24.5	65.0	53.7	7.0
	2016年	250.4	29.7	80.1	15.6	8.4	90.4	24.6	65.0	42.3	4.2
	2017年	265.7	30.8	82.4	16.1	7.4	93.4	23.3	70.3	44.6	5.8
	2018年	260.8	22.9	115.0	15.3	10.4	91.9	21.5	80.7	42.2	7.0
	2019年	277.5	48.0	107.9	12.9	6.6	90.3	30.6	77.3	37.4	6.5
60代	2015年	317.7	29.7	37.1	33.2	31.7	94.0	19.3	40.0	66.7	16.3
	2016年	325.1	26.7	43.3	28.9	15.5	96.7	18.5	42.6	56.4	10.9
	2017年	320.7	23.6	44.6	33.0	10.2	96.2	18.1	46.1	62.8	7.9
	2018年	315.3	34.6	64.3	26.1	14.1	93.0	24.4	63.2	56.9	10.0
	2019年	317.6	28.1	56.1	21.8	18.5	94.5	21.0	60.7	51.7	10.3

図 18-2　情報通信メディアの利用時間と情報行動
（総務省情報通信政策研究所, 2020）

　器が普及したことに伴い、メディアの利用時間や情報行動に変化が生じ、10代、20代ではテレビの視聴時間をインターネットの利用時間が上回っ

ている。この現象においては、メディア価値の逆転を示唆していると考えることができ、スポーツ映像の視聴やスポーツ関連情報の取得はインターネット、スマートフォンの利用が更に加速するだろう。以上の観点から、スポーツの OTT サービスは消費者のニーズが高まることが予想され、新たなコンテンツ作成による事業の成長が見込まれている。

2. エビデンスベーストスポーツの到来

　今日、スポーツに関する研究は国内外で盛んに行われ、多くの研究論文が存在し、増加を続けている。それらの科学的エビデンスはスポーツ科学のすべての領域で蓄積され、スポーツの現場で生かされている。図3は、スポーツ科学研究の論文数および雑誌数の推移を示したグラフである (文部科学省科学技術・学術政策研究所, 2019)。このグラフは Web of Science において、サブジェクトカテゴリが Sport Sciences に付与されている論文数となっている。

　まず雑誌数であるが、1995 年の 28 誌から 1996 年の 45 誌と急激に増え、2017 年には 84 誌と増加し続けている。論文数においても増加を続け、約 35 年の間に 10 倍と大きく伸びたスポーツ科学研究は、年間 1 万件近い論文が出る研究領域へと成長を遂げている。

　スポーツ科学研究は関連する研究分野が多岐にわたる学際的なものであり、どのような研究と関連しているのか、サブジェクトカテゴリの割合から窺い知ることができる。Web of Science では一つの雑誌に複数のサブジェクトカテゴリが付与されており、2013 年から 2017 年のスポーツ科学研究の論文約 4.6 万件の中で約 7 割にスポーツ科学研究以外のサブジェクトカテゴリが付与されている。その分布から他の研究との関連を見てみると、上位から整形外科学 (26.7%)、生理学 (13.1%)、外科学 (12.5%)、リハビリテーション (11.4%) と続く。工学 (3.4%) が 8 位に位置し、近年増加していることはスポーツとテクノロジーの関係が強くなっていることを示唆している。

　アスリートが競技するスポーツの現場において、科学的エビデンスを採用することは当然の時代が到来した。その結果、プレーの難易度や質など

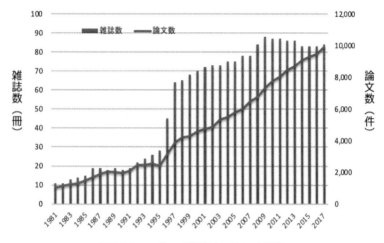

図18-3 スポーツ科学研究の論文・雑誌数
(文部科学省科学技術・学術政策研究所, 2019)

のパフォーマンスは向上し、タイムが次々と塗り替えられている。この現場において、コーチングおよびトレーニングに関しては特にエビデンスベースであるべきであると考えられる。幼少の頃から競技を開始するアスリートは少なくなく（友添, 2011）、日本で競技人口が多い野球を例にとってもその傾向は強い（小野里ほか, 2017）。誰でも初めて行う競技においては必ず指導が必要となり、指導者の役割は大きい。しかし、適切なコーチングを受けることができず、心理サポートを必要とする場合もある（米丸ほか, 2016）。特に日本では、指導者の体罰や行き過ぎた指導が後を絶たない現状があり、エビデンスベーストコーチングは急務である。また、図子（2014）は、哲学・倫理を土台としたコーチング行動を正しく適切に行うこと必要であり、コーチングとそれを担うコーチの役割・責務は、今後、益々大きくなると述べている。

　スポーツは、現代人の健康や豊かな生活を送る上で欠かすことのできないものとなっており、今後更に重要度は高まることが考えられる。スポーツ科学では多くの研究が進み、コーチングやトレーニングの科学的エビデ

ンスには様々な研究手法が取り入れられてきたが、これらは測定機器や分析するコンピューターの進化など、工学的な発展が寄与していることが一因である。さらに、施設、設備、用具などのハードウェアの高性能化や安全性、快適性の向上には使用者である人間のダイナミクスが考慮され、機械工学、人間工学、感性工学などを融合した「スポーツ工学」の研究が果たしてきた役割は大きく、これらの研究分野の進展が期待される。

3. スポーツ科学と測定機器の進化

　現代スポーツに至るまでの発展は、様々なテクノロジーの成果と切り離すことはできない。「するスポーツ」に必要な道具の機能は高まり、スタイリッシュなデザインはトップアスリートから愛好家まで楽しませる大きな要因である。スタジアムやアリーナの整備が進み、グラウンドは土ではなく人工芝が多く採用されるようになった。天候に左右されることが減少し、障害予防の観点からも優れた施設が急速に増加した。ウェアやシューズなどの機能がパフォーマンスにどのように関係するのか、サプリメントやドーピングなど栄養や薬物の生体影響まで、学際的な研究による成果である。

　代表的なものを取り上げると、まず、スポーツを「する」「みる」両方に大きな影響を与えているカメラの技術であろう。ハイスピードカメラやハイビジョンのテクノロジーなど、映像を記録して再生することは、これまで速くて見えなかった現象を鮮明に確認でき、観る者の興味をそそり、アスリート自身のパフォーマンス向上にも影響を与えている（折笠ほか，2014：寺井ほか，2011）。

　また、スポーツにおける判定は、審判による目視が主であるが、現在、多くの競技において目視以外の判定が活用されている。特にカメラの映像技術を利用して判定に導入している競技が増加している（森，2015）。

　多くの競技で採用されている Hawk-Eye System は、6 台のハイスピードカメラが、スタジアムの縦位置や横位置などの異なった角度から撮影し、疑問視された映像 1 秒間を 60 枚の画像を映し出した 6 台分 360 枚の画像から、ボールの弾道を膨大な数（10 億回の方程式）でコンピューター

が均一化して再生する技術である（神和住，2009）。現在、テニス、クリケット、サッカー、ラグビー、バレーボール、野球、アイスホッケー、バドミントン、競馬、陸上競技のなどに判定システムとして導入されている。

ゴルフや野球で多く導入されている「TRACKMAN」は、レーダーがボールを追尾してボールの速度や回転数、軌道を可視化し、カメラと合わせてプレーヤーの分析が可能であり、ゴルフにおいてはアマチュアの練習の中にすら浸透しつつある。また、「DARTFISH」のように、スポーツの映像内の対象を自動追尾するトラッキング機能、映像から距離や高さ、スピードなど計測する3Dアナライザー機能を備えており、過去には困難であった分析が実現したことはプレーヤーのパフォーマンスの向上のみならず、視聴者を楽しませることにも影響を及ぼすだろう。

さらに、カメラ技術は人間の視線計測システムにも応用されている。「人がどこを見ているのか」を可視化・計測可能にする機器である眼球運動測定装置（アイマークレコーダ）は、人間工学、医学、産業の各分野で研究されている。この装置は帽子（メガネ型もあり）に2種類のカメラが取り付けられており、1種類は2つの眼球に向けられ、もう1種類は見てい

図18-4　映像からのトラッキング分析

(出所:DARTFISH HP)

192

る方向に向けられている。眼球に向いたカメラは、眼に近赤外光を照射し、その結果から得られる角膜反射と瞳孔の動きを検出し、視界側に向けられたカメラは小型 CCD カメラであり、カメラから得られる映像が被験者の視野と近似した映像を提供するようになっている。

　スポーツでは、アスリートが無意識下で行うプレーにおいて、何を見て判断したのか、熟練者と非熟練者の違いなど、スポーツのパフォーマンスに着目した知覚と運動の問題に関し、認知科学や心理学の研究において活用されている。このような研究手法は、スポーツのパフォーマンスのみならず、スポーツのマーケティングやビジネスに生かそうとする動きがある。萩原ら（2017）は、この視線計測をスポーツビジネス研究に応用し、テレビでのプロ野球放送視聴者が球場内のスポンサー広告にどの程度認知されたか検討した。

　スポーツ科学は多岐にわたる研究が行われており、ここに取り上げたのはごく一部である。他に、生理的評価指標として、心拍や血圧などの自律神経系活動指標、NIRS や fMRI、脳波などの中枢神経系活動指標、唾液中の成分などの内分泌系指標および免疫系指標、これらも研究方法として採用されている。また、筋肉の反応を知る筋電計測、動作解析を行うモーションキャプチャーシステムなどは運動技術の研究に多く採用されている。

　スポーツ科学では、スポーツに関する事象を定量化して評価するために様々な機器を使用する。これらは時代とともに進化し、テクノロジーの進展を抜きにしてスポーツ科学の発展はあり得ないと言っても過言ではない。これから、新たな技術が応用され、スポーツの知ることができなかったことが次々と明らかにされると考えられる。そして、それらのエビデンスがスポーツビジネスに大きな波及効果をもたらすであろう。

（秋山大輔）

【参考文献・参考資料】

1) 総務省.令和 2 年版情報通信白書.
   https://www.soumu.go.jp/ johotsusintokei/whitepaper/ja/r02/pdf/02honpen.pdf
   (2020 年 9 月 20 日参照).
2) NTT ドコモモバイル社会研究所.モバイル社会白書 2020 版.
   https://www.moba-ken.jp/whitepaper/wp20.html (2020 年 9 月 20 日参照).
3) 笹川スポーツ財団.スポーツ白書 2020 ～ 2030 年のスポーツ のすがた～.日経印刷.
4) 文部科学省科学技術・学術政策研究所.科学技術指標 2019.
   https://www.nistep.go.jp/sti_indicator/2019/RM283_45.htm l(2020 年 9 月 20 日参照).
5) 友添秀則.「ジュニア・アスリート」問題の交点.現代 スポーツ評論,24:10-19. 2011.
6) 小野寺真弓,谷口英規,畑攻,八丁茉莉佳.大学野球部 の組織マネジメントに関する基礎的研究–基本的な組織機能 に着目して–.日本女子体育大学紀要,第 47 巻, pp13-24. 2016.
7) 米丸健太,鈴木壮.「自分が分からない」と訴えて来談 したアスリートとの面接–対話を通して独り立ちするまでの 過程–.スポーツ心理学研究,第 43 巻,第 1 号, 15-28 頁 . 2016.
8) 図子浩二.コーチングモデルと体育系大学で行うべき一 般コーチング学の内容.コーチング学研究,第 27 巻第 2 号, 149-161 .2014.
9) 折笠愛,中西康巳,秋山央,加藤陽一.バレーボールに おける映像フィードバックに関する研究.バレーボール研究,第 16 巻第 1 号, pp20-24.2014.
10) 寺井宏文,立正伸.映像フィードバックを用いた練習が バッティング技術に与える影響.スポーツパフォーマンス研究,3, 138-152. 2011.
11) 森享宏.スポーツ競技の映像技術との関わり.映像情報 メディア学会誌,Vol.69, No.4, pp.309-312.2015.
12) 神和住純.HAWKEYESYSTEM(鷹の目).法政大学体育・スポーツ研究センター紀要,27, 07-12.2009.
13) dartfish Japan ホームページ .http://www.dartfish.co.jp(20 20 年 9 月 20 日参照).
14) Trackman ホームページ .http://trackmangolf.jp(2020 年 9 月 20 日参照).
15) 萩原悟一,秋山大輔,隅野.スポーツ中継視聴者の看板 広告への視線検証.スポーツ産業学研究,Vol.27, N0.3, 197 -202.2017.

第 19 章　スポーツツーリズム

1. なぜ、スポーツツーリズムなのか？

　日本は今少子高齢社会であり、人口減少は進み高齢化率は年々高まっている（図19-1）。こうした少子高齢化やそれに伴う人口減少は、我が国経済の供給面と需要面の双方にマイナスの影響を与え、我が国の中長期的な経済成長を阻害する可能性がある。すなわち、供給面からみた場合、経済成長の要因は、①労働投入、②資本投入、③生産性（全要素生産性）の3要素に分解されるが、少子高齢化による生産年齢人口の減少は、このうち①の労働投入の減少に繋がると考えられる。また需要面からみた場合、少子高齢化とそれに伴う人口減少は、医療・介護サービスなど一部の分野で国内需要を拡大させる一方、多くの分野で国内需要の縮小要因となると考えられる。

　また、人口の地方から都市への流出が進んでいる（図19-2）。そうなると地方は先に挙げた国家として人口減少の影響が先んじて事象として現れ、人々の雇用が失われ行政サービスを受けられなくなるなど人が地方で生活できない状況が進み、地方の過疎化・衰退は加速的に進む。

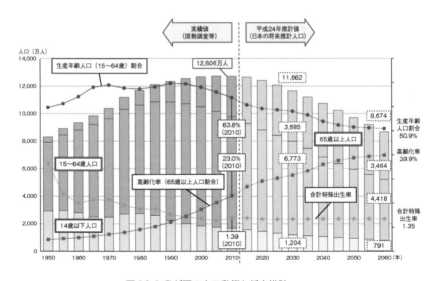

図 19-1 我が国の人口動態と将来推計

（出所）総務省「国勢調査」及び「人口推計」、国立社会保障・人口問題研究所「日本の将来推計人口（平成24年1月推計）：出生中位・死亡中位推計」（各年10月1日現在人口）、厚生労働省「人口動態統計」

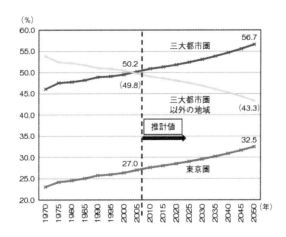

図 19- 2 三大都市圏及び東京圏の人口が総人口に占める割合
（出所）国土交通省国土審議会政策部会長期展望委員会「国土の長期展望」中間とりまとめ

　地方の衰退を防ぐためには、地方に産業を産み出し、雇用を創出することが不可欠である。そこで地方に雇用を創出する可能性を秘めたスポーツツーリズムが注目される。

2．スポーツツーリズムとは

　近年、スポーツを「みる」ためや「する」ための観光（ツーリズム）の事例が増えてきた。例えば「みる」では各種スポーツの世界大会や各国のレベルの高いスポーツリーグの観戦、特に日本人がチームのメンバーとして参加している試合を現地まで出向いて観戦するなどである。「する」では、ホノルルマラソンへの参加や国内のマラソン大会、トライアスロン、サイクリングなどの各種目の大会に参加するために大会会場まで出向き、参加するなどである。

　スポーツツーリズムの種類として原田（2009）は Graham ら（2001）の分類を参考に、「スポーツ参加型」「スポーツ観戦型」「都市アトラクション訪問型」の３領域に分類し、スポーツツーリズムの現状を説明している。さらに、海外から日本を訪れる観光の市場を「インバウンド市場」、日本

表 19-1　スポーツツーリズムの３つのタイプと３つの市場

	参加型（する）スポーツ）	観戦型（みる）スポーツ）	訪問型
インバウンド市場	・オーストラリアからのスキー客 北海道倶知安町） ・韓国からのゴルフツアー	・アジア野球大会への韓国・台湾からの応援団 ・2002年ワールドカップへの海外からの応援ツアー	<コンテンツ不足の未開拓分野>
アウトバウンド市場	・ホノルルマラソンへの参加 ・マウイ島でのゴルフ ・海外での草の根スポーツ交流	・ヤンキースの松井選手やマリナーズのイチロー選手への応援ツアー	・ヨーロッパやアメリカへのスタジアム見学ツアー
国内市場	・各地のマラソン大会やトラ大会への参加 ・スポーツ合宿	Jリーグやプロ野球アウェーゲームへの観戦ツアー	・スポーツ博物館やスタジアムの見学ツアー

出所：原田宗彦編者『スポーツ産業論』杏林書院、2007年、p260を改変

から海外に出向く市場を「アウトバウンド市場」、国民が国内の移動にともなう市場を「国内市場」と説明している（表19-1）。

　また、スポーツツーリズムは国の施策として、スポーツ基本計画（スポーツ庁,2017）、スポーツツーリズム推進基本計画（観光庁,2011年）、観光立国推進基本計画（観光庁,2017）で位置づけられている。

3.「する」スポーツツーリズム

　「する」スポーツツーリズムには、マラソン大会や各種スポーツ大会に選手として参加する競技志向のツーリズムと、楽しみのためにスポーツに

表 19-2　スポーツツーリズムとヘルスツーリズムの関係

		活動性	
	低い		高い
非競争的	ヘルスツーリズム （例：スパツーリズム、ヘルスツーリズム）	ヘルスツーリズム （例：フィットネス、療養）	アドベンチャーツーリズム （例：ラフティング、スキューバーダイビング、ハイキング）
動機	アドベンチャーツーリズム（例：ヨット）	ヘルス、スポーツ、アドベンチャーを含むツーリズム（例：サイクリング、シーカヤッキング）	アドベンチャーツーリズム 例：登山）
競争的	スポーツツーリズム（例：スポーツ観戦）	スポーツツーリズム（例：ローンボール）	スポーツツーリズム（例：海洋レース）

Haii（1992）をもとに作成

参加するレクリエーション志向のツーリズムなどがある。前者には、ホノルルマラソンやニューヨークシティーマラソンなど、数万人規模のランナーが集う参加競技型イベントへの参加や、野球のリトルリーグからインターハイやインカレまで、多くのアマチュア大会への参加がある。後者には、スキー、キャンプ、ハイキングから冬山登山まで、レクリエーションを目的とするもので、最近では、「アドベンチャーツーリズム」や「エコツーリズム」など、テーマを絞ったアウトドア関連のツーリズムに関心が高まっている（表19-2）。

4．「する」スポーツツーリズム事例

　「する」スポーツツーリズムについて、いくつか事例を紹介する。

「鹿島ガタリンピック」

　佐賀県鹿嶋市で開催される日本一干満の差が大きい（6 M）広大な有明海の干潟を利用した、干潟の上で行う運動会がガタリンピック・ゲームである。

　2015 年 5 月で 31 回を迎え、3 万 5000 人の観客動員数を誇る。種目は、各種団体競技と個人競技がある。2015 年度の大会では海外 24 カ国からの出場者があり、地域から 2000 人の出場者が参加した。同イベントは、昭和 59 年、佐賀県の総合計画が発表され、『鹿島』には‘新幹線も高速道も通らない’事が明らかになったことがはじまりであった。時の青年会議所理事長　桑原允彦（元鹿島市長）は、市内の若者達に呼びかけ、むらおこしグループ『フォーラム鹿島』を結成した。そして昭和 60 年 5 月 3 日、第一回鹿島ガタリンピックが開催された。今まで、誰もが見向きもしなかった干潟を「負」の財産から、地域の貴重な財産へと活用した（逆転の発想）。そして、この干潟は日本でも珍しく、また、『鹿島』という地域の個性を表すことができた、ということである。

「ビワイチ」

　「ビワイチ」は、「びわ湖一周サイクリング」の略である。周囲 200km で湖の周りなので高低差はさほどない。

2009年には「輪の国びわ湖推進協議会」が設立された。ミッションとして1．普及啓発：自転車ファンを増やし正しい乗り方を広める。2．社会提案：自転車を活かす暮らし方・まちづくりを提案する。3．調査研究：自転車の使いやすい環境やツール等について研究する。4．ネットワーク活動：交通に関連する団体や個人と関係を深める。を掲げ、様々な事業に取り組んでいる。例えば「びわ湖一周認定証」である。同認定証は湖岸沿いの施設に設置されたチェックポイントを4箇所以上チェックし、申請するとヨシ紙でできた特製「びわ湖一周サイクリング認定証」と毎年色違いの「びわ湖一周サイクリング認定ステッカー」がもらえる。裏にはチェックした時分秒が記載される。2015年9月にはJR米原駅（滋賀県米原市）を自転車での「ビワイチ」の拠点にしようと、同県などでつくる「鉄道を活（い）かした湖北地域振興協議会」が、同駅でサイクリング用の自転車を貸し出す社会実験をおこなった。2016年3月にはびわ湖一周ロングライドが開催される。

「飛騨里山サイクリング」
　飛騨古川にある株式会社美ら地球は、外国人向けのガイド付き里山サイクリングをサービスとして提供している。同サービスでは、日本人には

図19-3　里山サイクリングツアーの様子

何気ない景色である里山の風景、日本の原風景をサイクリングを通して外国人に感じてもらうというサービスである。2010年にスタートしてから、5年間で世界40数カ国の外国人がツアーを利用している。2009年に当初はレンタサイクルとしてはじめたが、ビジネスとして成立させるために付加価値を付けるために2010年からガイド付きのサービスを開始した。現在では4種類のサイングリングツアーを催行している。

「マラソン」

　最近はフルマラソンだけではなく、短い距離でユニークなマラソンが開催されている。

　例えば広島市佐伯区で開催されている「八幡川リバーマラソン」は2015年で32回を迎える大会で、「川の中を走る」というとてもユニークな大会である。

　また、全国各地で開催されている「スィーツマラソン」は〝走った人に、ご褒美を。〟というコンセプトをもとに2010年に誕生した大会で、給水所の代わりに「給スィーツ所」が設けられ和洋様々なスィーツを食べることができる、ランニングとスィーツを同時に楽しむ大会である。

　北海道北見市で開催される「たんのカレーマラソン」は、4人1組のチームとして出場し、それぞれが折り返し地点に用意されたカレーの具材を取りに行き、全員ゴールして材料が揃ったらカレーを作って食べる。2015年年で開催30回を迎える。

　このように最近のマラソンでは単に記録を競うだけではなく、レクリェーションとして楽しんで参加できるものもある。また、これらのマラソン大会の前後に地元の特産物を食べたりお土産として買って帰ることも楽しみとしておこなわれる「ラン旅（旅ラン）」という言葉も見られる。

5.「みる」スポーツツーリズム

　「みる」スポーツツーリストを引き付けるオリンピックやFIFAワールドカップのようなメガ・スポーツイベントは、スタジアムやアリーナが整備された大都市で開催されることが多く、山や海へでかけるレクリエー

表19-3 「みる」スポーツツーリズムの種類

	国内	国外
プロフェッショナルスポーツ	○プロ野球 ○Jリーグ ○プロテニス ○プロゴルフ ○モータースポーツ	○メジャーリーグベースボール ○プレミアリーグ ○セリエA ○アジアサッカーリーグ ○ブンデスリーグ ○プロテニス
全国大会・世界大会	○国民体育大会 ○全国高校野球大会 ○全国高校サッカー選手権大会	○オリンピック・パラリンピック ○ワールドカップサッカー ○ワールドカップラグビー ○ワールドベースボールクラシック ○ウィンブルドンテニス ○FIFAクラブワールドカップ

林（2014）を改編

ション志向の「する」スポーツツーリズムとは異なる。わが国では、海外で活躍するスポーツ・セレブ（有名選手）の数が増え、「みる」スポーツ市場がグローバル化するにつれ、海外でのスポーツ観戦ツアーに対する需要が増えている。

国内ではプロフェッショナルスポーツでは、プロ野球やJリーグのアウェーゲームや、プロテニス、プロゴルフなどがある。アマチュアスポーツでは国民体育大会や全国高校野球大会、全国高校サッカー選手権大会などがある。

6. 都市アトラクション訪問型

都市インフラ（施設）としてのスタジアムやアリーナは、一般的なツーリストアトラクションでもある。ヨーロッパやアメリカの主なスタジアムでは、スタジアムツアーが定期的に行なわれており、多くの一般観光客や社会見学の一環として児童生徒が訪れる。

またスタジアムやアリーナに付随する、プロスポーツクラブやチームの輝かしい歴史を展示するスポーツ・ミュージアムもまた、多くのツーリストを引き付けるアトラクションである。例えば、札幌ドームでも同様のツアーやミュージアムがあるし、札幌オリンピックの会場となった大倉山の施設やミュージアムも訪問型施設と言える。

7. スポーツツーリズムの効果

　スポーツツーリズムの効果はいくつか考えられる。

　一つ目は「経済効果」である。例えば、「みる」スポーツツーリズムの例として、プロスポーツのアウェイゲームの観戦が挙げられる。プロサッカーリーグに所属する浦和レッズは熱狂的なサポーターで有名である。彼らの一部はアウェイゲームにも応援に行く。例えばガンバ大阪との試合ならば、大阪まで出向き、試合前日なら一泊し、飲食し、試合の前後で大阪市内を観光するかもしれない。そうすると大阪市には、宿泊費や飲食費、お土産代などが落ちる。これらの事象がJリーグの試合開催時に、全国の会場で起きればJリーグの開催により発生するスポーツツーリズムで全国的な経済効果が見込める。オリンピックやワールドカップなどでも開催期間中などの経済効果も然ることながら、開催までに整備する会場の建設費や道路整備費、また、同イベント開催により地名や魅力が世界的に知られ訪問客が増えるのであればそれも経済効果になる。このようにスポーツツーリズムは単にスポーツ・レクリエーションのイベントを実施する娯楽的なものではなく、「お金」を産むのである。

　二つ目に、「シティプロモーション」の効果である。

　「シティプロモーション」とは簡単に言うと「その街を国内外に宣伝する。」ことである。我々は冬季オリンピックが開催されなければロシアの「ソチ」という都市は知ることがなかったであろう。サッカーの強豪「FCバルセロナ」のバルセロナや「マンチェスターユナイテッド」のマンチェスターは都市名である。テニスの大会で耳にする「ウィンブルドン」も地名から来ている。これらのクラブの名前や大会の開催地名はテレビや新聞、インターネットを通じて視聴者に伝わる。このようにスポーツを通して、そのクラブのある都市名やイベントの開催された都市名を国内外の人たちに知ってもらうことができるのである。都市名を知ってもらえればその都市に関心を持ってもらえることにもなり、観光で訪れてみようであるとか、その都市の特産物を買ってみようであるとかその都市に経済効果をもたらす可能性が出てくる。したがって、どの都市も先に上げた短期的な経済効果も然ることながら、自分たちの都市を知ってもらうことで得られる中長

期的な経済効果を得ようとしてプロクラブの招致、上位リーグへの昇格、イベントの招致を目指すのである。

三つ目に、「ソーシャルキャピタル」醸成効果である。

「ソーシャルキャピタル」とは、社会・地域における人々の信頼関係や結びつきを表す概念である。ソーシャルキャピタルが蓄積された社会では、相互の信頼関係や協力が得られるため、他人への警戒が少なく、治安・経済・教育・健康・幸福感などに良い影響があり、社会の効率性が高まるとされる。スポーツイベント開催にあたっては多くのボランティアと住民の協力が不可欠である。このような参画意識が地域の連帯感を育み、ソーシャルキャピタル醸成へと繋がる。また、プロスポーツクラブの存在や大規模スポーツイベントの開催は、開催地に住む住民に対し、その地域に住む「誇り」を産む。その誇りは地域住民としてのアイデンティティを強化し、その都市からの人口流出を防ぎ、逆に住みよい街として人口流入の可能性を産みだす。

8. スポーツコミッションとは

スポーツと，景観・環境・文化などの地域資源を掛け合わせ，戦略的に活用することで，まちづくりや地域活性化につなげる取組が全国で進め

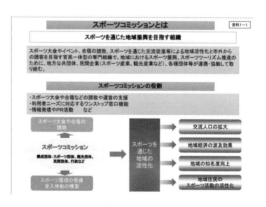

図 19-4　スポーツコミッションとは
（出所：由利本荘市サイト　http://www.city.yurihonjo.lg.jp/）

られている。例えば，スポーツへの参加や観戦を目的とした旅行や，スポーツと観光を組み合わせた取組である「スポーツツーリズム」，域外から参加者を呼び込む「地域スポーツ大会・イベントの開催」，国内外の大規模な「スポーツ大会の誘致」，プロチームや大学などの「スポーツ合宿・キャンプの誘致」などが，代表的な取組である。各地でこれらの取組を推進しているのが，地方公共団体とスポーツ団体，観光産業などの民間企業が一体となって組織されたスポーツコミッションである。スポーツを通じた地域振興の，まさに中心的存在として活動している。

9. ネイチャースポーツ

「する」スポーツ事業者の内部環境の一つにスポーツ施設（インフラ）がある。

2020年の東京オリンピックを開催準備が進められているが、その際国立競技場の建設費について大きく注目された。人口減少、都市への人口集中などが問題視される中で、今後地方での大型公共施設の建設については非常に厳しい状況になっていくことが想定される。

そのような中で、スポーツ庁が策定したスポーツ基本計画や観光庁が

表19-4　ネイチャースポーツ

空スポーツ	スカイダイビング、グライダー、ハングライダー、パラグライダー、パラシューティング、熱気球、バンジージャンプ、スポーツカイトなど
山/森スポーツ	登山、トレイルランニング、ロッククライミング、オリエンテーリング、ハイキング、サバイバルゲーム、フライングディスク、ブーメランなど
海/川スポーツ	ヨット、ボート、サーフィン、ボディボード、セイリング、水上スキー、ウェイクボード、釣り、ダイビング、カヌー、カヤック、スイミングなど
雪スポーツ	スキー(ノルディック、アルペン、フリースタイル、テレマーク、スピード)、スノーボード(アルペン、フリースタイル、クロス)、ボブスレー、スケルトン、リュージュ、スノースクー
車スポーツ (カー/バイク/自転車/船)	バイクトライアル、モトクロス、カーレース、競艇、モーターボード、ジェットレース、オートレース、ラリー、サイクルレース、サイクリングなど
動物スポーツ	馬術、競馬、ポロ、ロデオ、犬ぞりレースなど

出所：スポーツツーリズムハンドブック , 学芸出版社 ,p78

205

策定した観光立国推進基本計画、スポーツツーリズム推進基本方針などにおいても注目されているのが自然資本を活用したアウトドアスポーツである。

アウトドアで行われるスポーツもきちんと整備された競技施設（グラウンドなど）で行われるものから、大自然の中で行われるネイチャースポーツ（アドベンチャースポーツ）まで幅広いものがある。

ネイチャースポーツは、空から山、海まで、季節に応じたそれぞれの競技がある（表19-4）。競技で使う道具や装置も、スカイダイビングでは飛行機、カーレースでは自動車、馬術では馬など多様である。

10. アドベンチャーツーリズム

アドベンチャーツーリズム（以下、AT）とは「アクティビティ、自然、文化体験の3要素のうち、2つ以上で構成される旅行」をいう（Adventure

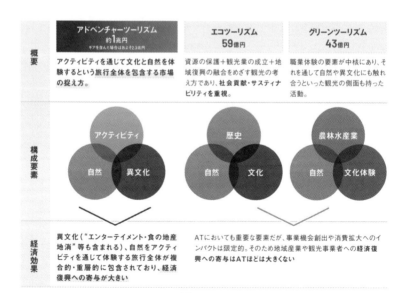

図 19-5

出典：ATTA HP・データ、UNWTO「Global Report on Adventure Tourism」、国土交通省「着地型旅行の市場概要」より JTB 総合研究所作成

Travel Trade Association による定義)。もともとは 1980 年代に自然を活かしたアウトドア・アクティビティ観光としてニュージーランドで発達した。自然をテーマとした観光にはエコツーリズム、グリーンツーリズムなどがあるが、アドベンチャーツーリズムは、アクティビティや異文化体験が組み込まれ、「学び」より「楽しみ」を重視したレジャー性の高さが特徴である。

　AT とは旅行者が地域独自の自然や地域のありのまま文化を、地域の方々とともに体験し、旅行者自身の自己変革・成長の実現を目的とする旅行形態である。"アドベンチャー"という言葉から、強度の高いアクティビティを主目的とすると連想されがちだが、アクティビティは地域をより良く知り、地域の方々との深く接する手段の一つであり、近年はハードなものより、むしろ散策や文化体験等のソフトで簡易なものが主流となってきている。

　AT は、自然や文化といった軸ではエコツーリズムやグリーンツーリズムと共通項を持つものだが、アクティビティを通じて地域の文化と自然を体験することで、自身の成長・変革と地域経済への貢献を実現することを目的とした新しい旅のあり方である。

11. ナショナルサイクルルート

　ナショナルサイクルルート制度は、優れた観光資源を走行環境や休憩・宿泊機能、情報発信など様々な取組を連携させたサイクルツーリズムの推進により、日本における新たな観光価値を創造し、地域の創生を図るため、ソフト・ハード両面から一定の水準を満たすルートを国が指定することで、日本を代表し、世界に誇りうるサイクリングルートとして国内外にＰＲを行い、サイクルツーリズムを強力に推進していくものである。

　現在ナショナルサイクルルートに指定されているものとして、つくば霞ケ浦りんりんロード（茨城県）、ビワイチ（滋賀県）、しまなみ海道サイクリングロード（広島県・愛媛県）がある。今後、全国にナショナルサイクルルートが整備されることが期待される。

表 19-5　ナショナルサイクルルートの指定要件

観点	指定要件
ルート設定	サイクルツーリズムの推進に資する魅力的で安全なルートであること
走行環境	誰もが安全・快適に走行できる環境を備えていること
	誰もが迷わず安心して走行できる環境を備えていること
受入環境	多様な交通手段に対応したゲートウェイが整備されていること
	いつでも休憩できる環境を備えていること
	ルート沿いに自転車を運搬しながら移動可能な環境を備えていること
	サイクリストが安心して宿泊可能な環境を備えていること
	地域の魅力を満喫でき、地域振興にも寄与する環境を備えていること
	自転車のトラブルに対応できる環境を備えていること
	緊急時のサポートが得られる環境を備えていること
情報発信	誰もがどこでも容易に情報が得られる環境を備えていること
取組体制	官民連携によるサイクリング環境の水準維持等に必要な取組体制が確立されていること

出所：ナショナルサイクルルート公式サイト
https://www.mlit.go.jp/road/bicycleuse/good-cycle-japan/national_cycle_route/

（林　恒宏）

【参考文献】

1) 総務省「国勢調査」及び「人口推計」、国立社会保障・人口問題研究所「日本の将来推計人口（平成 24 年 1 月推計）：出生中位・死亡中位推計」（各年 10 月 1 日現在人口）、厚生労働省「人口動態統計」
2) 国土交通省国土審議会政策部会長期展望委員会「国土の長期展望」中間とりまとめ
3) 原田宗彦編著『スポーツ産業論』吉林書院 . 2007
4) スポーツ基本計画 , スポーツ庁 , 2017
5) スポーツツーリズム推進基本方針 , 観光庁 , 2011
6) 観光立国推進基本計画 , 観光庁 , 2017
7) 原田宗彦 , スポーツ都市戦略 , 学芸出版社 , 2016
8) Hall,C.M.”Adventure,Sport and health tourism”In:Weiler,B.and Hall,C.M.(Eds) Special Interest tourism. Belhaven Press:Lomdon.1992.p.142
9) ガタリンピックオフィシャルサイト . http://www.gatalympic.com/ ．（2017 年 8 月 15 日閲覧）
10) 輪の国びわ湖 1 周　公式サイト．　http://www.biwako1.jp/ ．（2017 年 8 月 15 日閲覧）
11) 美ら地球公式サイト . http://www.chura-boshi.com/ （2017 年 8 月 20 日参照）
12) 黒田次郎他 , スポーツビジネス概論 2, 叢文社 , p243, 2016
13) スポーツ庁サイト , http://www.mext.go.jp/sports/ （2017 年 8 月 20 日閲覧）
14) 原田宗彦・木村和彦 , スポーツ・ヘルスツーリズム , 大修館書店 , p74, 2009
15) スポーツツーリズム・ハンドブック , 日本スポーツツーリズム推進機構 , 学芸出版社 , p78, 2015
16) JTB 総合研究所公式サイト
https://www.tourism.jp/tourism-database/glossary/adventure-tourism/ （2020 年 9 月 1 日閲覧）
17) 一般社団法人日本アドベンチャーツーリズム協議会
https://atjapan.org/adventure-tourism （2020 年 9 月 1 日閲覧）
18) ナショナルサイクルルート公式サイト
https://www.mlit.go.jp/road/bicycleuse/good-cycle-japan/national_cycle_route/ （2020 年 9 月 1 日閲覧）

第 20 章　スポーツビジネスにおける人材

1．アスリートのためのセカンドキャリア

　いつの時代も日本におけるスポーツ選手の人気は根強い。結果を出すためには日頃の弛みない努力が必要という構図が、地道な努力を尊ぶ日本人の国民性に合致すること。柔道に代表される"伝統的なお家芸"以外の競技種目でも、昨今は日本人チーム・選手の活躍が目立っていること。加えて、2021年に開催を予定している東京オリンピックが、スポーツ人気にさらなる拍車をかけている。

　しかしながら、これほど注目度の高いプロ・アマのスポーツ選手達が、競技引退後にどのような環境に身をおくことになるのかは、実はあまり知られていない。

　アスリートと言われるプロ・アマのスポーツ選手達が、現役選手として活躍できる期間は意外と短い競技が多い。一般的に馴染みの深いプロ野球選手やJリーガーの引退平均年齢はそれぞれ29歳、25歳と言われている。日本の平均寿命が男性81.41歳、女性87.45歳（2019年度厚生労働省発表）という中、アスリート達は現役引退後のセカンドキャリアの期間の方が、アスリート人生よりも遥かに長い人生を刻む必要に迫られるのである。にもかかわらず、日本のスポーツ界においては、この"セカンドキャリア"が未整備の状態のまま進んでいるのが実情である。

　例えば、引退平均年齢29歳のプロ野球の世界では、毎年100名前後の選手が自由契約（＝戦力外通告）になると言われている。

　そのような中、選手、監督、コーチ、審判員を対象に1964年に創設した年金制度が2011年に破綻した。以降、選手会が中心に研修会や元選手達のセカンドキャリアサポート、各球団独自の取り組みなど、セカンドキャリアのサポートをするための仕組みはあるものの、充分な環境とは言い難い。

　また、引退平均年齢25歳のサッカーの世界でも、毎年150名前後のJリーガーが誕生すると同時に、ほぼ同数の選手が引退すると言われている。Jリーグでは、管理統括本部企画部内に人材教育・キャリアデザインチームを設け、選手のセカンドキャリアの支援を充実させる。

　また、所属する組織や連盟の垣根を越えた特別指定選手制度の運用な

ど、大学や高校のアマ登録の選手がプロの試合に出場可能となったことで、ファーストキャリアを考える機会にもなると考えられる。

　一方、海外に視点を移すと例えばアメリカメジャーリーグでは、ＭＬＢ選手会が中心となり引退後の生活を支えるための年金制度が確立され、今も運用されている。特筆すべきは、無拠出型年金であるにもかかわらず、日本のように破綻することなく運用されている点である。

　また、フランスでは、ダブルキャリアサポートというシステムで対応している。これは、アスリートが現役のうちからトレーニングと学業や職業を両立させ、スポーツのキャリアとその後の職業のキャリアの、それぞれに必要な能力の開発を並行して行っていこうというシステムである。

　あるいは、オーストラリアのように、アスリートの引退後の生活を支援するためのシステムを構築すべく、協会が選手会に融資を行っている国や、イギリスのように、政府によってスポーツ専門学校が認定され（約450校）、このスポーツ専門学校のネットワークの責任団体がユースのエリート育成を行なっている国もある。

　これらアスリートのセカンドキャリア支援は、各国における競技人口や競技レベルの維持・増加・向上、また、社会システムの安定を図る上で、極めて重要なテーマと考えられる。日本のスポーツ界は、アマチュア（学生）、準プロ（社会人実業団など）、プロといったアスリートで構成される中、オリンピックや国際試合などに参加し活躍できる選手は各競技の選りすぐりの一部の成功者である。多くのアスリートは勿論、その一部の成功者達でさえも、現役引退後はまた一から人生をスタートさせ、積み上げていかなければならないという厳しい現実が存在する。近年、ようやく日本でもアスリートのためのセカンドキャリア支援システムが整備されつつあり、そのためのコンサルティングや専門家によるサポートなど、ビジネス化（法人化）を請け負う企業も出現している。

　今後、学校卒業後に競技者としての人生を選んだアスリートとは別に、卒業と同時に引退を決意するアスリートに対しては、もっと早期からのキャリア教育に取り組むなど、さらなる環境を整える必要がある。

２．企業が求める新卒社員の魅力

　学生アスリートのキャリア形成は、実際にはファーストキャリアそのものである。いわゆる、"体育会系学生"としての求職である。この体育会系学生が、実は新卒時の就職活動に有利であるという話は、随分以前から企業や学校の中で真しやかに語られていた。実際に、大学卒業生がまだ珍しかった昭和の時代から、高度経済成長期、オイルショック、平成バブル、リーマンショック、アベノミクスを経て現在に至るまで、脈々と受け継がれているのである。

　現実に、企業の人事・採用担当者と話をしてみると、その多くの方が同じ大学出身者や同じ程度の資質・能力を保有する応募学生であれば、体育会系出身者を採用することが多い、との見解であった。

　時代によって、あるいは業種によっても求職者に求めるスキルや資質は異なってくるが、例えば、経済産業省が平成 18 年（2006 年）に提唱した「社会人基礎力」は、下記の３つの能力／12 の能力要素から構成されており、「職場や地域社会で多様な人々と仕事をしていくために必要な基礎的な力」として定義づけされている。

(1) 前に踏み出す力（アクション）

　　主体性・・・物事に進んで取り組む力

　　働きかけ力・他人に働きかけ巻き込む力

　　実行力・・・目的を設定し確実に行動する力

(2) 考え抜く力（シンキング）

　　課題発見力・原状を分析し目的や課題を明らかにする力

　　計画力・・・課題の解決に向けたプロセスを明らかにし準備する力

　　創造力・・・新しい価値を生み出す力

(3) チームで働く力（チームワーク）

　　発信力・・・自分の意見を分かりやすく伝える力

　　傾聴力・・・相手の意見を丁寧に聴く力

　　柔軟性・・・意見の違いや立場の違いを理解する力

　　状況把握力・自分と周囲の人々や物事との関係性を理解する力

　　規律性・・・社会のルールや人との約束を守る力

　　　　　　　ストレスコントロール力・ストレスの発生源に対応する力

この3つの能力／12の能力要素が、社会人としての第一歩を踏み出す前までに身につけた方が好ましい基礎能力と考えられているのである。

　企業が新規学卒者を採用し、一人前の企業人として教育するためには、実は膨大な費用が必要になる。だとすれば、少なくとも基礎的な能力（アクション、シンキング、チームワーク）とそれぞれ12の能力要素が身についていれば、企業側からしてもそれだけ戦力となるまでの時間が短縮でき、また同時に教育にかける費用も少なくて済むということである。

　実は、これら3つの能力（アクション、シンキング、チームワーク）は、体育会系学生であればほとんどの者が鍛えられているのだ。特に、チームプレーが必要となる団体競技出身者なら、これらの能力は一般学生と比較して数倍も高いと言っても過言ではない。縦社会である体育会組織で揉まれてくる中で、自然と社会人基礎能力も身についているのである。

　これらの理由で、体育会系学生は就職に有利だと土壌が受け継がれてきたのであろう。

3．スポーツ選手の社会適応力

　実際に、学生であろうが準プロ・プロであろうが、まずアスリートとして活動できている事を前提として、強靭なタフさを持っていることがあげられる。これは、肉体面の強靭さだけでなく、精神面でも強靭さが備わっているのである。

　多くのアスリートは、幼少期からスポーツに取り組み、大学生になっても体育会に所属し競技を続ける。また、一部のアスリートは卒業した後も準プロ・プロとして続けるのである。当然ながら、強い肉体を持ち合わせていなければ、途中で挫折していることであろう。現に、怪我や故障などでアスリートをやめていく選手は多い。また、体育会出身者は、高校3年間、大学4年間の体育会生活で、常に先輩後輩という上下関係の中に置かれている。これは、単に上意下達という命令系統の中にいるという意味ではなく、上司・同僚・部下という職場の上下関係における“距離感”を体験しているという意味である。この距離感に馴染めない学生は、その多くが1年生で入部して半年程度で退部してしまうようだ。

さらには、目標達成に向けた厳しい練習や合宿と、一方ですぐには結果・成果が伴わない中での地道な努力の積み重ねの毎日である。

また、体育会系学生はクラブ活動を通して地元や地域社会への恩返し、準プロ・プロアスリートであれば、その中でファンやお客様に対するパフォーマンスを日々意識するのである。

こうして、学生時代や卒業後のアスリート生活を通して上下関係の微妙な距離感を体得し、スポーツを通して肉体的にも精神的にも強靭さを身につけ、目標の重要性と達成のための地道な努力の必要性を体得し、地域社会やファンを意識した行動を身につけ、まさに企業が求める人材要件と合致していくのである。

昨今、ゆとり教育の影響で前に踏み出す力が不足しているという指摘や、草食系男子などと表現されるように、多くの若者から貪欲さが消え、体力も衰えている。その一方で、企業は、長引く不況と激変する経済環境、激化する国際環境の中で、社員に求めるものが変化しつつある。加えて、環境変化やコストダウン対応のため、様々な企業の運動部撤退が相次ぎ、大学卒業後に競技活動を続けられるアスリートは、以前にも増して少なくなってしまった。大学の体育会系学生のほとんどは、引退まではアスリートとして部活動に専念し、卒業が見えてくると一般学生と同様に就職活動を競うという状況が一般的になってきた。

体育会系学生は一般学生と比べ、社会適応力が高く、現在の企業が求める人物像にも合致しやすいため、就職活動において競争力の高い人材ではあるが、一方で、部活動や学業を両立させるためには時間的な制約が発生する。そのため、就職活動における企業理解や企業とのパイプが浅く細くなってしまいがちで、思ったように進みにくいのが実情である。

企業が求める人材要件を持ち合わせた体育会系学生の就職活動サポートをどのように展開するか、さらには、準プロ・プロアスリートのセカンドキャリア形成の仕組みをどのように整備していくか、それらの新しいシステムが、今まさに求められているのである。

４．希少価値で見直される体育会系学生

　大学には、それぞれの学校に公認の体育会系クラブが存在する。とは言え、年々体育会系学生の比率は減っていると考えられており、実際には全国の大学生のうち、体育会に所属している学生の比率は少なく見積もれば８％程度しかいないと考えられる。

　私は、現在スポナビというサービスで全国の体育会系学生の採用支援事業を展開しているが、近年ますます体育会系学生を採用したいという企業が急増しているのである。

　現実に、大手企業の中には、新卒採用者の 20 ～ 30％を体育会出身者で占める企業もある。では、体育会系学生にはなぜそれほどまでの魅力があり、多くの企業から求められているのか？また、全大学生の少なく見積もれば８％程度しかいないと考えられる体育会系学生を、企業側はどのようにすれば採用できるのか？

　体育会系学生の魅力は幾つかの理由があるが、大きな理由の一つはタフさ（希少性）であり、もう一つは、組織体験である。

　一つ目のタフさについては、前述のとおりである。その希少性もスポーツ庁の資料「平成 29 年度運動部活動等に関する実態調査」によると、運動部に所属している比率は、中学：70.6％、高校：52.7％となっており、大学では一気に減少するものと考えられる。要因は、大学に入学しても真剣に競技に取り組むのではなく楽しむ程度にできれば良いと考え、運動部には入部せずサークル活動に所属する。大学ではスポーツ推薦やＡＯ入試など限定で、一般入試で入学した学生は入部できない仕組みになっている、などが考えられる。

　そんな中、体育会部活動に所属し大学４年間を過ごす決意とそこで体験し身に付けられた能力は、希少性が高いのである。

　もう一つの組織体験は、大学の運動部という組織のあり方である。

　学生アスリート達は、個人として目標に向かってトレーニングを積み努力を重ねているが、同時に主将を頂点としたピラミッド構造の組織の中で、それぞれの"クラブ"という運動部組織を運営しているのである。各運動部には、主将の他に副主将や主務、会計、広報など組織運営に必要な

役割を配置し、それぞれが役割責任を担っていくのである。

　また、同様に組織化された大学内の運動部が、各大学内にて体育会本部という組織を形成しているのだ。ここでは、競技種目に関係なく、大学内のクラブ活動全体に関わるタスクを大学や各クラブと協議しているのである。

　さらには、他大学と同じ競技のクラブ同士で連盟という組織を構成し大会運営などしており、大学の運動部は連盟、体育会本部、クラブという各組織の中で役割を担い運営していくことが求められるのである。

　もちろん、これらの体験や知識がすぐに企業の中で求められるスキルとしてすべて直結する訳ではない。しかし、組織で共通の目標を持って活動すること、その組織内で役割分担をし、運営すること、その活動を通して組織を成長させ、強いチームに育てていくこと、さらには、日常の活動を振り返り、様々なトライ＆エラーを繰り返していくことなど、これらの活動が企業組織の疑似体験として、自然と経験知として体得しているので

表 20-1　男の子が「将来就きたい職業」トップ20 (n = 2000)

2020年（今年）			2019年（昨年）			2010年（10年前）			2000年（20年前）		
位	職業	％	位	職業	％	位	職業	％	位	職業	％
1	スポーツ選手	18.8	1	スポーツ選手	20.1	1	スポーツ選手	30.1	1	スポーツ選手	20.5
2	警察官	15.1	2	警察官	14.2	2	消防・レスキュー隊	6.5	2	警察官	8
3	運転士・運転手	9.5	3	運転士・運転手	8.8	3	警察官	6	3	大工・職人	7.5
4	消防・レスキュー隊	7.8	4	消防・レスキュー隊	8.3	4	運転士・運転手	5.6	4	消防・レスキュー隊	6.8
5	TV・アニメキャラクター	5.5	5	研究者	5.7	5	大工・職人	4.8	5	運転士・運転手	6.7
6	研究者家	4.7	6	TV・アニメキャラクター	5.5	6	ケーキ屋・パン屋	3.9	6	自営業	6.3
7	ケーキ屋・パン屋	3.9	7	ケーキ屋・パン屋	3.8	7	研究者	3.6	7	おもちゃ屋	6.2
8	医師	3.4	8	医師	3.5	8	TV・アニメキャラクター	3.2	8	ケーキ屋・パン屋	4.4
9	大工・職人	2.6	9	大工・職人	2.3	9	パイロット	3.1	9	パイロット	3.9
10	ユーチューバー	2.4	10	芸能人・歌手・モデル	2	10	医師	3	10	会社員	2.8

（出所：クラレ・「将来就きたい職業、就かせたい職業」）

表 20-2　男の子の親の「将来就かせたい職業」トップ 10 （n = 2000）

2020年（今年）			2019年（昨年）			2010年（10年前）			2000年（20年前）		
位	職業	%	位	職業	%	位	職業	%	位	職業	%
1	公務員	19.8	1	公務員	18	1	公務員	19	1	公務員	24.1
2	医師	8.6	2	スポーツ選手	9.5	2	スポーツ選手	15	2	スポーツ選手	11
3	会社員	8.2	3	会社員	8.9	3	医師	10.5	3	医師	8.8
4	スポーツ選手	8	4	医師	7	4	会社員	6.8	4	会社員	7.5
5	警察官	6.7	5	警察官	6	5	大工・職人	4.5	5	大工・職人	4.9
6	消防・レスキュー隊	6.1	6	研究者	5.2	6	消防・レスキュー隊	4.5	6	エンジニア	4.5
7	研究者	5	6	消防・レスキュー隊	5.2	7	研究者	3.8	7	教員	3.5
8	エンジニア	3.8	8	エンジニア	4.8	8	パイロット	3	8	パイロット	3.4
9	運転士・運転手	3.6	9	運転士・運転手	3.3	9	教員	2.7	9	自営業	3
10	医療関係	2.6	10	パイロット	2.8	10	建築家	2.3	10	建築	2.8

（出所：クラレ「将来就きたい職業、就かせたい職業」）

ある。これは企業組織と同じで、規模の大小が問題ではない。だからこそ、数の少ない体育会系学生の中でも、特に役職経験者はさらに希少価値が高く、企業にとって魅力ある人材となるのである。

5．スポーツ市場の成熟が創るセカンドキャリア

　現役競技を引退したアスリートのセカンドキャリアが、なかなかうまくいかないのは、日本のスポーツ市場の成熟度やシステムにも問題がある。

　例えば、プロスポーツの世界では、残念ながら競技に参加する選手のみが優遇され、引退した選手は団体とは関係ない、といった風潮がある。海外、特にヨーロッパなどでは、プロスポーツを引退した選手が地域のスポーツ振興のために教室を開いたり、これらの新興団体に就職したりする道が拓けているところも少なくない。

　これは、スポーツ市場が成熟しており、引退したアスリート達の居場所

が確保されているためであろう。しかし、現在の日本の状況にあてはめることはできない。スポーツ市場そのものが、日本ではまだまだ成熟しているとは言えない状況だからだ。

　昨今の日本におけるアスリートは、スポーツ推薦の影響なのか、特定競技の運動能力には優れているが、それ以外の一般常識や知識・見識に欠けるという指摘も少なからず存在する。アスリートが現役を引退した後、経済的に困窮し罪を犯してしまうような事件は、そのこと自体が日本のスポーツやビジネスレベルを弱くしてしまう原因ともなる。日本の運動部というシステムが育んだ体育会組織で鍛えられたアスリート自身が、次なるキャリアについて自分の人生としっかり向き合い、真剣に考えられる機会やシステムを創ること。さらには、アスリート達が持つ経験知を必要とする企業と結びつける仕組みを創ることが重要である。また、アメリカと比較して1人あたりＧＤＰに大差はない中で、アメリカの主要プロスポーツの市場規模は日本の数倍という現実は、やり方次第で日本のスポーツ市場に成長可能性が存在するということである。

　近年、大学でスポーツビジネス系学部学科の新設が目立つ中、東京オリンピック開催予定の 2021 年までに、アスリートのキャリア教育、セカンドキャリア実現に向けた企業との連携強化、スポーツによる地域経済やビジネスの活性化及び人材力強化を実現できるかどうかが、日本のスポーツレベルを高め、アスリートのセカンドキャリアを拡充し、日本のビジネス基盤を成長させる原動力となる、いわば日本が成長するための起爆剤なのである。

（篠﨑克志）

【参考文献】

1)　　株式会社クラレ；2020 年版新小学 1 年生の「将来就きたい職業」、親の「就かせたい職業」、https://www.kuraray.co.jp/enquete/2020 （2020/12/22 アクセス）

第六部　スポーツビジネスの発展を考える

第 21 章　スポーツサポートスタッフ

1. 北米４大スポーツのメディカル＆トレーニングスタッフ比較

(1) 北米におけるメディカル＆トレーニングスタッフとは？

　北米の４大スポーツは、アメリカンフットボール（National Football League、以下 NFL）、ベースボール（Major League Baseball、以下 MLB）、バスケットボール（National Basketball Association、以下 NBA）、そしてアイスホッケー（National Hockey League、以下 NHL）である（平井、2007）。これらのプロリーグはリーグの収入も桁外れに大きく、NFL 約 7,500 億円、MLB 約 6,000 億円、NBA 約 3,800 億円、NHL 約 2,900 億円を稼ぐ人気スポーツである（黒田、2014）。このような人気スポーツでは、ビジネスマネジメントの専門スタッフはもちろんのこと、メディカルスタッフやトレーニングスタッフも雇用されており、各チームの選手の傷害予防やパフォーマンス向上等を目的にスポーツ医科学的なサポートがなされている。

　北米におけるメディカルスタッフについて、全米アスレティックトレーナー協会（National Athletic Trainers' Association、以下 NATA）から独立した組織である Board of Certificate（BOC）公認のアスレティックトレーナー（Athletic Trainer, Certified、以下 ATC）が雇用され、ATC を中心にスポーツ医科学の環境が整備されている。また、受傷後のリハビリ担当として、理学療法士（Physical Therapist、以下 PT）や疲労回復のリカバリーやコンディショニングのためにマッサージセラピストが雇用されている。さらには、受傷後の迅速な診断、治療や手術をするために整形外科医を含めた様々な専門医とチームドクター契約を結んでいる場合が多いが、その実態を把握するのは困難である。したがって、メディカルスタッフとは、チームドクターを除く、ATC、PT、マッサージセラピストを含めた総称とした。

　トレーニングスタッフについては、全米ストレングス＆コンディショニング協会（National Strength & Conditioning Association、以下 NSCA）認定のストレングス＆コンディショニングスペシャリスト（Certified Strength & Conditioning Specialist、以下 CSCS）の専門家が雇用され、チームや選手のパフォーマンス向上を含めたトレーニングやコンディ

ショニング環境が整備されている。近年では、スポーツパフォーマンスに特化した専門家（Performance Enhancement Specialist、以下 PES、Corrective Exercise Specialist、以下 CES）を雇用する傾向があり、また、栄養士、心理カウンセラー、メンタルスキルやメンタルパフォーマンスの専門家、スポーツ科学者等も雇用されている。したがって、トレーニングスタッフとは、CSCS、スポーツパフォーマンスコーチ（PES、CES）、栄養士、メンタルスキルコーチ等を含めた総称とした。

(2) 4 大スポーツにおけるメディカル＆トレーニングスタッフ比較

　4 大スポーツにおいて、1 チーム当りのメディカル＆トレーニングスタッフ数が最も多いのは NFL の 8.9 名であり、次いで MLB（6.4 名）、NBA（5.6 名）、NHL（5.2 名）の順であった（葛原、2018）。また、トレーニングスタッフに関して、やはり 1 チーム当りの人数は NFL が 4.1 名と最も多く、NBA（2.6 名）、MLB（2.2 名）、NHL（2.0 名）の順であった（葛原、2018）。これらのスタッフが多い理由は、NFL では各チームが保有している選手数が 85 〜 90 名と非常に多いこと、また、傷害発生の観点からもフットボールの傷害発生率（35.9/1000 Athlete-Exposures [AEs]、アイスホッケー 16.3/1000 AEs、バスケットボール 9.9/1000 AEs、ベースボール 5.8/1000 AEs）が最も高く（Hootman ら、2007）、北米のスポーツの中で最も傷害リスクが高いことが考えられる。

　4 大スポーツにおいて、各スポーツの競技特性が大きく異なるため、それぞれのチーム状況やニーズに合わせた専門家の雇用がなされている。例えば、NFL では、選手間のフィジカルコンタクトが多いスポーツであり、試合時のフィジカルパフォーマンスを向上させることに重点を置いているため、雇用されている CSCS の人数も他の競技に比べて 2 倍以上多く、加えて、スポーツパフォーマンスコーチ（PES、CES）やスポーツ栄養士も多く雇用されている（葛原、2018）。MLB においては、他の競技に比べてシーズン中の試合数や遠征移動の頻度が多いことによる疲労蓄積や試合時に選手たちの思考時間が多いという競技特性からマッサージセラピストやメンタルスキルコーチが多く雇用されている（葛原、2018）。NHL においては、氷上の格闘技と言われるように選手間のフィジカルコンタクト

はもちろんのこと、選手とフェンス間や選手と氷上間の衝突も多発するという競技特性からコンディショニング維持のためにマッサージセラピストの雇用が多い（葛原、2018）。

(3) 4大スポーツにおける特徴的なサポートスタッフとは？

　4大スポーツにおいては、メディカル＆トレーニングスタッフ以外に特徴的なサポートスタッフが雇用されている。特に、激しいコンタクトスポーツであるNFLとNHLでは、防具を必要とするスポーツであるため用具担当スタッフが全てのチームで雇用されている（葛原、2018）。また、対戦チームを分析するために、以前はアシスタントコーチが映像の撮影から分析までを担当していたが、近年では、ビデオ担当コーチやアナリストなど戦術分析や動作分析の専門家が雇用されるようになった。MLBやNFLでは、対戦チームの映像担当の専門家が全チームで雇用されている（葛原、2018）。

2．日本のプロスポーツのメディカル＆トレーニングスタッフ

(1) 日本のプロスポーツ

　日本のチームスポーツにおいて、これまではプロ野球とJリーグだけがプロスポーツであった。それ以外のチームスポーツでは、プロ選手とアマチュア選手が混在するクラブチームや、福利厚生の一環としての企業スポーツが多いのが現状である。しかし、2016年には、プロバスケットリーグであるBリーグが開幕し、Jリーグに次ぐプロリーグが発足した（中村、2017）。Bリーグは、B1、B2、B3の3部リーグに分かれ、B1とB2は完全なプロ選手で構成されているが、B3はプロ選手とアマチュア選手が混在している。Bリーグ発足から4年目を向かえ、プロバスケットボールの発展はめざましい。そこで、日本のプロ野球（セントラルリーグ、以下セ・リーグ、パシフィックリーグ、以下パ・リーグ）、Jリーグ（J1、J2、J3）、Bリーグ（B1、B2、B3）の8リーグを比較した。

(2) 日本のプロスポーツのメディカル＆トレーニングスタッフ比較

　日本のプロスポーツにおいて、メディカルスタッフは、鍼灸マッサージ師資格を有するトレーナーを中心に、PT、ATC、日本スポーツ協会アス

レティックトレーナー（JSPO-AT）などを含めた総称とした。トレーニングスタッフは、トレーニングコーチ、コンディショニングコーチ、CSCS、フィジカルコーチなどを含めた総称とした。日本のプロスポーツにおける1チーム当りのメディカル＆トレーニングスタッフ数をリーグ別で2017年と2020年とを比較した（図21-1）。2020年において、プロ野球セ・リーグが1チーム当り13.8名と最も多く、次いでプロ野球パ・リーグが11.7名であった。セ・リーグでは読売ジャイアンツが20名、パ・リーグでは福岡ソフトバンクホークスが19名と最も多く雇用している。Jリーグではプロ野球の1/2以下であり、Bリーグではプロ野球の1/5以下である（図21-1）。この格差は、プロリーグや各チームの集客を含めた総収入や資金力の差による影響があると考えられる。しかしながら、2017年のデータと比較すると、J2を除く全てのリーグにおいて、2020年はメディカル＆トレーニングスタッフ数が13.0〜41.7％増加していることから、日本のプロスポーツが短期間に発展していることが推察される。

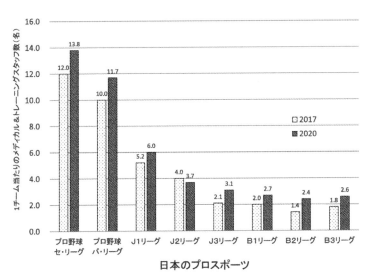

図21-1　日本のプロスポーツにおける1チーム当りのメディカル＆トレーニングスタッフ数比較（各プロリーグの公式サイトをもとに作成）

(3) その他の特徴的なサポートスタッフ

　日本のプロスポーツにおいて、メディカル＆トレーニングスタッフ以外に特徴的なサポートスタッフが雇用されている（表21-1）。近年、4大スポーツのようにアナリストやビデオ担当スタッフがJリーグやBリーグで雇用されるようになったが、1チーム当たりの雇用人数を見ると、全チームに雇用されているわけではなく、4大スポーツの雇用状況には遠く及ばない。Jリーグの特徴として、用具担当の専門スタッフ（ホペイロ、エキップメント）が雇用されており、選手のスパイクやユニフォームなどの用具を管理している。しかし、チームの財政上の問題で、主務、マネージャーなどの運営スタッフが兼任しているチームがあるのが実態である。

　日本のプロスポーツには外国人選手が多く雇用されており、近年では監督やコーチなどの外国人スタッフの雇用も増加傾向にある。それに伴い各

表21-1　日本のプロスポーツにおける特徴的なサポートスタッフの雇用状況

プロスポーツ		チーム数	アナリスト・ビデオ担当 名)	用具担当 名)	通訳 名)
Jリーグ	J1	17*1	8	11	47
	J2	22	9	13	37
	J3	16*2	5	1	6
	Total	55	22	25	90
1チーム当りの雇用人数					
	J1		0.5	0.7	2.8
	J2		0.4	0.6	1.7
	J3		0.3	0.1	0.4
Bリーグ	B1	18	8	1	10
	B2	18	1	0	11
	B3	7*3	0	0	2
	Total	28	9	1	23
1チーム当りの雇用人数					
	B1		0.4	0.1	0.6
	B2		0.1	0.0	0.6
	B3		0.0	0.0	0.3
参考)					
トップリーグ		15*4	20	0	25
1チーム当りの雇用人数			1.3	0.0	1.7

＊1　J1は18チームあるが、1チームのチームスタッフ情報は非公開のため17チームで比較した。
＊2　J3は19チームあるが、3チームはJ1傘下のU-23チームのため除外し、16チームで比較した。
＊3　B3は12チームあるが、5チームはチームスタッフ情報が未定のため7チームで比較した。
＊4　トップリーグは16チームあるが、1チームのチーム情報が非公開のため15チームで比較した。
※　1チーム当りの雇用人数の算出方法：1チーム当りの雇用人数 名/チーム）＝各チームで雇用されている総数÷各リーグのチーム総数×100
※　JリーグおよびBリーグの公式サイトをもとに作成　ただしチームスタッフ情報が掲載されていないチームは除外した）

言語に対応した通訳が雇用されるようになった（表21-1）。プロ野球では、北米（32名、35.6％）や中南米諸国（48名、53.3％）の選手をはじめ合計90名の外国人選手が雇用されており（日本野球機構、2020）、英語やスペイン語による通訳が必要な選手が多いものの、その雇用状況は不明である。

　Jリーグにおいては、プロ野球より外国人選手の総数は多く、国籍も多岐にわたる。ブラジルの選手を中心に南米諸国（104名、56.5％）、韓国やタイなどのアジア諸国（42名、22.8％）、スペイン、セルビア、オランダなどのヨーロッパ諸国（26名、14.1％）、そしてオセアニアやアフリカ諸国からの選手が合計184名雇用されている（Jリーグ公式サイト、2020）。加えて、外国人監督やコーチの雇用も多いことがJリーグの特徴でもある。その要因として、日本より強豪国であるブラジル、スペイン、オーストラリア、韓国、ドイツ、イタリアなどから監督やコーチ（J1：28名、J2：14名、J3：4名）を招聘し、様々なサッカースタイルを導入してチーム作りに取り組んでいると考えられる（Jリーグ公式サイト、2020）。このため英語、スペイン語、ポルトガル語、韓国語、イタリア語など、それぞれの言語に対応できる通訳が複数雇用されており、1チーム当たりの通訳スタッフ数はJ1で2.8名、J2で1.7名であった（図21-2）。特に、J1では、外国人の監督・コーチが1チーム当たり1.6名雇用されており、あるチームでは4〜5名も雇用されているため、複数の言語に対応できるように通訳も4〜5名雇用されている。

　近年、BリーグもJリーグと同様の傾向を示し、外国人選手や外国人監督・コーチの雇用が目立っている。Bリーグは北米からの選手（73名、78.5％）が大半を占めているが、監督・コーチは、米国を中心に、セルビア、ドイツ、ニュージーランド、スペイン、イギリスから雇用されており、日本より強豪国の指導者を招聘してチーム作りをしている（Bリーグ公式サイト、2020）。

　この傾向は、ラグビーのトップリーグが日本のプロスポーツより進んでいる。2019年には、日本でラグビーワールドカップが開催され、日本代表チームが史上初のベスト8まで勝ち上がったことは記憶に新しい。その

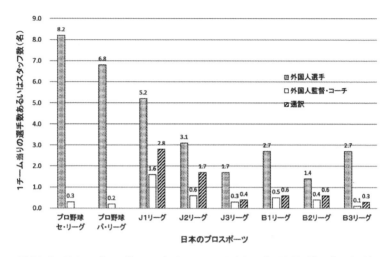

図21-2　日本のプロスポーツにおける1チーム当りの外国人選手数、外国人監督・コーチおよび通訳スタッフ数（各プロリーグの公式サイトをもとに作成）

背景には、2015年のワールドカップで日本代表チームが予選リーグ敗退したイングランド大会以降、トップリーグの各チームが海外から外国人選手に加えてラグビー先進国の指導者を積極的に受け入れ、指導方法や練習方法を劇的に変化させたことが影響を及ぼしたと考えられる。外国人選手の雇用について、ニュージーランド、トンガ、オーストラリアなどのオセアニア諸国からの選手（145名、78.8％）が最も多く、次いで南アフリカ（29名、15.8％）の選手であった（ジャパンラグビートップリーグ公式サイト、2020）。トップリーグでは、1チーム当たり11.3名の外国人選手が雇用されていることから、プロ野球（6.8〜8.2名 / チーム）やJ1（5.2名 / チーム）より外国人選手の雇用が進んでいることがわかる。さらに、外国人監督・コーチの雇用も日本のプロスポーツより多く、合計55名が雇用されており、1チーム当たり3.4名となっている（表21-2）。その中でもニュージーランドからの監督・コーチ（29名、52.7％）が最も多く、次いで南アフリカ（13名、23.6％）、オーストラリア（10名、18.2％）の順であった。やはり日本代表チームを強化するためには、国内のトップリーグの各

表21-2　ラグビートップリーグにおける外国人選手および外国人監督・コーチの雇用状況

大陸区分	出身国	選手数(名)	割合(%)	出身国	監督・コーチ数(名)	割合(%)
オセアニア	ニュージーランド	75		ニュージーランド	29	52.7
	トンガ	30		オーストラリア	10	18.2
	オーストラリア	24	78.8			
	フィジー	12				
	サモア	4				
アフリカ	南アフリカ	29	15.8	南アフリカ	13	23.6
アジア	韓国	5	3.3			
	タイ	1				
ヨーロッパ	アイルランド	2		アイルランド	1	1.8
	イングランド	1	2.2	イングランド	1	1.8
	ドイツ	1		スコットランド	1	1.8
合計		184			55	
1チーム当たり雇用人数(名/チーム)		11.3			3.4	

※ トップリーグの公式サイトをもとに作成　ただしチームスタッフ情報が掲載されていないチームは除外した)

チームを強化する必要があり、強豪国の選手だけではなく、監督・コーチの指導者を招聘することが強化方法の選択肢の一つであると考えられる。

　このように日本のプロスポーツは外国人選手からスキルや考え方を学ぶだけでなく、外国人指導者からも様々な指導方法やトレーニング方法を学ぶ機会が増え、日本のスポーツのレベルアップに大きく貢献していると考えられる。

3. 日本のスポーツ界におけるメディカル＆トレーニングスタッフの将来展望

　日本のスポーツ界において、プロスポーツリーグが徐々に拡大傾向にあり、そのことがメディカルスタッフやトレーニングスタッフの雇用につながっている。しかしながら、これらのサポートスタッフの収入面は必ずしも十分ではなく、企業スポーツが主流であった1990年代のバブル経済崩壊前後の時代に比べて非常に低くなっている。資金面でさほど問題がないプロ野球であれば、年齢に見合った一般的な社員あるいはそれ以上の収入を得ることは可能であるが、それ以外のプロスポーツ等での雇用は不安定要素が大きい。

日本のトレーナーの典型的な職場は、企業スポーツやプロスポーツであったが、アメリカのように大学や高校にトレーナーとして雇用される機会が徐々に増えている。近年、トレーナー資格に関わる教育プログラムが大学に設置されたことに伴い、トレーナー資格を有する教員として大学に常勤で雇用されるようになってきたが、その数は未だに少ない。また、スポーツクリニックや接骨院等で雇用され、近隣の高校の部活動でトレーナーをしている場合も見られる。さらに、フィットネスクラブ等の健康フィットネス産業で雇用される場合やパーソナルトレーニングとして個人事業を立ち上げてビジネスをするトレーナーも増えている。今後、民間企業での福利厚生や健康増進、あるいは健康寿命の延伸をサポートする人材や自衛隊、警察署、消防署などの政府機関での健康管理や職務の傷害予防をする人材として雇用を創出する取り組みが必要であると考えられる。

（葛原憲治）

【参考文献】

1) B.LEAGUE（Bリーグ）公式サイト　https://www.bleague.jp/ （2020年5月18日参照）
2) B3リーグ公式サイト　https://www.b3league.jp/ （2020年5月18日参照）
3) 平井秀明. (2007). スポーツ・リーグ間の競争と収入配分. 地域学研究, 37(3), 749-767.
4) Hootman, J.M., Dick, R., & Agel J.. Epidemiology of collegiate injuries for 15 sports: Summary and recommendations for injury prevention initia tives. Journal of Athletic Training, 42(2), 311-319. 2007
5) Jリーグ公式サイト　https://www.jleague.jp/ （2020年5月15日参照）
6) 葛原憲治. 第20章 スポーツサポートスタッフ（スポーツビジネス概論3、黒田次郎他2名編著、pp.198-205）、叢文社. 2018
7) 黒田次郎. 第16章 プロスポーツ選手の現状（図表で見るスポーツビジネス、佐野昌行他2名編著、pp.187-195）、叢文社. 2014
8) 中村聡宏. スポーツビジネス新時代へ─ B.LEAGUE開幕、2020TOKYO、そしてその先へ─. CUC view & vision, 43, 38-44.2017
9) 日本プロ野球トレーナー協会：http://www.jpbats.org/ （2020年5月15日参照）
10) 日本野球機構　http://npb.jp/ （2020年5月15日参照）
11) ジャパンラグビートップリーグ公式サイト　https://www.top-league.jp/ （2020年6月9日参照）

第22章　スポーツビジネスとしての
メンタルトレーニング

1. メンタルトレーニングの必要性

　今日の競技スポーツにおいて心理的な側面が勝敗の大きな要因になってきている事は、多くの人が知るところである。競技場面において「緊張」や「あがり」はパフォーマンスを低下させるため、本番で選手の心理的（精神的）な状態を意図的に最適な状態にし、最高のパフォーマンスを発揮出来るようにする事が重要になってくる。そのための心理的なトレーニングを「メンタルトレーニング」とされているが、それはスポーツだけの領域ではなく、ビジネスやその他様々な領域でも取り入れられている。競技スポーツの領域では、国際的には国際スポーツ心理学会において1981年頃から取り上げられ、臨床スポーツ心理学やスポーツ心理学などの分野で取り組みが見られる。日本においては、1984年のロサンゼルスオリンピックでの成績不振から取り組みが始まった。図21-1[(1)]に示すように1985年から1990年までの翻訳図書が多く刊行されている。1990年から1995

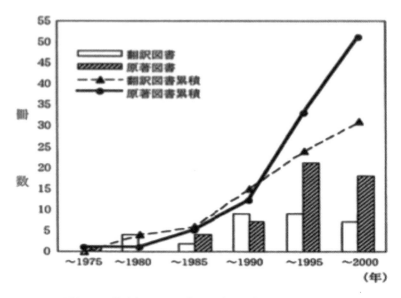

図21-1　刊行年毎における「翻訳図書」と「原著図書」数の変化
(西野、土屋 2004)

年までに原著図書が多くなっているのは、日本体育協会において心理的サポートが行われたことと関係があると思われる。

　現在、メンタルトレーニングのサポートは企業や大学の研究室などの組織が行っている。対象としてはナショナルチームから、プロスポーツチーム、実業団、大学生、高校生など様々な年代やカテゴリーで組み込まれている。それらはメンタルトレーニングを仕事としている企業などの組織も増えてきているということであり、以前よりメンタルトレーナーも職業として確立されてきていることを意味している。さらには、近年ではメンタルトレーニングは研究や実践において増えていることは顕著に表れている。スポーツの現場では陸上競技[2][3]やバスケットボール[4][5]、テニス[6]や柔道[7]など多くの種目で実施されている。しかし、メンタルトレーニングの効果は物理的な変化として認識する事が難しい。中込[8]は「メンタルトレーニングは、技術・体力のトレーニングと比較して効果の確認が難しく、その上効果が表れるまでに長い時間を要するようである。そのため途中で投げ出してしまう選手をしばしば見かける」と述べている。立花[9]は「メンタル・トレーニングの実態と課題」において、「競技レベルが高いほどメンタルトレーニングの実施率が高い事、スポーツ選手にはメンタルトレーニングが必要と感じている大学生が非常に多くいる」と述べている。その他の多くの競技、研究においても同様の報告があることからも競技スポーツにはメンタルトレーニングが必要である、と言っても過言ではないと思われる。

　メンタルトレーニングといっても、例えばメンタルプラクティスやメンタルマネジメントなど、似通った用語が多く存在することからもそれらが重要視されてきていることは分かるのではないだろうか。それら似通った用語の意味は、それを使う人によって違うのだが、それら全てにおいて共通しているのは「スポーツ選手が持てる力を最大限に発揮するための心的な練習法」が中核となっているということである。つまり、メンタルトレーニングの目的は「自分の持てる能力が最大限に発揮できるよう（大脳の）覚醒を最適の水準にコントロールする能力を高めることを狙った練習法」だと言える[10]。また吉川[11]によると、「スポーツ選手や指導者が競技力

の向上のために必要な心的スキルを獲得し、実際に活用できるようになることを目的とする、心理学やスポーツ心理学の理論と技法に基づく計画的で教育的な活動である」と述べている。メンタルトレーニングを扱う職業は多種多様である。心理カウンセラーやスクールカウンセラー、臨床心理士もクライアント（ここではスポーツ選手も一般の人も指す）を精神面からサポートする職業であるが、メンタルトレーニングの認知度の向上には、スポーツ業界の影響が大きいと考えられる。スポーツ選手が試合やその重要な場面で、持てる力を最大限に発揮することが非常に難しく、さらに最高の結果を求められることからも、スポーツ界での需要が多いことも納得していただけるのではないだろうか。近年では専属のトレーナーを付けてトレーニングを行うことも、プロスポーツ・アマチュアスポーツ関係なく珍しく無いことになってきている。先にも述べたが、柔道のような対人競技であれば、「緊張」や「恐怖」などが原因となり、能力が発揮できない [7] [12] や、野球のイプスのように短い距離であっても相手が取れないようなボールを投げたりする現象があるが、そのようなスポーツ選手が課題を克服し、最大限の力を発揮する為には、メンタルトレーニングが必要なのである。

2.認知的トレーニング

多くの競技スポーツでは「予測」というものが重要になってくる。特にオープンスキル（刻々と変化する不安定な環境の中で行われる運動）を必要とする競技においては、その状況に応じてどのように運動すべきかを素早く判断して対応することが必要になる。対人競技である柔道であれば「この組み方・体勢では，次はこの技を掛けてくる」や、ネット型球技のテニスであれば「あの位置であのラケットの角度だとこの方向に（あの方向に）に打ってくる」などがそれにあたる。前者の柔道であれば、相手の組み方や体勢などの情報（外的刺激）を視覚により認知し、大脳中枢に送り解釈することによって次の動きを「予測」していると考えられる。このように感覚器官から大脳などの中枢へ、という方向の情報処理を「データ推進型の情報処理」という。しかし全ての「予測」がそれだけでなされている訳では無く、無数にある情報の中から予測の手掛かりとなる情報を認知する

必要がある。これはプレーの仕方や戦術についての知識から、予測の手掛かりとなる情報に注意を向けるよう知覚を誘導する大脳の中枢から感覚器官へと進行する働きであり、「概念推進型の情報処理」と呼ばれる。後者のテニスであればラケットの面の向きや方向、打球の種類やコースとの関係などの知識を背景に、相手のスイングやラケット面に注意を向ける働きがそれにあたる。「予測」とはそれら二つの情報処理が図21-2のように相互作用することによって成り立っているとされている[11]。

　認知的トレーニングとはそれら相互作用に基づく予測の学習を効率的に行うトレーニングである。例えば、中本ら[13]によると、熟練者と初心者を比較した結果、熟練者の方が予測が早く的確であることを述べている。しかし初心者においても、トレーニングをすることによって予測の正確性を短期間で向上させることができることも明らかにしている。熟練者の方がなぜ予測が早く的確かというと、續木ら[14]は空間遮蔽法を用いた実験にて、熟練者は予測の手掛かりとなる部位を遮蔽されると正答率が下がるのに対し、未熟練者はその手がかりを持たないために遮蔽されても正答率に変化が見られないとしている。つまり、未熟練者は知識が足りないために予測に必要な情報をどこから察知して良いか分からないため、概念推進

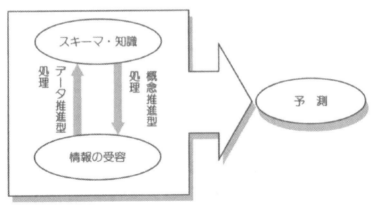

図21-2　予測は概念推進型とデータ推進型の情報処理の相互作用によって生みだされる
(杉原隆　2003)

235

型の情報処理が機能していないということである。しかし、認知的トレーニングを行うことにより、未熟練者においても予測の手掛かりとなるものが分かり、概念推進型の情報処理と視覚などの感覚器からの情報を処理するデータ推進型の情報処理を駆使し、短期間で向上させることが出来るのである。また松崎ら[15][16]は、状況判断の良いプレーとは何かを検討し、相手の分析、瞬時の判断、予測といったものが関与していると述べている。つまり、刻々と変化する環境の中であっても、「どのような場面」「周囲の状況」「対象相手」など必要な状況を取捨選択し、把握しながらプレーしているのである。

　これらのことからも分かるように、オープンスキルの必要な競技スポーツでは、それぞれの状況から最善の策を瞬時に選択することが求められる。瞬時に的確な判断ができるように「認知的トレーニング」が非常に有効だといえる。　　　　　　　　　　　　　　　　　　　　　　（野口欣照）

3. 認知トレーニングの提案

　新型コロナウイルス感染症（COVID-19）の感染拡大に伴い、これまで当たり前だった生活スタイルが大きく変わることとなった。その影響はスポーツ界へも広がり、これまで当たり前であった練習環境や練習スタイル、練習方法、トレーニングなど「これまでのように」とはいかない部分が多く見られるようになった。「これまでのように」できない不安や不満もあるが、これを新しいものを構築する一つのチャンスとして捉え、これまで常識とされてきた練習方法やトレーニングを見直す機会にしてみてはどうか。身体を使ってトレーニングをする、練習するのに広いスペースが必要、試合形式練習をしなければ試合勘は養えないなど、これまでの固定観念や先入観にとらわれず、各スポーツの技術や戦術、競技特性を細かく洗い出し、様々な形でアプローチをすることで、コロナ禍でも選手のパフォーマンスを向上させていくことは十分可能であると考える。すでに取り組んでおられるチームもあると思われるが、本項では情報処理過程に着目した野球の認知トレーニングの方法を提案したい。

（1）情報処理スタイルの応用

　Lindsay & Norman によると予測という心の働きは２つの型の情報処理によって行われている。一つは、外部から感覚受容器に次々と入ってくる刺激情報によって開始され、導かれ、決定されるもので、これをデータ駆動型の情報処理という。野球における球種・コースの予測の場合、投手の身体の動きやリリースポイントなどの感覚刺激の受容から出発して、球種やコース、速さなどを認知するのがそれである。もう一つは、過去の経験をもとに得られた既存知識や概念など記憶の中に構造化され、蓄積されている情報によって導かれたもので、これを概念駆動型の情報処理という[17]。野球における球種・コースの予測の場合、過去の対戦によって蓄積された投手の特徴や投球パターン、セオリー、経験してきた試合展開などの知識をもとに、投手の動きに注意を向け分析を誘導するのがそれである。「データ駆動型」と「概念駆動型」の２つの型の情報処理は別々に行われるのではなく、並行して相互に作用しながら行われることによって、より正確な予測や判断が生まれると考えられている。概念駆動型の情報処理はデータ駆動型の情報処理によって取り入れられた情報をもとに形成され、データ駆動型の情報処理は概念駆動型の情報処理によって方向づけられる。このように予測は、直接的には時々刻々と変化し、入力されてくる感覚刺激に大きく依存してるが、背後にはこれまでに経験として蓄積された投手や戦術に関する知識が大きく関与している。

　筆者は、野球の熟練者である大学野球選手と未熟練者である大学生を対象に投手の映像を観察させて、球種とコースの予測の正確性と予測の根拠となった投手からの情報を探る実験を行った。その結果熟練者は、リリースの0.1秒後には確信を持った予測に至っているのに対して、未熟練者の予測の確信はリリースの0.2秒後の時点と遅くなっている。これは未熟練者がより多くの情報を獲得しなければ、確信をもって予測を行うことができないことを示唆している。また未熟練者における予測の根拠となった情報に関しては、最終的には正解に至っているものの、その過程では回答に一貫性がなく予測に矛盾が生じていた[18]。このことから未熟練者は、リリースの瞬間までに確認できる投手の身体部位からの情報を獲得している

にも関わらず、その情報を予測のために有効に用いることができず、その場その場で確認できる情報を主として用い、予測を行っていると推察される。一方熟練者では、リリースの瞬間か、遅くてもリリースの0.1秒後には正確に予測を行い、また確信にも至っている。これは、投手がボールをリリースする前に獲得できる投手の身体部位からの情報を、球種とコースの予測に結びつけることができている、ということである。すなわち熟練者は、これまで経験によって得た球種やコースを決定付ける知識や概念と、その場から獲得できる情報を併用して予測を行っていると推察される。

　このことから、投手の投球を見ることだけでも充分トレーニング効果があると言える。当然、三次元の映像の方がより実戦に近い状況になるため、トレーニング効果が期待できると考えられるが、投球フォームや球筋のイメージを作り上げることだけを考えれば、二次元の映像を見るだけでも充分に効果が得られると考えられる。その際、投球フォームの特徴をしっかりと捉えることが必要である。例えば、「オーバースローの投手で、身体の開きが早く、頭と腕が離れながらリリースするような投球フォームの場合は、右打者のインコース高めに投球が抜けることが多い」ということや「ピッチャープレートの三塁側から投球する投手の右打者のアウトコースのボールは角度があるボールになる」など、投手の特徴や癖を把握し、見つける訓練をしておくことで、概念駆動型の情報処理に必要な知識を増やすことができる。本来は打者目線での映像でこのような視点で捉えることが理想であるが、実際は投手の背後から撮影したものが多く、打者目線での映像は少ない。トレーニング用に映像として準備するなら、アクションカメラを用いて打者目線での投手の映像を多く撮影し、準備しておくのも一つの方法だと考える。

(2) 情報処理スタイルを用いた試合勘を養う認知トレーニング

　大浦らによると、剣道やボールゲームでの攻防は、状況に極めて多くの情報が含まれており、その情報が時々刻々と変化する、あるいは問題解決の方法が異なる可能性を示唆する情報が同時に存在するため、正答が一義的には決められない、またはそれを求める手順がアルゴリズム化し難いよ

うな非収束的な課題であるとしている[19]。スカッシュのボールの方向の予測やテニスのサーブの種類の予測、剣道の構えからの技量判断などもそれにあたる。野球の試合でも、天候、対戦相手の状態、イニング、得点差、走者の位置、試合の流れ、作戦などが試合の中で多様な情報として存在している。そして、これら多くの情報が複雑に絡み合い一つの試合状況を作り出し、その中で投手と打者との攻防、また監督同士の作戦の読み合いが繰り広げられているのである。これら複雑に絡みあった情報から的確な情報を獲得できることが、単に試合状況を正確に捉えることだけにとどまらず、投手と打者、監督同士が、自身の攻防において結果の予測を行い、先手を取って展開を優位に進めていくための要因の一つになる。所謂、試合勘と呼ばれているものは、実際の試合を経験しなければ養われないものなのか。そこで、この試合勘を養う認知トレーニングを一つ提案したい。

　筆者は、走者の位置やイニング、得点差や攻防の主導権に特徴のある野球の試合場面を抽出し、投手対打者の攻防の結果が出る直前（投手が最後のボールを投げる前）で遮蔽されるように編集を行った映像を提示し、投手対打者の攻防の結果の予測と、その結果を導き出した根拠を回答させる実験を行った[20]。実験の結果、攻防の結果を導き出した根拠として、熟練者では「1-1から真ん中のボールを見逃した」や「2球目のストレートの後に、インコースに驚く仕草を見せた」など試合状況から視覚情報として獲得できるものを挙げているだけでなく、「試合の点差も開いていて、二死であり一塁も空いているので、投手は思い切り投げてくると思った」や「イニング的に投手の球威が落ちてくる頃」など試合状況から視覚情報として獲得できるものと戦術的な知識やセオリー、長期の経験から得られた情報を併せた回答もあった。これに対して未熟練者は「ピッチャーよりバッターの方が勢いがあった」や「キャッチャーが外に構えたので、無理に当てにいくと思うから」など試合状況から視覚情報として獲得できるものを挙げるだけでなく、「背番号がピッチャーが1でバッターが2だから」という結果の予測をする上で情報として必要になるとは考えにくい回答も挙げられている。

　このことから自分が出場していなくても、または自分のチームの試合で

なくても、試合のビデオの一場面に対して結果の予測を行いながら、予測の根拠となる情報を獲得する訓練をしておくことで、実際の試合場面でも状況判断に必要な情報を瞬時に獲得することができるようになるのではないか。また映像は繰り返し見ることができるため、実際の試合場面より多くの情報を探し出すことができ、概念駆動型の情報処理に必要な知識や概念を多く獲得できる可能性は大いにあると言える。

(榊　淳一)

【参考文献】

(1) 西野明, 土屋裕睦. 我が国におけるメンタルトレーニング指導の現場と課題―関連和書を対象とした文献研究―. スポーツ心理学研究第 31 巻第 1 号. Pp9-21. 2004

(2) 高橋珠実, 新井淑弘. マインドフルネスを用いたメンタルトレーニングが女子大学生アスリートの身体組成, 心理面, および生活習慣に与える影響 ―陸上長距離選手を対象として―. 群馬大学教育実践研究第 37 巻. Pp149-154. 2020

(3) 西野滉佑, 岡田雅次, 内藤祐子. 大学陸上競技選手の心理的競技能力に関する研究. 体育・スポーツ科学研究第 17 巻 .pp19-27. 2017

(4) 平田緩子. 大学女子バスケットボールチームに対するメンタルサポート―メンタルトレーニングに関する実践研究―. 奈良学園大学紀要第 47 巻 .pp129-144. 2016

(5) 菅野恵子, 粟木一博. バスケットボール競技の攻撃時における認知的トレーニングの効果に関する研究. 仙台大学大学院スポーツ科学研究科修士論文集第 15 巻 .pp117-125. 2014

(6) 澁谷智久, 佐藤淳一, 田中菊子. 大学テニスプレーヤーの注意スタイル. 東洋学園大学紀要第 28 巻 .pp107-117. 2020

(7) 前川直也, 菅波盛雄, 飯嶋正博, 廣瀬伸良, 高橋進, 佐藤博信. メンタルトレーニングによる大学柔道選手の心理的適性の変容について. 大阪産業大学論集第 114 巻 .pp63-81, 2004

(8) 中込四郎.「こころとメンタルトレーニング」. トレーニング科学研究会（編）:『競技力向上のスポーツ科学』pp187-212. 朝倉書店 .1990

(9) 立花泰久. メンタルトレーニングの実態と課題―日本体育大学の学生に対する調査から―. 日本体育大学紀要第 28 巻 2 号 .pp171-180. 1999

(10) 杉原隆『新版 運動指導の心理学 運動学習とモチベーションからの接近』(覚醒と運動パフォーマンス pp.180-197) 大修館書店 , 2008

(11) 吉川政夫『スポーツメンタルトレーニング教本 改訂増補版』, pp15, 大修館書店 ,2005

(12) 遠藤純男, 飯田頴男, 武内政幸, 上口孝文. 柔道選手の「あがり」の因子分析的研究. 秋田経済法科大学経済学部紀要第 6 巻 .pp37-43. 1987

(13) 中本浩揮, 杉原隆, 及川研. 知覚トレーニングが初級打者の予測とパフォーマンスに与える効果. 体育学研究第 50 巻 5 号 .pp581-591.2005

(14) 續木智彦, 大槻茂久, 矢野晴之介, 李宇ヨン, 西條修光. サッカーペナルティーキック時のコース予測と手掛かりについて. 日本体育大学紀要第 38 巻 1 号 .pp17-23. 2008

(15) 松崎拓也, 大槻茂久, 續木智彦, 筒井大助, 西條修光. 野球での「状況判断がよいプレー」についての研究. 東京体育学研究第 31 巻 34 号 .pp31-34. 2008

(16) 松崎拓也, 續木智彦, 野口欣照, 古城隆利, 黒田次郎, 西條修光. 野球における「状況判断のよいプレー」とは？：場面・状態・対象からの検討. 運動とスポーツの科学第 21 巻 1 号 .pp60-67. 2015

(17) Peter H. Lindsay, Donald A. Norman.「情報処理心理学入門 II 注意と記憶」.『データ駆動型処理と概念駆動型処理』pp24-32. サイエンス社. 1979

(18) 榊淳一, 三宅信花, 大貫克英, 西條修光. 野球のバッティング時の認知過程に関する研究. 東京体育学研究. pp27-33. 2002

(19) 大浦容子, 後藤克彦. 技の熟達と認知的所産 - 剣道の場合 -. 教育学研究第 42 巻. pp1-10. 1994

(20) 榊淳一, 三宅信花, 西條修光. 高校野球における試合での選手の情報獲得に関する基礎的研究. 東京体育学研究. pp27-32. 2004

第 23 章　スポーツヘルスケア

1. スポーツヘルスケアの定義

　コロナ禍中、ヘルスケアの観点から運動不足が世間で騒がれる。さて、スポーツからの視点で「ヘルスケア」を語るとき、スポーツと同系統の競合を想定してみることにより、スポーツ介入によるヘルスケアの役割をより明確に捉えることが可能となる。

　スポーツの機能的介入の競合は、運動であり、ときにフィットネスである。スポーツ業界はこれらとの境界線を正確に線引きすることができようが、生活者（消費者）の実態はと言うと、そうではない。たとえば、特定健診で「もっと運動しましょう」と保健指導されると、その対応手段として、スポーツジムに登録する・フィットネスクラブに加入する・スポーツに興じる・ランニングやウォーキングを始めるなど、消費者には運動とフィットネスとスポーツを機能的に区別する垣根はなく「健康のために身体を動かすこと」を一色単にして捉えているのが実情である。

　朝日新聞が「体育の日」を前に、読者（be モニター）を対象に実施したアンケートの調査結果（2017 年、回答者数 1,450 人）が興味深い。この傾向はコロナ禍中の今も変わらない。これによると、スポーツ実践派に対する「スポーツをおこなう理由は？」の問いに対し、「健康のため」が断トツ一位の回答を得た。そのあとに「ストレス解消のため」「体を動かすのが好きだから」「体を鍛えるため」とつづく。注目点は、「最も好きなスポーツは？」の問いに対して、「ウォーキング」と回答する者が飛び抜けて多かったことで、いわゆるスポーツカテゴリーのテニス、ゴルフ、野球、水泳等を大きく引き離している点である。つまり、スポーツを健康と強く関連付けてはいるものの、生活者は「健康のために身体を動かすこと」の範疇においてスポーツと運動の違いをほとんど意識していない状況がアンケートから見て取れる。

　筆者は、スポーツと競合関係にある運動とフィットネスのヘルスケアにおける役割を明確にする観点から、ヘルスケアを推進する WHO（世界 保健機関）の健康定義 "健康とは身体的、精神的かつ社会的に良好な状態であって、単に病気でないとか虚弱でないということではない（原文

: Health is a state of complete physical, mental and social well-being, and not merely the absence of disease or infirmity.)　"に照らし合わせ、「健康のために身体を動かすこと」に解釈を加えることとしたい。運動がフィジカルヘルスを主たる目的にプログラムされているように、またフィットネスではフィジカルヘルスに加えてヨガ等のメンタルヘルスのプログラムが用意されているように、スポーツにはフィジカルヘルスに加えてプレー中の集中力や逆境での忍耐力を課すメンタルヘルス、さらに役割モデルやプレーヤー同士の信頼関係、プレーヤーとファンとのキズナを基にするソーシャルキャピタル（つながりの資産）が求められることを鑑みると、スポーツこそが統合的に WHO の示す健康定義に大きく寄与することがわかる。沖縄県スポーツ振興課の「地域スポーツ活動・健康力向上事業《おきなわジョイスポ運動》」（地域健康力アップ推進事業《カラダいいことプロジェクト》から改称）の委員長を数年にわたり務めていた立場から振り返ると、「スポーツがカラダ・ココロ・キズナによる三位一体の統合的ヘルスケアに果たす役割を理解し、実践してもらうことが、地域の健康力（地域ヘルスケア）を向上させる手法であること」を全国各地のスポーツヘルスケア普及啓発事業の基軸に置くべきと強く感じる。

　次に、筆者が力点を置くヘルスケアビジネス的側面から捉えてみるとしよう。一般に、医療（Medical）・予防保健（Health）・健康（Wellness）・美容（Beauty）の4領域に係る商業活動を「ヘルスケアビジネス」と呼ぶ。厚生労働省が医療と予防事業を推進し、経済産業省が予防保健、健康、美容に関連する産業振興事業を推進するという大枠の構図をとり、"健康寿命の延伸"の目標のもとに厚生労働省が、"生涯現役社会の実現"を目途に経済産業省が、ともに《未病者》にアプローチを仕掛けている。

　これらをもとに、筆者は、「スポーツヘルスケアとは、未病者のカラダとココロとキズナの統合的な健康づくりを目的に、スポーツ介入によって"健康寿命の延伸"と"生涯現役社会の実現"に導くためのアプローチ」と定義する（2017年、西根英一）。

2. 未病者にアプローチするスポーツヘルスケア

　未病アプローチについては日本未病学会が詳しい。当学会は未病について、普段から健康を自認している人が健診で異常値を指摘された場合、これを西洋医学的未病と位置づけ、一方、普段から症状に悩む人が医療機関で何ら異常を指摘されない場合を東洋医学的未病と定義している。

================

・自覚症状はないが、検査数値に異常がある。［西洋医学的未病］
・自覚症状があるが、検査数値に異常がない。［東洋医学的未病］

　================

　このように健康と病気の間の「未病」域をさまよう人を「未病者」とカテゴライズする。つまり、未病者は、健康と病気の間で「健康」に目を向けて目的行動を選択するか、「病気」に目をやって目的行動を制御するかしていると言えよう。どちらを向いて意思決定するかの焦点モデルについては、筆者が専門とする消費者行動学の制御焦点理論を応用して、次のように解釈することができる。

　健康という利得に接近したい焦点モデルを《促進焦点》（Promotion Focus）と称し、一方、病気という損失を回避したい焦点モデルを《予防焦点》（Prevention Focus）と称す。前者の促進焦点では利得接近のための"強い理想"を目的行動を起動する文脈に設定し、後者の予防焦点では損失回避のための"強い義務"を文脈に設定し、意思決定とその後の行動選択を自動制御している。よって、未病者にヘルスプロモーションの実行を仕掛ける場合、それぞれの文脈に合わせて介入支援しない限り、未病者を目的行動たる健康行動に導くことはできない。

　以上より、未病者にアプローチするスポーツヘルスケアでは、次のようなフレームワークによって異なったプログラムが提示される（図23-1）。

================

・自覚症状はないが検査数値に異常がある［西洋医学的未病者］には、健康を起点に、"健康であるために"という強い理想を文脈に据えたプログラムによって目的行動を導く《促進焦点》モデルが適す。
・自覚症状があるが検査数値に異常がない［東洋医学的未病者］には、病

「促進焦点」にある未病者
（自覚症状はないが検査数値に異常がある[西洋医学的未病]）

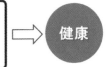

1. <u>ポジティブな結果に敏感</u>に反応する
2. <u>利得接近行動</u>
3. 強い<u>理想を自らの文脈に記述</u>する
4. ちゃんとできてる<u>効力感</u>の獲得

健康

「予防焦点」にある未病者
（自覚症状があるが検査数値に異常がない[東洋医学的未病]）

病気

1. <u>ネガティブな結果に敏感</u>に反応する
2. <u>損失回避行動</u>
3. 強い<u>義務を自らの文脈に記述</u>する
4. ちゃんとしている<u>安心感</u>の獲得

©2020西根英一 | Eiichi Nishir

図 23-1　未病者の制御焦点モデル

気を起点に、"病気でないために"という強い義務を文脈に据えたプログラムによって目的行動を導く《予防焦点》モデルが適す。

================

　この未病者のニーズから発想したスポーツヘルスケアは、具体的には、地域の健康増進事業に係る未病対策（地域ヘルスケア）、職域の健康経営事業に係る未病対策（職域ヘルスケア）、学域の健康教育事業に係る未病教育（学域ヘルスケア）という形で活用されよう。

3. スポーツヘルスケアに求められる効果測定

　ヘルスケア分野においては、関連学問である公衆衛生学と同様、その介入支援による効果測定が必須となる。ゆえにスポーツヘルスケアも、未病者の健康行動に対する効果測定をもって「スポーツヘルスケア」という学際分野が成り立ち、さらにそれをベースに有効性や安全性等を担保するサービスが「スポーツヘルスケアビジネス」として展開される。

　介入支援による効果測定として最もポピュラーなのが、介入前後を比較

し、健康意識ないし健康行動の変容を観察する方法である。例えば、自らの健康について、「漠然といまのままでいい」という無関心の人に対しては介入支援によって「気づき」を与え、関心があるなら正しい「知識」を得、関心と正しい知識を伴えばそのリテラシーが機動力となる「行動」へ導き、行動を始めたら習慣化につながるよう「継続」を目指すことになる。この健康行動の段階的推移を《行動変容ステージ》と呼ぶ。順に、無関心期→関心期→準備期→実行期→維持期と移行し、介入支援によっていかに意識ないし行動が変わったかを捉える（図23-2）。

　ちなみに前述の朝日新聞の調査では、スポーツ実践派の人に尋ねた「何年、やってますか？」の質問には、実に7割近くが「10年以上」と答えており、スポーツが継続率に優れることがわかる。これに、スポーツ観戦派の人に尋ねた「何年、観戦していますか？」の問いに対しては8割近くが「10年以上」と回答していることも参考にして総合的にみると、スポーツが実践派・観戦派の隔てなく心を繋ぎ留め、情緒的介入や社会的支援をもってスポーツファン（愛好家）をつくっていることが窺い知れる。

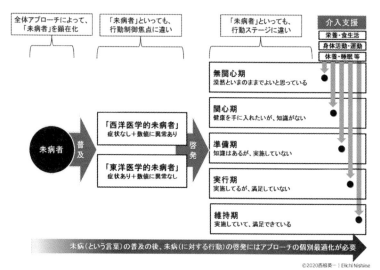

©2020西根英一 | Eiichi Nishine

図23-2　「未病対策」事業のフレームワーク

これらを鑑みると、スポーツヘルスケアの効果測定を単に機能的な面から究めるだけでなく、情緒的な面からも追究することが、スポーツヘルスケアの未来を明るく灯す道標になると推察する。

　未病者に対するスポーツによるヘルスプロモーション（未病対策や未病教育）のKSF（Key Success Factors, 重要成功因子）は、スポーツヘルスケアの機能的な側面に加えて情緒的な介入支援によって、スポーツの健康価値を個別最適化する点にある。

　筆者の専門分野の一つであるブランディングから考察するに、生活者がスポーツを健康のための介入方策として取り入れるKBF（Key Buying Factors, 重要購入因子）は、スポーツのもつ有効性・安全性・簡便性・経済性といった《機能的価値》に加え、スポーツのもつもう一つの側面、例えば、"いいね"に相当する共感性、"だったら大丈夫だね"に値する安心感、"ワクワクゾクゾク"するような事前期待値、"よかったやっぱりね"に類する事後満足度といった《情緒的価値》を醸し出す、機能的価値かつ情緒的価値のバランスのつくり込みにあると言えよう。この価値づ

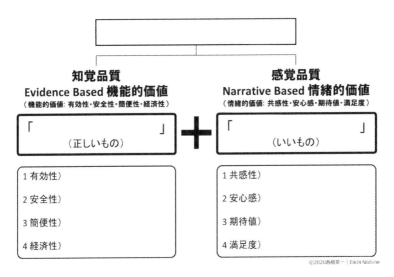

図 23-3　ヘルスケアビジネスのブランディング

図 23-4　未病者のニーズの構造

くりの手法を「ブランディング」と言う（図 23-3）。

　ことヘルスプロモーションのプログラムは、専門家のもとに機能的価値を開発することには積極的であるものの、情緒的価値を疎かにする傾向があるだけに、情緒的価値を備えたスポーツによるヘルスケア領域への介入支援への期待は高い。その成功のために、スポーツ専門職は未病者のニー

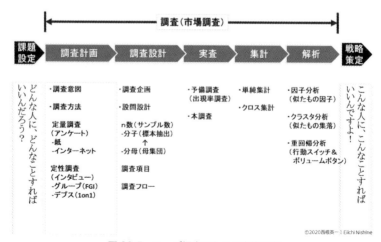

図 23-5　ニーズ探索のための市場調査

ズを調査によって探索し、彼らの情緒的価値を膨らませる共創互恵のアイデアをつくり込む必要がある。

　スポーツヘルスケアに対する未病者のニーズ探索にあたっては、未病者がスポーツに抱く健康期待に対する顕在化しているニーズ（Needs）と本来生活者たる未病者がスポーツに寄せる生活期待に対する潜在化しているアンメットニーズ（Unmet Needs）について（図23-4）、インタビューやヒアリング等による定性調査にて骨格となる素材を同定し、アンケートによる定量調査にて年代・性別・地域性の特徴を分析する方法が好ましい（図23-5）。

4. まとめ

　スポーツヘルスケアは、スポーツによって、未病者のカラダとココロとキズナの統合的な健康づくりを目的とする取り組みであり、KGI（Key Goal Indicator, 重要目標達成指標）に“健康寿命の延伸”と“生涯現役社会の実現”を定めるものである。その達成のためには、未病者のニーズ探索（調査）をもとに、スポーツヘルスケアによる未病者向け介入支援のプログラムを策定し、それを実行することで、プログラム介入前後の未病者の行動変容の変化（改善・向上）を捉え、スポーツヘルスケア介入の確度を高めることが必要である。

　こうしたなか、スポーツヘルスケアの役目をもって今後注目されるのが、総合型地域スポーツクラブの活動である。スポーツヘルスケア介入のポイントの一つとして、ソーシャルキャピタルをどう築くかがある。コミュニティを通じて、フィジカルヘルスやメンタルヘルスだけでなく、ソーシャルキャピタルを醸成できるような取り組みを推進しようとする活動が近年活発化している。コロナ禍中において、スポーツによる未病者向け介入支援プログラムを導入し、地元出身でスポーツに長けていて、社会活動精神の強い人がリーダー役を担い、地域に貢献する健康活動としてスポーツを推進していく総合型地域スポーツクラブの体制強化に期待が高まる。

（西根英一）

【参考文献】

1) 西根英一．ヘルスケアビジネスのリテラシー対応型広告モデルーエビデンス - プラクティス・ギャップの解明と対策．日経広告研究所報, 264, 25-31. 2012

2) 西根英一．ヘルスケアビジネスを成功に導く《モノコトハコヒト》の設計図ー健康・医療・美容を取り巻く広告モデルの設計と展開．日経広告研究所報, 270, 10-16. 2013

3) 西根英一著．『生活者ニーズから発想する健康・美容ビジネス「マーケティングの基本」』．宣伝会議．2015

4) 西根英一．ヘルスケアプロモーションーすべての企業・自治体が、ヘルスケアビジネスする時代！．JAAA REPORTS, 719, 2-9. 2016

5) 西根英一．中小企業におけるヘルスケアビジネス参入のヒント．日本政策金融公庫, 調査月報, 107, 36-41. 2017

6) 西根英一．業界全体に" フィットネスマーケティング " の普及と推進を！.Fitness Business, 92, 114-115. 2017

7) 西根英一．「未病対策」としての、未病の普及啓発と未病者への介入支援．老人病研究所, 未病と抗老化; 26. 37-40. 2017

8) 福生吉裕．第三の心身状態「未病」が拓くイノベーション，日本未病システム学会，健康博覧会.2017

9) 西根英一．『スポーツビジネス概論3』．第 22 章「スポーツヘルスケア」．叢文社．2018

10) 西根英一．『フィットネスクラブマネジメント公式テキスト アドバンス《上級》, インターミディエイト《中級》, ベーシック《基礎》』．第 2 章「健康づくり」．一般社団法人日本フィットネス産業協会．2019

11) 西根英一著．『ヘルスケアビジネスの図本〜ヘルスケアビジネスの要件を満たすための 50 の開発目標』．ヘルスケア・ビジネスナレッジ．2020

12) 西根英一．ヘルスプロモーションとヘルスケアビジネスの両輪を回す " 未病専門指導師 " の役割と責任．日本未病学会雑誌，日本未病学会誌; 26（1）.43-48. 2020

【参考資料】

1) 株) ヘルスケア・ビジネスナレッジ HP http://www.healthcarebiz.jp/ (2020 年 9 月 24 日現在を参照)

2) 朝日新聞土曜日版 be (2017 年 10 月 7 日第 10 面記事参照)

第24章　カレッジスポーツビジネス

平成 29 年 8 月 30 日に来日した全米大学体育協会 (National Collegiate Athletic Association: 以下、NCAA) Mark Emmert 会長は、大学学長向け講演会で米国が NCAA を設置する意義をこう述べた。まず、「スポーツと学業の両立：教育を受けるための大学進学を推進すること」、つぎに、「学生をスポーツ事故から守ること」、そして、競技会を開催する上での「公平さの促進：平等な競争機会を提供すること」である。すなわち、NCAA 本来の目的は大学スポーツビジネスを推進することではなく、「教育」としての「大学スポーツ」をいかに推進するかに主眼が置かれている。以上のことを前置きしたうえで、本章では、大学スポーツをビジネスとして捉えた場合、どのような可能性があるのか論じていく。

1. 米国の大学スポーツ

　近年、米国の大学スポーツ市場は年間 90 億ドル、日本円で約 9,720 億円あると試算されており（読売新聞、2016）、2019 年度の大学スポーツ収入ランキングではテキサス大学が 2.2 億ドルで第一位、次いで、テキサス農工大学が 2.1 億ドルとなっている（USA TODAY, 2020）（表 24-1）。

　このように、米国の大学スポーツにおける収入はプロスポーツに匹敵す

表 24-1　米国大学スポーツ収入ランキング

RK	School	Total Revenue
1	Texas テキサス大学	$223,879,781
2	Texas A&M テキサス農工大学	$212,748,002
3	Ohio State オハイオ州立大学	$210,548,238
4	Michigan ミシガン大学	$197,820,410
5	Georgia ジョージア大学	$174,042,482
6	Penn State ペンシルベニア州立大学	$164,529,326
7	Alabama アラバマ大学	$164,090,889
8	Oklahoma オクラホマ大学	$163,126,965
9	Florida フロリダ大学	$159,706,937
10	LSU ルイジアナ州立大学	$157,787,782

USA TODAY (2020) を基に筆者作成

るほどの巨大な市場であることが伺える。また、米国大学スポーツについて論じた萩原他（2017）は、収入の多い大学のほとんどが地方州立大学であることを指摘し、在籍していた大学を例に米国大学スポーツの現状を報告している。アーカンソー州立大学（2019年度収入ランキング92位：3,550万ドル、約37億円）（USA TODAY, 2020）は、製造業、農業、畜産業を中心とした地方郊外都市であるアーカンソー州ジョーンズボロ市（人口約7万人）に所在する地方州立大学である。大学スポーツの試合が行われる週末には、多くの地域住民が大学チームの応援にアーカンソー州立大学のスポーツ施設を訪れる。特に人気のあるアメリカンフットボール部、バスケットボール部の試合には何万人ものファンが大学スポーツ施設に集まっている（写真24-1）。ジョーンズボロ市は郊外都市ということもあり、大学周辺にはレジャー施設および、プロスポーツチームが存在しないことから、地域住民の週末の楽しみといえば、「Red Wolves（アーカンソー州立大学の愛称）の応援にいく」というのが地元住民のスタイルとなっている。このように、地域および、地元住民が大学チームを応援する文化が醸成されており、大学スポーツが地域と一体なっている。

写真24-1　米国大学スポーツの様子（筆者提供）

ところで、米国の大学スポーツとわが国の大学スポーツの違いは何であろうか。米国大学スポーツに事情に詳しい追手門学院大学教授吉田良治氏は米国の大学スポーツの大きな特徴は「プロの専任職員による大学スポーツ運営体制が置かれていることである」とし、課外活動の一環として学生主体で運営されているわが国の大学スポーツ（体育会活動）とは異なることを指摘している（吉田、2015）。筆者が所属していた米国大学においても大学スポーツを運営するための体育局（Athletic Department：以下、AD）が設置され、所属する競技種目ごとに組織編成がなされコーチ、アシスタントコーチ、マネジメント、トレーニング、メディカルスタッフ等は、専任で雇用されている。また、AD の組織運営に関わるビジネスアドミニストレーションスタッフ等が配置されている。また、米国の大学スポーツでは、アスリートを育成するための専用練習場だけでなく、試合に使用するスタジアムやアリーナも保有しており、大学スポーツを見せるための施設もわが国に比べ遥かに充実しているといえる。さらに、何万人も収容できるスタジアムやアリーナに加え、競技力向上のための種目ごとの専用練習施設を保有している。

　以上のように、米国では、大学スポーツ振興のための組織および施設が充実しており、スポーツビジネスを推進する基礎が確立されているといえる。

2. わが国の大学スポーツ

　わが国では箱根駅伝、東京六大学野球のような非常に収益性の高い一部の大学スポーツが発展しており、一見、大学スポーツ全般が活性化しているように思われる。しかしながら、米国の大学スポーツのように全国的に広く普及しているかといえば、そうではない。また、わが国の大学スポーツの基本は、学生スポーツと呼ばれる課外活動の体育会運動部、体育会には属さないスポーツ系サークル活動、そして、大学未公認のスポーツ系のサークルに分類される学生の主体的な課外活動であるため、わが国の大学スポーツの位置づけは、米国のように利益を生み出すプロフィットセンターのような存在ではなく、ビジネスとは無縁の学生のための活動であると

いえよう。ところが、平成28年6月に開催されたスポーツ未来開拓会議において、2025年までにスポーツ市場を5.5兆円から15.2兆円まで拡大する案が示された（スポーツ未来開拓会議、2016）。その中で大学スポーツなどのアマチュアスポーツの振興および資源活用を促すことで、これまで手付かずだった市場を開拓し、2025年までに約3,000億円規模の市場に成長させることが提案された。また、著者も設立準備委員会の一員として参加したが、スポーツ庁は「日本版NCAA設立準備委員会」を発足し、わが国の大学スポーツ振興の在り方を検討し、2019年3月1日には一般社団法人大学スポーツ協会（以下、UNIVAS）が設立された。そして、2019年度には第1回UNIVASカップが執り行われ、現在、加盟大学は200校を超えている。さらに、年間で大学スポーツにおける競技・学業実績および大学スポーツ振興を活性化させた組織に対してUNIVAS AWARDを授与するなど、大学スポーツに関するプロモーションも発展してきている（写真24-2）。このように、わが国でも大学スポーツ振興を進める動きが活性化されている。

写真24-2：第1回UNIVAS AWARD SA最優秀賞（鹿屋体育大学SA：中央は筆者）

3. 日本型大学スポーツ振興の可能性

　今後の日本型大学スポーツ振興について、著者がスポーツアドミニストレーター（SA）を務めていた国立大学法人鹿屋体育大学の事業を例にその可能性を論じることとする。

　米国の大学スポーツにおける事業規模はプロスポーツに匹敵するほどの巨大な市場であるが、収入の多い大学のほとんどが州立大学であり、かつ、地方州立大学が目立っているイメージがある。このイメージを基に鹿屋体育大学では、地域を取り込んだ地方型大学スポーツ振興モデルの確立を目指した取り組みが行われている。しかしながら、このモデルを確立するにあたり様々な課題が存在していた。まず、これまで大学スポーツ全般を統括する組織が学内に設置されていなかったことが挙げられる。先に述べたように、米国の大学では、大学スポーツを振興するための AD が組織されており、大学内で行われるスポーツ諸活動を統括し、円滑に大学スポーツ振興を実施している。そこで、まずは大学スポーツ振興を統括する組織を編成することから着手した。

　鹿屋体育大学は、体育・スポーツを専門とする単科大学であるため、大学体育会の競技力向上に関する統括組織は既に存在していたが、大学スポーツ振興全般に関わる事業を統括する組織が存在していなかった。そこで、大学のスポーツ振興を統括するために。統括は学長・理事（地域連携）をトップとし、その下に大学スポーツ振興を運営する鹿屋体育大学スポーツアドミニストレーション部局（SA室）を設置した。当該部局には、3名〜4名のスポーツアドミニストレーターを配置し、SA室の企画・運営、学内の調整等を行う者（教員）、主に学内事務職員組織の調整を担当する者（職員）、そして、主に学外組織との調整を担当する者（外部有識者）を配置し、業務分担し円滑に連携をとれるような仕組みをとっている。主に学外組織との調整を行うスポーツアドミニストレーターは、スポーツイベントなどを手掛けた経験のある実務家を新規雇用し、その他のスポーツアドミニストレーターと連携し、大学スポーツイベントの企画、広報活動、学外でのスポンサー獲得活動、鹿屋市との連携調整、地元企業との調整など主に学外組織との調整を担当する。

次に、大学で行われているスポーツ諸活動に対し、地域住民の理解が促進されておらず、大学でどのような活動をしているのか詳細を知っている地域住民は少ないという課題である。そこで、短期目標としてまず、鹿屋市と大学が共同でスポーツ・健康を基軸としたブランドを創造することを始め、大学内のブランドではなく、地域を取り込んだ形でブランドを作成することで、地域一体型モデルの創設を始動させた（写真 24-3: ロゴの作成は市内の高校生が担当し、ロゴの選定は市内小中高校生による投票により決定）。また、大学スポーツを浸透させるため、「市民運動会：かのやエンジョイスポーツ」の開催（写真 24-4）、および、「カレッジスポーツデイ＊注」（写真 24-5）を開催し、大学スポーツ活動の認知度および、大学スポーツ施設利用者数、訪問者数の向上を目標としたブランドづくりを実施している。

写真 24-3　地域 × 大学スポーツブランド（ロゴお披露目会）左：鹿屋体育大学長, 右：鹿屋市長

写真24-4　かのやエンジョイスポーツの様子（筆者提供）

写真24-5　2019年度カレッジスポーツデイ（筆者提供）

創設されたスポーツ・健康の地域ブランドを活かし実施されるスポーツイベント、教室、ボランティア等を推進することで、これまで大学単体で行われてきた活動が地域コミュニティに伝わりやすくなるであろう。また、大学が行っている活動を市民が理解することにより、大学スポーツを応援しようとする雰囲気が醸成され、大学スポーツチームを観戦するというスタイルがわが国においても定着するようになると思われる。そして、それらの活動を積み重ねることで、大学スポーツチームを応援する文化が醸成され、年月を積み重ねることにより、伝統となるであろう。

　以上のように、地域とともに作り上げる大学スポーツブランドの確立は、地域住民を含む多くの人々のためのシンボルを創造することであり、地域の一体感や活性化を促すであろう。そして、大学スポーツが地域のシンボルとなり、地域のための存在になりうることができれば、米国の地方州立大学のように、地域や地元住民が大学スポーツチームを支援する文化が確立されるであろう。そのような地域の雰囲気が確立されれば、大学スポーツに関する個人消費や地元企業等による寄附、協賛などが増加し、大学スポーツの商業化による地域経済の活性化、大学経営の安定化および、地方国立大学の再生につながるのではないかと思われる。また、観戦サービスの拡充による大学スポーツで得られる収入の一部を学生奨学金、研究助成金など、教育・研究に投資することで、大学のさらなる活性化が見込まれる。

（萩原悟一）

【参考文献】

1)　大学スポーツに経営力，読売新聞（東京），2016年5月11日記事.
2)　USA TODAY; NCAA FINANCES 2018-19，http://sports.usatoday.com/ncaa/finances，2020年7月参照.
3)　萩原悟一他．地方国立大学の大学スポーツ活用と問題点．スポーツ産業学研究，27(1)，73-76. 2017
4)　吉田良治．スポーツマネジメント論：アメリカの大学スポーツビジネスに学ぶ．京都：昭和堂．2015
5)　スポーツ未来開拓会議中間報告書：http://www.meti.go.jp/press/2016/06/20160614004/20160614004-1.pdf，スポーツ庁・経済産業省，2020年9月1日参照.

注：カレッジスポーツデイとは，大学スポーツチームの試合を大学教職員，学生，地域住民で観戦するイベントである．また，観戦だけでなく，大学が主催するスポーツイベントを開催し，地域住民とともにスポーツをすることを楽しむ機会でもある

コラム

コロナ禍で変わる大学スポーツ（コロナ禍で力を発揮する世代）

　2020年、世界中で大流行している新型コロナウイルス感染症はスポーツ界にも大きな影響を与えた。4月から5月まで続いた緊急事態宣言が明けた後の6月も、小学校から高等学校においては対面授業が開始される中、大学は非登校によるオンライン授業が継続され、多くの大学で課外活動である部活動が禁止された。大学野球界においても全国各地の春季リーグ戦の中止、全日本大学野球選手権大会が中止となった。

　ようやく7月から活動再開、秋のシーズンに向けての準備が始まったのだが、練習できる人数の制限や練習時間など多くの制限が課せられたなかでの活動であった。

　その中で、部活動の運営方法も大きく変わっていった。活動の自粛期間、部員たちは実家に戻ったり、寮に残ったりする者など、それぞれ違った環境での練習を余儀なくされた。そこで、スタッフと部員たちはスマートフォンのアプリを利用し、練習メニューの指示や動画を共有して投球や打撃フォームのチェック、リモートでのミーティングなどを slack や zoom、teams などビジネス界で使用されている最先端のツールを利用。いとも簡単にコミュニケーションをとることができる学生の対応力に、私は大変驚いた。彼らはいわゆる『ジェネレーション Z（Z世代）』なのである。

　『ジェネレーション Z』とは、2000年、もしくは1990年代後半から2010年の間に生まれた世代のことで、彼らは 生まれた時からインターネットが当たり前のように存在し、初めて持った携帯電話も、ガラケーではなくスマートフォンなのである。

　オンライン授業にも難なく対応する学生たちは、練習が再開された後も練習時の体温チェック、寮や球場などの施設に入る時の手の消毒やマスク着用の徹底。マネージャー業務が多岐にわたる中、毎日の検温結果の集計も部員たちからアプリを通じて行われてくるデータが一覧表となり、作業も簡略化された。

　また、無観客で行われている練習試合も、私の「ネット配信したいな」という一言で、ひとりの学生がYouTubeでのライブ配信の方法を提案してきた。その配信は評判を呼び、首都大学野球秋季リーグ戦のネット配信を日体大の学生部員が担当。最初は1台のカメラを使った配信であったが、秋季リーグ戦が終わりオープン戦を配信している現在は、3台のカメラをスイッチャーで操り、実況解説が入るプロ顔負けの本格的な配信へと進化している。

　コロナ禍で日常を失い、多くの制限を受けた活動の中で、学生たちは隠れた才能を発揮し、成長を魅せてくれた。失うものも多かったが、コロナ禍の時間が無ければ、このようなコミュニケーションや情報発信の発達は無かったのではないかと考える。また、学生には隠れた才能があり、我々指導者はその才能を見つけ道筋をつけてあげることが重要な事だと改めて感じた2020年コロナ禍の1年であった。

　　　日本体育大学　スポーツマネジメント学部　助教　野球部　監督　古城隆利

索引

あとがき

　2020 年初頭から始まった新型コロナウイルスによる感染拡大は、急速に世界中に広がりパンデミックを引き起こしました。世界各国で外出の自粛や出国・入国制限、あるいはロックダウンや都市の封鎖などが実施され、日常生活までもが大きな影響を受けました。

　このコロナ禍によって、経済は大きな痛手を負いましたが、スポーツ界も例外ではありませんでした。2020 年に開催予定だった東京オリンピック・パラリンピックが延期され、プロスポーツばかりかアマチュアの大会でさえ中止、あるいは無観客試合、観客数を制限しての開催など、実に大きな影響を受けています。

　そんな状況のなかでも、なんとかスポーツイベントを安全に開催し、アスリートたちを応援し、試合やイベントを通じて人々に勇気や感動を与えようとしているのが、アスリートをはじめとするスポーツビジネスに関連する企業や専門家たちです。

　本書では、この現代のスポーツビジネスを広く、さらに深く理解するために、第一部ではスポーツビジネスの起源や基礎知識についてその歴史や現状について解説し、第二部では教育や企業のスポーツビジネスについて解説しています。

　2019 年には一般社団法人大学スポーツ協会（UNIVAS）が設立されたこともあり、学生アスリートの支援に注目が集まっています。教育とスポーツビジネスの関係を踏まえて見れば、学生アスリート支援がなぜ注目されるのかがわかるでしょう。

　第三部では、レジャースポーツ産業や地域活性化とスポーツビジネスの関係についても解説しました。さらに第四部では、スポーツイベントやプロスポーツの経営についても解説し、現代のスポーツビジネ

スを俯瞰できるよう工夫しています。

　これらのスポーツビジネスの現状を踏まえ、第五部、第六部では発展するスポーツビジネスの人材や課題についても解説しました。現在スポーツビジネス界が取り組んでいるスポーツと ICT との融合についても紹介し、現状だけでなく今後のスポーツビジネスの目指す未来も、これらの解説から読み取っていただけるのではないでしょうか。

　スポーツビジネスは、プロのアスリートだけを対象とするものではありません。学生アスリートの支援では、競技力における技術面の支援だけでなく、精神面での支援やチーム作りといった面も支援されようとしています。これらの現状については、現役の指導者がその内容をまとめており、現場の声を反映したものとなっています。

　現在進められているスポーツと ICT の融合については、この分野の最前線でスポーツと工学を取り扱う研究者が、最新の研究事例などをまとめており、現状分析や解説としても、また資料的にも一読の価値があるものと自負しています。

　プロ野球やプロサッカー、あるいはオリンピックを見ても、現代のスポーツ界では大きな資金が流動しています。しかも、減速する世界経済のなかで、スポーツビジネスは逆に成長産業となってきていることが、本書から読み取れるはずです。

　最後になりましたが、本書をより良いものにするために、大いにご支援下さった叢文社の佐藤公美氏に心より御礼申し上げます。本書がスポーツビジネスを学ぶ多くの学生や、スポーツ産業に従事している方々に、有益な情報を提供できれば幸いです。

　　　　　　2021 年 3 月

　　　　　　　　　　　編者代表　黒田次郎

執筆者一覧

第 1 章	谷釜尋徳	東洋大学　法学部　法律学科　教授
第 2 章	永田秀隆	仙台大学　体育学部　教授
第 3 章	福田拓哉	九州産業大学　人間科学部 スポーツ健康科学科　准教授
第 4 章	奈良堂史	関東学院大学　経営学部 准教授
第 5 章	石塚大輔	スポーツデータバンク沖縄株式会社　代表取締役
第 6 章	神力亮太	常葉大学　健康プロデュース学部　心身マネジメント学科　助教
第 7 章	萩原裕子	医療法人牛尾医院
第 8 章	岡本悌二	姫路獨協大学　人間社会学群 現代法律学類　教授
第 9 章	近藤　剛	四国学院大学　文学部　准教授
第 10 章	内田勇人	兵庫県立大学　環境人間学部　教授
第 11 章	山田力也	西九州大学　健康福祉学部 スポーツ健康福祉学科　教授
第 12 章	村田真一	静岡大学　教育学領域　地域創造学環　准教授
第 13 章	長野史尚	九州医療スポーツ専門学校　教育職員
第 14 章	黒田次郎	近畿大学 産業理工学部　経営ビジネス学科　准教授
第 15 章	下園博信	福岡大学　スポーツ科学部　教授
第 16 章	佐久間智央	日本大学　工学部　総合教育　専任講師
第 17 章	出口順子	東海学園大学 スポーツ健康科学部 スポーツ健康科学科 准教授
第 18 章	秋山大輔	九州産業大学　人間科学部　スポーツ健康科学科　准教授
第 19 章	林　恒宏	大正大学　地域創生学部　地域創生科　准教授
第 20 章	篠﨑克志	株式会社スポーツフィールド　代表取締役
第 21 章	葛原憲治	中京大学　スポーツ科学部　トレーナー学科　教授
第 22 章	野口欣照	有明工業高等専門学校　一般教育科　講師
	榊　淳一	湘南工科大学　総合文化教育センター准教授
第 23 章	西根英一	事業構想大学院大学 特任教授 /　千葉商科大学サービス創造学部 特命教授
第 24 章	萩原悟一	九州産業大学　人間科学部　准教授

『スポーツビジネス概論　4』

発　行：2021 年 4 月 1 日　第 1 刷

編　著：黒田次郎、石塚大輔、萩原悟一
発行人：伊藤由美子
発行元：株式会社 叢文社
　　　　112-0014
　　　　東京都文京区関口 1-47-12
　　　　TEL　03-3513-5285
　　　　FAX　03-3513-5286
編　集：佐藤公美
印　刷：株式会社丸井工文社

定価はカバーに表示してあります。
乱丁・落丁についてはお取り替えいたします。

KURODA Jiro/ISHIZUKA Daisuke/
HAGIWARA Goichi　©
2021 Printed in Japan
ISBN978-4-7947-0817-5